HANNAH KRUTMANN
MARIE KRUTMANN

Everyday Magic

HANNAH KRUTMANN
MARIE KRUTMANN

Everyday Magic

EIN HANDBUCH FÜR ALLTAGSTAUGLICHE UND EMPOWERNDE SPIRITUALITÄT

lübbe life

MIX
Papier aus verantwortungsvollen Quellen
FSC® C014496

Dieser Titel ist auch als E-Book erschienen

Originalausgabe

Illustrationen Innenteil: Mira Schmidt, Köln;
Illustration S. 144: Kuzin & Kolling, Hamburg
Textredaktion: Beate De Salve, Pulheim
Umschlaggestaltung: FAVORITBUERO, München,
unter Verwendung von Illustrationen von
© shutterstock: lavendertime | Rayyy
Satz: hanseatenSatz-bremen, Bremen
Gesetzt aus der Minion Pro
Druck und Einband: GGP Media GmbH, Pößneck

Printed in Germany
ISBN 978-3-431-07030-9

2 4 5 3

Sie finden uns im Internet unter luebbe-life.de
Bitte beachten Sie auch: lesejury.de

Für unsere Oma, die uns in die heilende Kraft der Kräuter und Kristalle eingeweiht hat, für unsere Mutter, die uns gelehrt hat, was Zusammenhalt bedeutet, und für alle Frauen und Femmes, die ihre Magie entdecken wollen.

Inhalt

Vorwort

Als Hannah vor ein paar Jahren verkündete, sie würde an Silvester Orakelkarten legen, war Maries erster Gedanke: »Oh no, bitte nicht. Nicht du auch noch!« Menschen, die meinten, ihr Schicksal in den Sternen lesen zu können, schienen ihr mehr als naiv zu sein. Sie hatte sich ein Bild gemacht (oder vielmehr die Medien und Meinungen anderer hatten ihr ein Bild präsentiert), das sie nicht mit ihrer großen Schwester gleichsetzen wollte.

Genauso wenig wie Marie in jenem Moment hätte Hannah noch vor einigen Jahren vermutet, dass sie mal ein feministisches Buch über moderne Spiritualität schreiben würde. »Eso« war lange Zeit ein Schimpfwort, das sie für Menschen benutzte, die in ihren Augen zu wenig Biss hatten, um durch harte Arbeit und Disziplin ihre Ziele zu erreichen, und deshalb lieber an Hokuspokus und die Kraft der Engel glaubten.

Als sie im Jahr 2013 in der Hilma-af-Klint-Ausstellung im Moderna Museet von Stockholm stand, beschrieb sie ihre Erfahrung als »pastelligen Eso-Overkill«. Und auch wenn sie die Künstlerin und ihr Werk aus feministischer Perspektive heute mit anderen Augen sieht, kann sie Spiralen und anderen esoterischen Symbolen doch noch immer wenig abgewinnen.

Und das muss sie auch nicht. Zum einen ist Spiritualität nicht gleichbedeutend mit Esoterik,[1] und zum anderen ist sie etwas sehr Persönliches und gleichzeitig Universelles. Sie hat viel damit zu tun, wie du selbst dich in Verbindung zu etwas Größerem fühlst. Du kannst es Liebe, Natur, Universum, Göttin, Gott, die große Pussy im Himmel, SHE Power, The Source, Divine Feminine oder sonst wie nennen. Das sind einige der Begriffe, die moderne spirituelle Autorinnen nutzen, doch keiner davon muss für dich passen. Anders als bei einer Religion geht es bei moderner (weiblicher) Spiritualität darum, was *du* empfindest und glaubst – und nicht darum, zu unterschreiben, dass du ein Komplettpaket aus Vater, Sohn und Heiligem Geist buchst, an ein Leben nach dem Tod glaubst oder Scham und Schuld als Teil deiner Glaubenssätze akzeptierst. Du selbst bestimmst die Regeln.

Als studierte Modewissenschaftlerin hüpfte Hannah jahrelang von einer Fashion Week zur anderen, tummelte sich auf Presseevents mit Mode- und Beautyredakteurinnen und wusste immer, welches Modejahrzent gerade Revival feierte. Die Modebranche war zu ihrer Enttäuschung darüber hinaus jedoch leider kaum anders, als Meryl Streep es im Film *Der Teufel trägt Prada* darstellt: Zeitdruck, Stress, Konkurrenzkampf, Body Shaming und Leistungsdruck, serviert mit Glamour, Alkohol und dem Ansporn: »Wenn du ihn nicht willst, so viele andere Frauen würden sterben, um deinen Job zu kriegen.« Chronische Bauchschmerzen, Allergien, Panikattacken und Menstruationsbeschwerden gehörten schon früh zu Hannahs Arbeitsalltag, doch anstatt sie als beunruhigend oder Warnzeichen zu sehen, empfand sie all diese Symptome als »etwas lästig«. Tatsächlich fühlte sie sich sogar umso stärker, wenn sie *trotz* der ganzen Beschwerden noch Überstunden machte oder die Party als Letzte verließ.

Über die Jahre besuchte sie immer mal wieder Ärzt*innen, die aber außer »Stress« nichts diagnostizieren konnten. Eine Heilpraktikerin hingegen, die ausgiebig Hannahs Zunge betrachtete und mit einem Pendel rumfuhrwerkte, verschaffte ihr mit ihren Teemischungen eine echte Linderung – was Hannah zwar irgendwie suspekt, aber auch ziemlich faszinierend fand.

Als sie schließlich drei Wochen Urlaub nahm, um eine Freundin auf Bali zu besuchen, traf sie hier erstmals auf Menschen, die ganz ähnliche Erfahrungen gemacht hatten. Nach ihrer ersten Stunde Hormonyoga nahm Hannah all ihren Mut zusammen und erzählte der Lehrerin von ihren Beschwerden. Diese lachte sie weder aus, noch sagte sie ihr, dass

Schmerzen normal seien und sie die Zähne zusammenbeißen müsse. Im Gegenteil: Sie empfahl ihr Bücher feministischer, spiritueller Frauen, die ihre Erfahrungen festgehalten hatten, und zeigte ihr eine kreisende Übung, mit der sie ihren Beckenboden und die Organe im Bauchraum massieren konnte, um den Beschwerden entgegenzuwirken.

Durch diese Erfahrungen realisierte Hannah, dass der Hass auf ihren eigenen Körper ihr jahrelang im Weg gestanden hatte: Sie hatte sich durch Diäten gequält, um einem patriarchalischen Schönheitsideal zu entsprechen, und ihre zyklische Natur verflucht, weil sie ihr jegliche Energiereserven im stressigen Alltag stahl. Dass sie ein verschobenes Bild von Weiblichkeit haben könnte, war ihr nie in den Sinn gekommen. Ihr Leben drehte sich schließlich um Mode, Schönheit und Weiblichkeit, sie war umgeben von Frauen – wie konnte sie ihre Weiblichkeit da *nicht* ausleben?

Je mehr sie ins aktive Spüren kam, desto stärker wurde sie sich ihrer eigenen Präsenz und Wirkung bewusst. Sie begann, mehr und mehr die Verbindung zwischen ihrer physischen und mentalen Verfassung zu sehen, hinterfragte die leistungsorientierte, lineare Haltung, die ihr durch ihren Job und die Gesellschaft vorgeschrieben wurden. Und so war es letztlich die Spiritualität, die Hannahs Bewusstsein für gesellschaftliche Ungleichheiten und politische Machtstrukturen schärfte. Heute bezeichnet sie sich vor allem dank dieser spirituellen Erfahrung als überzeugte Feministin.

Bei Marie war es genau umgekehrt. In unserer Familie galt sie schon immer als »die Kritikerin«, die gern sehr direkt erklärt, welche Themen ihr Bauch- und Kopfschmerzen bereiten. *If you're not angry, you're not paying attention* oder *Angry women will change the world* sind Sinnsprüche, die Marie zusagen. Lange wusste sie jedoch nicht, wohin mit ihrer Wut. Als sie vierzehn war, schickte unsere Mutter sie zu einem Selbstverteidigungskurs für Mädchen. Dort lernte sie, ein Brett mit ihrer bloßen Hand (und Willenskraft) zu durchschmettern, nachdem sie und andere Mädchen Situationen nachgespielt hatten, in denen sie auf dem Schulweg, im Bus, beim Sportunterricht oder auf Familienfesten belästigt wurden. Jedes dieser Mädchen teilte dasselbe Gefühl wie Marie: innerlich zu explodieren, obwohl sie in der Realität meist nur still dastanden. Zu wissen, dass sie nicht allein war, half.

Später, als junge Erwachsene, wurde ihr klar, dass all die alltäglichen Situationen, die ihr Unbehagen bereiteten, mit einem größeren strukturellen Problem zusammenhingen. Was sie und viele weiblich gelesene Menschen erlebten, war Diskriminierung und sexistische Gewalt. Gemeinsam mit anderen begann sie, auf Demos laut zu werden, feministische Lesungen zu besuchen, sich zu informieren, Ungleichheiten zu benennen, zuzuhören und sich auf langen Spaziergängen oder Abenden in Bars mit ihren Freund*innen auszutauschen, um den Untergang des Patriarchats zu planen. Die Erkenntnis, dass es dazu auch Momente der Ruhe (ganz für sich), Selbstfürsorge und eine Portion Magie braucht, kam ihr erst im Austausch mit Hannah.

Glaubte sie, dass ein Stein über magische Fähigkeiten verfügt? Nein. Glaubte sie, dass wir uns bewusst Zeit schenken sollten, um unsere Energie auf die Dinge zu lenken, die wir verändern wollen? Ja. Glaubte sie, dass der Mond ein Verbündeter im Kampf gegen das von Männern für Männer gemachte System ist? Bislang nicht, aber interessant …! Glaubte sie, dass wir den weiblichen Zyklus mehr ins Bewusstsein rücken und uns nicht durch lineare Strukturen quälen sollten? Aber hallo! Heute sagt Marie, dass ihre neuen spirituellen Erfahrungen sie zu einer noch stärkeren Feministin gemacht haben, die sich auch mal verletzlich zeigen kann.

Unsere eigene Schaffenskraft hat viel mit unserem Selbstwert und dem Auflösen gelernter Konditionierungen zu tun. Und so können Selfcare-Übungen genau wie Begegnungen mit anderen, bei denen wir uns gesehen und verstanden fühlen, unsere Magie erwecken. Bei Hannah trugen Yogalehrer*innen, Astrolog*innen und Heilpraktiker*innen,

Psychotherapeut*innen und die Geschichten weiblicher Archetypen in Sagen, Märchen und Filmen zu einem Bewusstseinswandel bei. Bei Marie waren es die Gespräche mit Hannah und die Arbeit an diesem Buch sowie Serien und Bücher, in denen sie die Hexe als feministisches Sinnbild für empowernde Magie entdeckte.

Gemeinsam haben wir festgestellt, dass jene aktive und empowernde Form von Magie, wie wir sie mittlerweile im Alltag leben und erkunden, wenig mit dem gemeinsam hat, was wir in anderen spirituellen Kreisen beobachten. Zwar finden immer mehr junge Frauen und Femmes[2] ihren Weg zur Spiritualität, um sich aus zu starren Strukturen im Job oder einer Beziehung zu lösen (was super ist), doch anstatt sich aktiv zu befreien, geben sich einige von ihnen einer erneuten Abhängigkeit hin. Sie tauschen den Leistungsdruck und den Diätenwahn ein gegen den Druck, bestimmte Yogaposen perfekt zu beherrschen. Damit perfektionieren sie die Bewegungen einer fremden Kultur, die für männliche Körper konzipiert wurden. Sie befreien sich vielleicht aus einer monogamen Beziehung mit einem patriarchalen Arschloch, landen stattdessen jedoch in einer offenen Beziehung mit einem pseudo-erleuchteten Yogi, der zwar von Energien faselt, sich im Prinzip aber einfach nicht festlegen will. Statt Gucci preisen sie Osho, und statt für die neue It-Bag geben sie ihr ganzes Geld für überteuerte Markenyogahosen aus. Nicht jede Art der Spiritualität, die von modernen Frauen praktiziert wird, ist automatisch feministisch. Nicht jede ist politisch korrekt, und nicht jede ist psychologisch unbedenklich. Um diese Unterschiede klar herauszuarbeiten, wollen wir in diesem Buch auch aktuelle Phänomene wie *Spiritual Bypassing* (spirituelles Umgehen) und toxische Positivität, Spiritualität als Konsumgut und das Thema Kulturelle Aneignung betrachten.

An dieser Stelle soll außerdem gesagt sein, dass Hannah nicht sonderlich stolz darauf ist, ihr spirituelles Coming-out nach ihrer Balireise gehabt zu haben. Als wandelndes Klischee durchlief sie zeitweise einige fragwürdige Stadien, in denen sie sich Filme wie *The Secret* zum Thema Manifestation anschaute, sich mit einer »Intuitive Spiritual Insta Coach«-Tante anfreundete, unbedacht hinduistische Mantras aus dem Yogastudio nachsang und sich wenig bis gar nicht mit der Herkunft ihres Räucherwerks auseinandersetzte. Doch eben *weil* sie diese Erfahrung hinter sich hat, wollen wir anderen Menschen die Möglichkeit geben, sich alternative Wege zu erschließen. Eben *weil* Hannah ihre spirituelle Praxis als einen feministischen Akt der Selbstermächtigung erkannte, begann sie sich im Austausch mit Marie den Hintergründen einzelner spiritueller Praktiken zu widmen und sich die Frage zu stellen, warum sie (wie so viele) so lange in anderen Kulturen nach sich selbst gesucht hatte, anstatt sich mit den Ursprüngen ihrer eigenen Kultur zu befassen.

Gemeinsam haben wir erkannt, dass die patriarchale christliche Religion, mit der wir aufwuchsen, uns ein völlig körperfremdes Gefühl vermittelt hat, da unsere Körper, weibliche Sexualität, zyklische Natur und weibliche Archetypen stets tabuisiert wurden. Dabei sind all diese Aspekte ebenso Teil unserer (europäischen) Kultur – oder anders gesagt: Sie waren es einst, wie wir anhand des Archetypus der Hexe erkannten.

Also haben wir uns gefragt: Welches Wissen über Heilpflanzen, Rituale und Geschichten haben uns die Frauen in unserem familiären, kulturellen und gesellschaftlichen Umfeld mitgegeben? Mit welchen Traditionen und Ansichten sind wir beide aufgewachsen, und woran machen wir unseren heutigen Glauben fest? Welches Bild zeichnen Politik und Popkultur von uns Frauen?

So gern wir es als *Recovering Perfectionists* möchten, können wir jetzt schon sagen, dass wir bei all diesen Bemühungen mit Sicherheit nicht perfekt sein werden. Wir lernen täglich dazu, und das wird auch so weitergehen, nachdem wir das Buch in den Druck gegeben haben. Betrachte es also gern als das, was es ist: eine Momentaufnahme einer Reise zu mehr Self-Empowerment.

Wir möchten außerdem klarstellen, dass die Rituale und Praktiken, die wir in diesem Buch vorstellen, unserer Erfahrung nach zu mehr Selbstvertrauen, Selbstfürsorge und Magie im Alltag beitragen können. Sie werden aber vielleicht nicht bei allen Menschen dieselbe Wirkung zeigen und sollen keinesfalls einen Ersatz zu Psychotherapie oder medizinischen Behandlungen darstellen. Unser Ansatz ist es, so transparent und reflektiert wie möglich unsere eigenen Erfahrungen im Zusammenhang mit moderner (weiblicher) Spiritualität darzustellen. Durch unseren Dialog als Schwestern beziehen wir dabei unsere verschiedenen Positionen auf unseren individuellen Wegen immer wieder mit ein.

Den im spirituellen Kontext stark verbreiteten Kult um selbsternannte Gurus und Supercoaches lehnen wir strikt ab. Stattdessen möchten wir uns in unserer Arbeit eher auf das Bild der Hexe fokussieren, das wir in den kommenden Kapiteln noch vorstellen werden.

Everyday Magic ist ein Buch über starke Weiblichkeit, in dem wir dir zeigen wollen, wie alltäglich und natürlich Magie eigentlich ist. Wir möchten dir weibliche Badass-Archetypen zur Identifikation vorstellen und hervorheben, dass Aktivismus, Feminismus, Intellekt und ein reflektiertes eigenständiges Leben eine spirituelle Verbindung absolut nicht ausschließen.

In diesem Buch findest du Tools, Rituale und Ideen, die dich empowern. Du brauchst dafür absolut nichts außer dich selbst, deinen Körper und deinen Verstand. Da wir zwei Nerds aus eigener Erfahrung wissen, wie gut es tut, die eigenen Erfahrungen festzuhalten, haben wir uns bei den praktischen Übungen besonders auf Schreibaufgaben konzentriert. Klar, als Autorinnen ist uns das Medium besonders vertraut, aber auch davon abgesehen glauben wir, dass das Journaling mit seinen einfachen Mitteln oft große Aha-Momente auslösen kann. Deswegen würden wir uns freuen, wenn du das Angebot der Übungen im Buch annimmst, um darauf aufbauend deine ganz eigenen Erfahrungen zu machen und Verbindungen herzustellen.

Dieses Buch ist für alle Zweifelnden wie Marie, die nie ein rosa Schnörkelbuch aufschlagen würden und trotzdem gern mal etwas mehr zum Thema moderne weibliche Spiritualität erfahren würden. Dieses Buch ist genauso für Magieerprobte, die Lust haben, mal ein Buch zu diesem Thema zu lesen, das die kritischen Aspekte mit einbezieht, die sonst nur in Artikeln mit antispiritueller Grundhaltung thematisiert werden. Es ist für diejenigen, die ihre Spiritualität schon offen oder heimlich leben, in der Community aber öfter mal ein bisschen Pragmatismus und/oder politische Fragen vermissen. Vor allem ist dieses Buch aber ein Buch für alle spirituell Interessierten, die es satthaben, für ihre Rituale belächelt zu werden.

Kapitel 1: Magie ist, was du draus machst

Woran denkst du beim Wort »Magie«? An eine Märchenstunde, Halloween, Beautygeheimnisse oder die Gelfrisuren der Ehrlich Brothers? Magie kann vieles meinen. Es kommt ganz auf den Kontext und die Perspektive an.

Wir persönlich denken bei Magie nicht an Stage Magicians und Zaubertricks, sondern an die Kraft der Hexen. Hexen sind unabhängig (sie fliegen, wohin sie möchten), kennen Zaubersprüche und Kräuter gegen Energieräuber und rufen ihren Coven (Hexenzirkel), wenn sie Verstärkung brauchen. Wenn also jemand weiß, was Autonomie, Selbstfürsorge und Sisterhood bedeuten, dann sind es die Hexen. Sprechen wir hier von Magie[1], dann meinen wir damit sinnbildlich die Kunst, sich aus eigener Kraft und in Verbindung mit anderen zu empowern.

Aber sind Hexen nicht böse? Wenn wir uns an alten Märchen und Sagen orientieren, könnte man das meinen. Vom Mittelalter bis in die frühe Neuzeit galt »die Hexe« als Persona non grata. Die Literatur und Popkultur zeichnet nun jedoch ein ganz anderes Bild. Eines, mit dem sich viele Frauen identifizieren, die sich selbst als moderne Hexen bezeichnen.

Galt die Hexe sowohl in Grimms Märchen als auch in Disneys Verfilmungen noch als Antagonistin, die ihre Stieftochter (wie in *Schneewittchen*) aus lauter Missgunst vergiftet, so ist sie in Büchern wie *Harry Potter* oder Serien wie *Buffy – Im Bann der Dämonen* und *Charmed – Zauberhafte Hexen* eine Superheldin und wahre Freundin. Die moderne Hexe zeichnet sich durch Klugheit, Mut und ein großes Herz aus.

Nehmen wir zum Beispiel die sechzehnjährige Sabrina Spellman in der Netflix-Verfilmung *Chilling Adventures of Sabrina.* Sie nutzt ihre magische Kraft, um sich gemeinsam mit ihren beiden Tanten und anderen Hexen (unterschiedlichen Geschlechts und Alters) gegen das Böse (verkörpert durch den Hohepriester Pater Blackwood und den Dunklen Lord [aka das Patriarchat]) zu wehren und ihre sterblichen Freund*innen vor Dämonen zu beschützen.

Oder Willow Rosenberg in *Buffy.* Die stets fleißige und zuverlässige Schülerin verbringt die meiste Zeit als Außenseiterin in der Bibliothek mit einem Buch vor der Nase, anstatt sich mit ihren Mitschüler*innen zu treffen. Nachdem sie jedoch eine Verbündete (Buffy) findet, mit der sie sich gemeinsam gegen hinterlistige Dämonen einsetzt, gewinnt sie an Selbstvertrauen. Als sie schließlich ihre Liebe zu einer Frau akzeptiert, entwickelt sie ungeahnte Zauberkräfte. Pop-Hexen wie Sabrina, Willow und Co. werden von vielen Teenagern und jungen Frauen als Repräsentantinnen des Feminismus gefeiert, weil ihre Kraft für mehr als Zauberei steht.

Und nicht nur in Büchern und Serien sind sie zu Hause, moderne Hexen sind überall! Auf großen Bühnen, hinter der Kamera, auf Demos, in der Natur und im eigenen Freund*innenkreis. Was viele von ihnen verbindet, ist eine kollektive »Jetzt reicht's«-Haltung. Moderne Hexen lassen nicht länger zu, dass Männer in der Politik oder privat über sie und ihre Freiheit bestimmen. »Die Hexe beharrt auf ihrem Recht, einen eigenen Lebensentwurf zu gestalten«[2], heißt es in einem Text der Autorin Julia Korbik im feministischen Onlinemagazin *This is Jane Wayne.*

Hattest du auch schon einmal so einen Moment, in dem du plötzlich beim Mitsingen eines Songs im Radio bemerkt hast, was für ein absolut sexistischer Schwachsinn da von sich gegeben wird? Oder hast du dich in der Schule, an der Uni oder am Arbeitsplatz nicht getraut, dich vor anderen zu Wort zu melden, aus Angst, dass deine Antwort falsch oder dein Wissen nicht ausreichend sein könnte? Hast du befürchtet, du könntest weniger eloquent sein als dein Sitznachbar, Kommilitone oder Kollege – bis du gemerkt hast, dass der einfach immer die Antworten anderer wiederholte und fremde Ideen als seine ausgab?

Was war dein »Jetzt reicht's«-Moment?

Nimm dir ruhig eine kurze Bedenkzeit, und schreib vielleicht sogar ein paar der Situationen auf, damit du sie besser greifen und benennen kannst.

Apropos benennen: Sicherlich trägt die Popkultur in vielerlei Hinsicht zu fragwürdigen Idealen bei (man denke nur an den Perfektionswahn, wenn es um den weiblichen Körper geht), doch bei uns beiden haben die Darstellungen starker Frauencharaktere und das selbstbewusste Auftreten weiblicher und queerer Künstler*innen in Büchern, Serien und den sozialen Medien in den vergangenen Jahren zu einem spürbaren Wandel beigetragen. Einem magischen Wandel, wenn man so will. Denn der Moment, in dem wir die Ungleichheiten und Glaubenssätze, mit denen wir aufgewachsen sind, bewusst mit unseren eigenen Augen betrachten, gleicht dem Gefühl, von einem Fluch erlöst zu werden. Bewegungen wie *Black Lives Matter, #MeToo oder Body Neutrality* zeigen uns und anderen: Wir sind nicht allein mit unserem Schmerz und im Kampf gegen diskriminierendes Verhalten. Gemeinsam können wir etwas verändern.

Magie kann uns im Alltag dabei helfen, in uns hineinzuhorchen und an uns selbst, unseren Wert und unsere Power zu glauben. Und nicht nur das! Gerade in Momenten, in denen wir uns ausgeliefert und machtlos fühlen, verhilft sie uns im Kollektiv mit anderen zu neuer Stärke.

»Magie erscheint in Zeiten von Trump, Klimakrise und nahezu allgegenwärtigem Hass als etwas Konkretes, Greifbares«, schreibt Julia Korbik, die in ihren Onlineartikeln und Büchern die Geschichten besonderer Frauen in den Fokus rückt.[3] Vielleicht wirkt es etwas schräg, dass ausgerechnet Magie als etwas Konkretes wahrgenommen wird, obwohl ihre Existenz doch von vielen bestritten wird. Aber die

Geschichte der Hexen, sowohl damals als auch heute, hat nichts mit Märchenstunden und naiven Träumereien zu tun. Ihr Ursprung und ihre Beweggründe sind real.

Ursprung und Geschichte der Hexenbewegung

Die Hexenverfolgung begann um 1400 und bekam im 16. und 17. Jahrhundert besonderen Auftrieb. Auch wenn viele die Hexenjagd gern als längst vergangene Mittelalterstory abtun, so gab es doch bis Ende des 18. Jahrhunderts noch Hinrichtungen in ihrem Namen. Was sich hier abspielte, war eine willkürliche Dämonisierung von Menschen, um sich ihrer unter einem Vorwand zu entledigen.

Neben der Bibel war im Mittelalter ein zweites Buch stark verbreitet. 1486 erschien das *Malleus Malefircaum* des deutschen Theologen Heinrich Kramer, auch bekannt unter dem Namen *Der Hexenhammer*, das bei jeder Anklage auf dem Richtertisch lag und als unwiderlegbare Autorität betrachtet wurde. Das Hexenjagd-Handbuch legte fest, wer eine Hexe war und auf welche Weise sie bestraft werden sollte. Meist wurden die Frauen erst qualvoll gefoltert und anschließend ertränkt, erhängt oder auf dem Scheiterhaufen verbrannt.

Und warum?

Heinrich Kramer zufolge waren Hexen (also mehrheitlich Frauen) gefährlich, weil sie einen Pakt mit dem Teufel geschlossen hatten. Allein oder in Gruppen übten sie angeblich Magie aus, indem sie Säuglinge ermordeten, Hagelstürme heraufbeschworen, Gedanken kontrollierten und Männer impotent machten – um hier nur einige der vielen absurden Behauptungen zu nennen. Kramer war überzeugt, dass Frauen böse seien. Seine Theorie, die er anhand von Bibelstellen und Verweisen auf die Werke anderer Männer stützte, strotzten nur so von toxischer Männlichkeit. Und so wurde die Hexe von Päpsten, Priestern, Dämonologen, Magistraten, Künstlern und Schriftstellern öffentlich als teuflische, perverse, verrückte Frau dargestellt.

Auch wenn damals nicht *nur* Frauen der Hexerei bezichtigt wurden, so traf es sie doch ganz eindeutig in der Mehrzahl (fünfundsiebzig bis fünfundachtzig Prozent). Häufig handelte es sich bei den Verurteilten um Frauen, die ein eigenes, unabhängiges Leben führten, zum Beispiel ältere (verwitwete) Frauen und solche, die ihre Sexualität offen auslebten oder anderen gegenüber auch nur ihre Stimme erhoben. Auch Heilerinnen und Hebammen waren darunter. Als »Kräuterhexen« stellten sie eine Konkurrenz zu Medizinern und Wissenschaftlern dar oder wurden als Sündenbock für den Tod eines kranken oder verstorbenen Menschen verantwortlich gemacht. Indem man(n) Frauen als Hexen bezeichnete, sie verurteilte, gegeneinander aufhetze und folterte, wurden sie ihrer Selbstständigkeit, ihres Wissens, ihrer Haltung, ihres Engagements und schlussendlich ihres Lebens beraubt.

Die genaue Zahl der Opfer ist nicht bekannt. In Europa sollen es, aktuellen Studien zufolge, zwischen fünfzig- und zweihunderttausend gewesen sein.[4]

Dass die jahrhundertelange systematische Verfolgung und Ermordung von Frauen bis heute Auswirkungen zeigt, sehen wir daran, dass Frauen noch immer aus vielen Bereichen der Öffentlichkeit ferngehalten, unterdrückt und benachteiligt werden. Unverheiratete (queere) Frauen ohne Kinder werden in den Medien kaum repräsentiert, und auch alte Frauen spielen nur selten die Hauptfigur im öffentlichen Diskurs. Durch den Aufstieg patriarchalisch geführter akademischer und staatlicher Institutionen wurden Heilerinnen und Hebammen von examinierten Ärzten verdrängt, was wir heute daran merken (oder eben nicht), wie wenig von dem Wissen erhalten ist, das damals von Frau zu Frau weitergegeben wurde.

Und noch immer können sehr viele Frauen nicht frei über ihren Körper und ihre Rechte entscheiden. In unserem Nachbarland Polen herrscht ein nahezu vollständiges Abtreibungsverbot. Dass wir in Deutschland nicht wesentlich weiter sind, zeigt sich am Fall der Ärztin

Kristina Hänel, die erst Anfang 2021 vom OLG Frankfurt nach Paragraf 219a wegen »Werbung für den Abbruch der Schwangerschaft« verurteilt wurde.[5]

Menschen, die sich heute *selbst* als Hexen bezeichnen, wollen auf diese anhaltende Ungleichheit hinweisen und an das Leid der einst Verurteilten erinnern, die durch die *Fremdbezeichnung* »Hexe« mit ihrem Leben bezahlen mussten.

So neu ist diese moderne Art der Magie allerdings nicht. Bereits in den 1960er-Jahren bildeten sich in den USA Frauengruppierungen, die das Hexennarrativ für sich beanspruchten. Im sogenannten WITCH-Manifest heißt es: »You are a Witch by being female, untamed, angry, joyous, and immortal.«[6] (Frei übersetzt: »Du bist eine Hexe, indem du weiblich, wild, wütend, fröhlich und unsterblich bist.«) WITCH meint in diesem Zusammenhang nicht nur Hexe, es steht auch als Abkürzung für *Women's International Terrorist Conspiracy from Hell* (wobei das Wort *Terrorist* damals noch eine andere Konnotation hatte als heute). Die Gruppierung widmete sich dem Kampf gegen das Patriarchat, indem sie Hexenzeremonien mit politischen Demonstrationen verband.

Auch in Europa waren zu jener Zeit feministische Hexen aktiv. In Frankreich gab es beispielsweise bis in die 1980er-Jahre eine Zeitschrift mit dem Titel *Sorcières (Hexen)*, in der bekannte Autorinnen wie Hélène Cixous und Julia Kristeva feministische Beiträge veröffentlichten.

Einen besonderen Auftrieb bekommt die Bewegung allerdings jüngst durch die sozialen Medien, in denen sich nicht nur Frauen, sondern Menschen jeglichen Geschlechts (und sexueller Orientierung) international vernetzen und unter Hashtags wie *#modernwitch* oder *#witchesofinstagram* zu erkennen geben. Auf TikTok gibt es sogar eine eigene Community, die sich WitchTok nennt. Ihre Mitglieder zeigen einander Rituale und Zaubersprüche und teilen Erfahrungen aus ihrem Alltag miteinander. Hier treffen sie auf Gleichgesinnte und Verbündete.

Which witch is which?

Was bedeutet es nun also konkret, heutzutage eine Hexe zu sein oder Hexenkunst zu praktizieren? Die Autorin Katie West meint: »The difference between the witch and the layperson is that a witch already knows she has power. The layperson may only suspect.«[7] (Frei übersetzt: »Der Unterschied zwischen einer Hexe und einer*m Lai*in ist, dass die Hexe bereits weiß, dass sie Kraft hat. Der *die Lai*in vermutet es nur.«) Eine Hexe zu werden bedeutet also im Grunde genommen, dir über deine eigenen Kräfte bewusst zu werden und sie für dich und andere einzusetzen. Das kann ganz unterschiedlich aussehen. Für die eine kann Hexenkunst bedeuten, eine spirituelle Praxis zu etablieren; für eine andere bedeutet sie, eng mit der Natur verbunden zu sein; und für wieder eine andere kann es ein politisches

Statement sein. Es gibt sogar Hexen, die in ihr eine eigene Religion sehen.

Vielleicht hast du auch schon mal gehört, dass manche Menschen sich als Wiccan bezeichnen. Sie empfinden ihre Magie als Religion und verehren im Sinne des Neopaganismus (Neuheidentum) ein Duo aus Gott und Göttin. Diese Hexenreligion bildete sich im 20. Jahrhundert nach dem Zweiten Weltkrieg und ist besonders in den USA sehr verbreitet. (Dort ist sie seit den 1990er-Jahren sogar staatlich anerkannt.) Aber auch in Europa gibt es einige Menschen, die einem Wicca-Coven, also einem magischen Kollektiv, angehören, in dem sie gemeinsam Ritualen beiwohnen und sich mit der Kraft der Natur verbinden. Eine leitende religiöse Institution, wie wir sie beispielsweise aus dem Christentum kennen, gibt es allerdings nicht – und es muss auch niemand Steuern zahlen, um mitmachen zu dürfen.

Wir persönlich haben vor allem Hexen getroffen, die sich als »freifliegende Hexen« oder »Solitäre« bezeichnen, da sie eher *freestyle* unterwegs sind und sich keinen Hierarchien oder Strukturen unterordnen wollen, wie es bei Wicca der Fall ist.

Ähnlich ist es auch bei den Eclectic Witches, die ihre Magie für sich allein praktizieren, keiner speziellen Tradition angehören und sich verschiedener Bräuche bedienen. Es gibt außerdem Green Witches, die die Natur verehren und mit Kräutern arbeiten; Kitchen Witches, die quasi die magischen Foodies unter den Hexen sind; schamanische Hexen, die weltweit zu Hause sind; oder auch die Hoodoo Witches im Süden der Vereinigten Staaten. Was die unterschiedlichen Gruppierungen betrifft, könnte man die Liste wohl unendlich weiterführen – von der katholischen über die poetische Hexe bis hin zur queer-feministischen Kräuterhexe. Und natürlich gibt es auch noch heute viele Menschen, die Magie praktizieren, sich aber aus Angst vor Vorurteilen oder Diskriminierung nicht öffentlich dazu bekennen. Sich frei als Hexe zu bezeichnen ist daher immer auch ein Privileg.

Wir beide würden uns selbst zwar nicht unbedingt einem der Begriffe zuordnen, solidarisieren uns aber mit einigen von ihnen und können uns sowohl auf politischer als auch auf spiritueller Ebene mit dem Archetyp der Hexe als Symbolträgerin von Unterdrückung und Selbstermächtigung identifizieren. Ob oder welche Art von Hexe du bist, kannst du selbst entscheiden. Finde es heraus, indem du dich informierst und einiges ausprobierst!

Die Autorin, Podcasterin (*The Witch Wave*) und selbsternannte Hexe Pam Grossman erklärt es so: »Vielleicht gefallen dir ihr Symbolismus, ihr Stil oder ihre Geschichte, aber du brauchst nicht gleich loszurennen, um einen Kessel zu kaufen oder den Himmel anzusingen. Vielleicht bist du ja eher eine *nasty woman*, als dass du die Göttin anbetest. Das ist vollkommen in Ordnung.«[8]

Und das sehen wir genauso.

Hannah: Was für eine Hexe bist du?
Marie: Eine, die manchmal zu viel über alles nachdenkt, sich aber nicht unterkriegen lässt.

Du siehst also: Die *eine* Definition, was eine Hexe ist, gibt es nicht. Ihr magisches Handeln kann politisch oder religiös motiviert sein oder, ganz allgemein gesprochen, dazu dienen, die eigenen Kräfte heraufzubeschwören. Und ganz wichtig: Auch wenn die Hexe oft als Frau gesehen wird und auch wir uns hier vor allem auf die Lebensrealitäten von Frauen beziehen, da wir selbst welche sind, bedeutet das nicht, dass der Status »Hexe« nur ein Geschlecht kennt. Magie entstammt dem Untergrund und zieht vor allem jene an, die in ihr Kraft zur Selbstfürsorge finden.

Ähnlich verhält es sich auch, wenn wir von *weiblicher* moderner Spiritualität sprechen. Weiblichkeit steht hier in erster Linie für das Ausleben radikaler Softness, also einer Form von Energie, bei der ALLE Emotionen ihren Raum bekommen, auch Sanftheit und Verletzlichkeit. Diese Emotionen haben wir alle in uns, denn sie sind menschlich und nicht genderspezifisch, doch leider leben wir noch immer in einer patriarchalen Gesellschaft, die Männer bevorzugt behandelt und in der kein Raum für Softness vorgesehen ist. Darunter leiden wir letztlich alle, egal ob als männlich oder weiblich gelesene Person.

»Why is insensitivity something to strive for? I happen to know that my sensitivity is my strength. It has helped me navigate through a very difficult path in my life. So, when someone tells me to stop being so sensitive, I feel like a nose being lectured by a fart«[9], (frei übersetzt: »Wieso sollen wir danach streben, abgebrüht zu sein? Ich für meinen Teil weiß, dass meine Sensibilität meine Stärke ist. Sie hat mir schon oft dabei geholfen, mich aus schwierigen Zeiten zu befreien. Wenn mir also jemand sagt, ich solle nicht so sensibel sein, dann fühle ich mich wie eine Nase, die von einem Furz belehrt wird«). So bringt es die australische Comedienne Hannah Gadsby in ihrem Stand-up-Programm *Nanette* auf den Punkt.

Sensibilität bedeutet Kraft und Selbstbestimmung. Und genau darin liegt für uns die Magie.

Viele von uns (insbesondere Männer) wachsen in dem (Irr-)Glauben auf, im Umgang mit anderen möglichst tough rüberkommen zu müssen und sich keine Schwächen eingestehen zu dürfen. Getreu dem Motto: »Nur die Harten kommen in den Garten. Und alle Softies müssen draußen warten.« Wir sind der Meinung: Wenn der Bouncer bei der Gartenparty keine tiefen Gespräche und emotionalen Momente zulässt, brauchen wir dort gar nicht erst aufzukreuzen. Denn wer will schon in einer Welt leben, in der er*sie immer eine Rolle spielen muss und sich niemals fallen lassen kann, Fehler eingestehen oder neue Perspektiven einnehmen darf?

Radikale Zartheit ist in unseren Augen die wahre Superpower, nach der wir uns im Alltag sehnen. Um sie zu stärken, brauchen wir Diversität und laute Stimmen wie die von Hannah Gadsby, die neue Formen von Weiblichkeit, Menschlichkeit und Authentizität aufzeigen, die auch mal zwischen den Geschlechtern verborgen liegt. Genauso wenig, wie es »den einen Mann« gibt, gibt es »die eine Frau«.

Geschlechter können fließend sein. Wenn wir in diesem Buch immer wieder von »Frauen und Femmes« sprechen, meinen wir damit all diejenigen, die als weiblich gelesen werden möchten.

Lass uns nun gemeinsam schauen, welche praktischen Tricks und magischen Übungen es gibt, durch die wir lernen, im Alltag stärker auf unser Bauchgefühl zu hören anstatt auf das, was uns das Patriarchat seit Jahrhunderten eintrichtern will. Die Power steckt in der Balance aus laut und leise, außen und innen, wütend und zart.

Wie Magie Schritt für Schritt in deinem Zuhause einzieht

Um die Kraft in uns zum Vorschein zu bringen, zu verstärken oder überhaupt zu erkennen, ist eine geeignete Umgebung, Ausrüstung und Routine von Nutzen. Auch hier können wir uns ein Beispiel an der Hexe nehmen, die ihre gesammelten Kräuter in der Hexenküche trocknet, schlagfertige Sprüche im Hexenbuch notiert und regelmäßig Rituale durchführt, um ihre Kräfte zu bündeln. Ganz sicher musst du nicht halb Etsy leer kaufen und deine Wohnung mit Salzkristalllampen und Räucherwerk vollstopfen, um deine Magie heraufzubeschwören. Die Magie kommt nicht von irgendwelchen Objekten, sondern aus dir heraus. Es gibt jedoch ein paar Hilfsmittel und Techniken, die uns gerade zu Beginn dabei unterstützen, eine Verbindung zu dieser im Alltag oft vernachlässigten (oder sogar vergessenen) Kraft herzustellen.

Wir erinnern uns noch gut an das kleine offene Arbeitszimmer, in dem unsere Oma (die sich bisweilen als Hexe bezeichnete) am Fenster saß und Gedichte, Tagebucheinträge oder Briefe an die Verwandtschaft schrieb, während unser Opa in seinem Zimmer im Stockwerk darunter seiner Arbeit nachging oder draußen auf Pilzsuche war.[10] Besonders faszinierend für uns Kinder war ihre Edelsteinsammlung, an der wir uns mit funkelnden Augen bedienten, sowie die kleinen Fläschchen mit ätherischen Ölen, allesamt ordentlich in einem Setzkasten verstaut und beschriftet. Ein großer geblümter Sessel neben dem Schreibtisch lud zum gemütlichen Verweilen ein, denn unsere Oma verstand es, Magie nach ihrem Geschmack zu gestalten. Sie schaffte sich ein Zimmer für sich allein. Von der Magie eines solchen Ortes schrieb schon einst die Schriftstellerin Virginia Woolf.

Wenn wir also von einer geeigneten Umgebung, Ausrüstung und Routine sprechen, meinen wir damit, dass du dich in deiner magischen Praxis so einrichtest, wie es sich für dich am besten anfühlt.

Im Verlauf dieses Buches werden wir dir verschiedene Übungen und Rituale vorstellen, die du in deinen eigenen vier Wänden durchführen kannst, sowie Tools, die sich dafür eignen. Finde heraus, was am besten zu dir passt, und taste dich langsam vor. Beobachte, wann deine Energie ins Fließen kommt und was dir dabei hilft, deine Intuition und Kraft zu spüren. Vielleicht sind es Steine, vielleicht auch Kräuter oder besondere Worte. Magie sieht für jede*n von uns anders aus, jede Praxis ist individuell und lässt sich an dein Leben und deine Interessen anpassen. Für den Anfang brauchst du nicht mehr als eine Portion Neugier, einen Ort, an den du dich zurückziehen kannst, sowie einen Stift und ein Notizbuch.

Übung: Flowmotion

Vielleicht bist du es gewohnt, alles in deinem Alltag am Laptop zu erledigen: Mails verschicken, Termine planen, Zoom-Calls und abendliche Netflix-Sessions. *We feel you!* Man könnte meinen, unser Leben dreht sich komplett um diese kleine aufklappbare Kiste, die alles organisiert und beleuchtet. Da du in diesem Moment allerdings ein Buch in der Hand hältst, scheinst du den Laptop auch mal zuzuklappen – herzlichen Glückwunsch! Damit ist der schwierigste Schritt auch schon getan.

In unserer ersten Übung geht es darum, mithilfe der Methode des Journaling unsere Emotionen in den Fluss zu bringen und so aus unserem Körper hinausfließen zu lassen. Denn genau dafür sind sie da: um hinauszufließen. Das Wort »Emotion« stammt vom Lateinischen *emovere* und bedeutet im wörtlichen Sinne »hinausbewegen«.

Also lass uns nun alles, was in uns brodelt, herauslassen und anschließend Bilanz ziehen!

»Gerade habe ich eine Kerze angezündet, als ich mir nämlich all meinen Ärger über die letzte Umweltausschusssitzung in einem geharnischten Leserbrief von der Leber schrieb. Das tat nicht nur wohl, es bekam bestimmt auch meiner Umwelt (sprich: Familie) besser, als wenn ich nur im Dunkeln geklagt hätte (sprich: mehr oder weniger laut vor mich hin gemeckert)«, heißt es in den Aufzeichnungen unserer Oma aus dem Jahr 1984.

Unsere Oma war nicht nur als Kräuterhexe bekannt, sondern auch im Umweltschutz aktiv. Und wie so oft gibt sie uns hier ein paar gute Tipps. Erstens: Schreiben hilft, um die eigenen Gedanken und Gefühle zu kanalisieren und Unmut loszuwerden. Zweitens: Wir können unsere Energie mithilfe von so simplen Dingen wie Kerzenschein beeinflussen.

Nimm dir nun also ein Journal zur Hand – am besten ein noch unbenutztes. Wir brauchen leere Seiten für Beobachtungen, die nichts mit den vernünftigen Gedanken zu tun haben, die unser Verstand normalerweise ausspuckt. Hier kommt rein, was unser Unterbewusstsein uns sagen will.

Und für die richtige Stimmung zünden wir eine Kerze an. Vielleicht gehörst du zu der Sparfraktion, der auch Marie angehört – also jenen Menschen, die nur dann Kerzen anzünden, wenn sie in einem Geburtstagskuchen stecken oder wenn andere Menschen zum Essen kommen. Manche Dinge tun wir nur, wenn andere zusehen oder weil sie mit besonderen, erlernten Situationen verknüpft sind. Doch wer sagt, dass wir nicht auch unsere ganz eigenen Rituale erfinden können oder uns selbst mit romantischem Kerzenlicht belohnen dürfen?

Mach es dir so bequem wie nur möglich, lass es scheinen, und schenk dir einen Moment nur für dich. Du bist jetzt die Ehrengästin in deinem Zimmer!

In unserer Journalsession wollen wir uns selbst vor Augen führen, wer wir in diesem Moment gerade sind, was wir fühlen und brauchen. Natürlich kennst du dich bereits sehr gut, du hast schließlich schon dein ganzes Leben mit dir verbracht. Aber manchmal klickt es erst so richtig, wenn wir uns fragen, was eigentlich gerade in unserem Leben abgeht.

Überlege dir eine Frage, der du heute auf den Grund gehen willst. Deine Frage könnte zum Beispiel ganz simpel lauten: Wie geht es mir? Oder: Wo sehe ich mich in meinem Leben? (Nein, das ist kein Bewerbungsgespräch.) Wie fühlt es sich hier an, an diesem Ort, in meinem Zuhause?

Von dort ausgehend kannst du immer tiefer vordringen und schauen, welche Bedürfnisse mit diesen Gefühlen zusammenhängen. Fühlst du dich gestresst und sehnst dich nach mehr Ruhe oder Sicherheit? Fühlst du dich allein und wünschst dir mehr Support oder Zärtlichkeit?

Denk nicht so stark darüber nach, sondern schreib einfach drauflos; komm von einem Wort zum nächsten und von einem Gedanken zum anderen. Gib beim Schreiben die Kontrolle an den Stift in deiner Hand ab. Es ist egal, ob du zusammenhängende Sätze, Teilsätze, Wortketten oder einzelne Wörter schreibst. Und auch mit der Grammatik nehmen wir es ausnahmsweise nicht so genau. Schreib auf, was in diesem Moment zu dir – oder besser gesagt: aus dir heraus – kommt.

Im Französischen gibt es dafür einen Begriff: *Écriture automatique* – automatisches Schreiben. Viele Autor*innen nutzen diese Methode, um ihre Kreativität ins Fließen zu bringen und ihre Gefühle völlig wertfrei zu Papier zu bringen. Es geht darum zu sehen, wie du ohne Filter, Zensur oder Blick von außen über dich und dein Leben denkst – und vor allem darum, was du fühlst.

Wenn dir schließlich die Wörter ausgehen oder deine Hand zu schmerzen beginnt (wir sind alle aus der Übung), schau dir an, was du geschrieben hast. Was fällt dir auf? Gibt es vielleicht etwas, was dich selbst überrascht oder dir durch das Schreiben bewusst geworden ist?

Nimm dir ruhig regelmäßig Zeit für deine Journalsession, und betrachte sie als Auszeit vom Alltag. Alles, was dich aktuell einnimmt, wird über die Tinte in deinem Stift auf das Papier abgetragen. Ähnlich wie bei einer Meditation geht es nicht darum, dass wir uns durch die regelmäßige Praktik des Schreibens verbessern. Es geht darum, sich zur Abwechslung mal *nicht* anzustrengen und zu bewerten oder sich vorzumachen, dass man total happy und relaxt ist.

In ihrem Buch *Der Weg des Künstlers* erklärt die US-Autorin Julia Cameron diese Art zu schreiben zu ihrer Morgenroutine. Immer nach dem Aufwachsen schreibt sie drei Seiten, ehe sie mit jemandem spricht, Nachrichten liest oder ihren Arbeitsalltag beginnt.[11] So sind die Emotionen quasi taufrisch und noch nicht unter einem Haufen anderer Informationen begraben.

Aber bitte keinen Stress: Anders als bei Cameron, die sehr stark auf den täglichen Routinen beharrt, kommen wir auch nicht jeden Tag zum Schreiben. Manchmal ist uns schlichtweg nicht danach, und wir wollen uns hier nicht von zu vielen Routinen unter Druck setzen lassen.

Schau einfach, wie oft es sich für dich richtig anfühlt. Um dich relativ stressfrei an Übungen wie das Journaling zu erinnern und sie in deinen Alltag zu integrieren, kannst du deiner Magie einen eigenen Ort in deiner Wohnung widmen. Hierher kannst du immer zurückkehren, wenn du neue Magie tanken willst.

This is where the magic happens. Kreiere deinen eigenen Kraftort

Wenn du bereits ein wenig Erfahrung mit spirituellen Praktiken gemacht hast oder andere Bücher und Blogbeiträge zu dem Thema kennst, ist dir vielleicht schon einmal der Begriff des Altars begegnet. Da wir persönlich bei dem Wort direkt an Religion (in unserem Fall ans Innere einer Kirche) denken müssen, sprechen wir hier lieber von einem persönlichen Kraftort. Für uns geht es nicht um einen Ort, an dem wir einen Gott/mehrere Gottheiten anbeten oder bestimmte Opfer niederlegen (wie es unter anderem bei Wicca der Fall ist), sondern um einen Ort, an dem du dich auf dich und deine Form der Magie konzentrierst, der zum Schauplatz deiner Rituale wird. Dein Kraftort kann in der Natur – im Wald, im Garten oder auf deinem Balkon – sein; er kann aber genauso gut überall in deiner Wohnung eingerichtet werden: im Wohnzimmer auf einem Sideboard, im Bücherregal deines Arbeitszimmers, auf dem Fensterbrett im Badezimmer oder auf dem Nachttisch.

Ein Indoor-Kraftort besteht aus einer Ansammlung von Dingen, die dich an deine Wünsche und Absichten erinnern und dir im besten Fall beim Ansehen oder Anfassen Energie verleihen. Er ist quasi die Zentrale deiner Magie.

Bei der Gestaltung hast du viel Spielraum. Überlege, welche Elemente du dir regelmäßig anschauen möchtest – dein Kraftort ist schließlich nicht dazu da, in einer Ecke deines Zimmers zu verstauben, sondern dazu, dir aktiv Kraft zu spenden!

Auf Blogs oder in Büchern über moderne Spiritualität findest du Anleitungen, in denen bestimmte Objekte für die spirituelle Praxis genannt werden. Oft geht es dabei um Dinge, die eine Verbindung zu den vier Elementen Feuer, Wasser, Erde und Luft symbolisieren, also zum Beispiel Kerzen oder Räucherstäbchen, eine Schale mit Wasser, Federn, Edelsteine und Kristalle. Die Idee dahinter ist, sich aus allen Bereichen der Natur mit Energie zu versorgen. Wenn dir das nach zu viel Gedöns klingt, reichen auch einige wenige Objekte, die du mit deinen persönlichen Kraftmomenten verbindest.

Hannah hat ihren Kraftort auf einem Sideboard im Wohnzimmer eingerichtet. Darauf befinden sich neben Kerzen und Edelsteinen ein Foto unserer Oma sowie ein Deck mit Tierorakelkarten, von dem sie jeden Morgen eine Karte als Inspiration für den Tag zieht. Je nach Bedarf, Gefühlslage oder Stand des Mondes räumt sie den Kraftort gern auch mal um und ergänzt die Objekte um einen frischen Strauß Wildblumen oder eine feuerfeste Räucherschale, in der sich getrocknete Kräuter und Harze befinden.

Marie hingegen hat in ihrer Wohnung mehrere kleine Kraftorte eingerichtet: Im Bücherregal liegt ein kleiner geschliffener Bergkristall neben einem Fläschchen Lavendelöl, das ihre Freundin Nina selbst gemacht hat. Dieser Kraftort steht für Kreativität und Ruhe und dient ihr als visuelle Erinnerung daran, bei der Arbeit auch mal Pausen einzulegen.

Auf ihrem Nachttisch hat sie ein paar gesammelte Steine und Muscheln arrangiert, die vor dem Einschlafen oder morgens nach dem Aufwachen positive Erinnerungen hervorrufen – etwa daran, wie viel Mut sie beim ersten Surfversuch im Portugalurlaub bewiesen hat und welche ungeahnten Kräfte sie dabei spürte.

Dein Kraftort muss sich nicht von deinem übrigen Einrichtungsstil abheben, und du musst auch nichts extra kaufen, um ihn zu vervollständigen. Richte ihn ganz nach deinen Vorlieben und Wünschen ein, oder kreiere einen temporären Kraftort, zum Beispiel wenn du ein Entspannungsbad nimmst.

Probiere es einfach mal aus, und bestücke den Rand der Wanne beim nächsten Schaumbad mit ein paar Kerzen (symbolisch für die Elemente Luft und Feuer) und Kristallen (für das Element Erde). Die Kristalle dürfen auch gerne mit ins Wasser! Du wirst sehen: Gemeinsam mit dem Element des (Bade-)Wassers ist das eine wunderbar magische Erfahrung.

Wenn du keine Angst vor welligen Seiten hast, kannst du auch mit deinem Journal in die Wanne steigen und dich hier mit dir, deinen Gedanken und Sinneseindrücken verbinden. Schreib auf, was dir durch den Kopf bzw. Körper geht, oder horch einfach in dich hinein, während du das warme Wasser genießt. Auch das ist ein Weg, um in deine Kraft zu finden und deinen Körper zu spüren.

Wenn du wie Marie von einer Badewanne träumst, aber keine hast, tut es im Übrigen auch die Dusche. Anstatt der Kerzen und Kristalle kannst du dir ein kleines Schälchen mit Salz mit in die Kabine nehmen und dich damit vor dem Abduschen bestreuen oder einreiben. Das Salz symbolisiert hier – ähnlich wie Kristalle – die Verbindung zur Erde. Du kannst dich auf diese Weise aktiv im Hier und Jetzt verorten und anschließend mit frisch gewaschenem, freiem Kopf in die Welt zurücktreten. Gerade nach richtig blöden Tagen gibt es nichts Besseres, als geduscht mit warmen Socken ins frisch bezogene Bett zu schlüpfen und einen mentalen Strich unter energieraubende Gedanken zu setzen.

Wenn du deiner Reinigung noch etwas mehr Magie verleihen

willst, kannst du in dem Moment, bevor du das Salz von deiner Haut abwäschst, etwas Kräftigendes sagen wie:

»Ich nehme dieses Salz und
– löse den heutigen Tag von mir,
– bin ganz bei mir,
– lasse alle nervigen Gedanken des Tages an mir abfließen.«

Selbstfürsorge als Akt der Selbstermächtigung

Natürlich könnte man nun sagen: Schaumbad und Salzdusche? Klingt nach Wellnessprogramm.

Das stimmt schon. Aber hin und wieder hilft es, sich durch Entspannung bewusst auf sich selbst zu fokussieren, um neue Kräfte zu sammeln. Als Kinder wurden wir von unserer Mutter in die Badewanne gesetzt, heute kümmern wir uns selbst darum. Doch genau wie mit dem Begriff der Magie ist es auch mit der Selbstfürsorge: Es liegt ganz im Ermessen der Betrachtenden, was sie unter dem Begriff verstehen.

In den 1960er- und 1970er-Jahren empfahlen Ärzt*innen und

Wissenschaftler*innen Selbstfürsorge für Menschen mit stressigen Jobs wie Sozialarbeit oder Pflege, um besser mit psychischen Herausforderungen klarzukommen. Ganz nach der Devise: Um anderen zu helfen, muss man sich zunächst um sich selbst kümmern.

Etwa zur selben Zeit verbreitete sich Selfcare als Methode des politischen Undergrounds.

»Caring for myself is not self-indulgence, it is self-preservation, and that is an act of political warfare«[12], (frei übersetzt: »Mich um mich selbst zu kümmern ist kein Luxus, es ist Selbsterhaltung, und das ist ein politischer Kampfakt.«), schrieb die queere afroamerikanische Schriftstellerin Audre Lorde in ihrem Essay *A Burst of Light*.

Selfcare bedeutete für sie das Gegenteil von Luxus und Genusssucht, nämlich Selbsterhaltung und Resistenz. Diskriminierung wirkt sich direkt auf die mentale Gesundheit aus. Um sich einen Ausgleich zu verschaffen und zu neuer Kraft zu kommen, griffen damals viele Aktivist*innen (wie die Bürgerrechtlerinnen Angela Davis und Ericka Huggins) auf Praktiken wie Yoga und Meditation zurück.[13]

Heute überdecken Feelgood-Influencer*innen und -Marken mit Slogans wie »Choose Happiness« (Coca Cola) oder »Happiness in a Bag« (ShaktiMat) diese Art der Selfcare-Praxis. Selbstfürsorge ist zum Produkt verkommen – wir sollen fix etwas trinken, eine Creme auftragen, unsere steifen Nacken für sechzig Euro in piksende Plastikkissen pressen oder unser Erspartes für ein dreiwöchiges Coaching ausgeben. Und wenn es nicht funktioniert und wir uns danach nicht besser fühlen, müssen wir wohl noch mehr in uns investieren, »weil wir es uns wert sind« (L'Oréal). Als wäre Wohlbefinden ein frei zugängliches Produkt, das sich konsumieren lässt oder das nur durch Investitionen erreicht werden kann!

Wir sagen nicht, dass einige dieser Produkte und Angebote nicht helfen können, uns im Alltag zu entspannen oder uns für einen Moment glücklicher zu machen. Doch sobald Selfcare zum Statussymbol wird, hat das mit der eigentlichen Idee hinter der Praxis nichts mehr gemeinsam.

Wir müssen das ewige *Blame Game* beenden und nicht jeden Zentimeter unseres Körpers oder unserer Psyche optimieren oder uns in unserem Feel-Good-Mood übertrumpfen, um andere schwächer dastehen zu lassen. Denn dann machen wir nur wieder genau das, was das patriarchale kapitalistische System von uns erwartet: fleißig schämen und konsumieren.

Daher rufen wir noch einmal in Erinnerung: Selfcare ist Selbsterhaltung, denn sie bietet einen Weg, in Momenten der Machtlosigkeit Kontrolle zu gewinnen und uns auf das zu besinnen, was uns ausmacht.

Unsere Bekannte, die Flower-Aktivistin Maggie Coker, zeigt dies eindrücklich, indem sie Wellness gezielt als Mittel des Supports nutzt. Mit ihrem *Mental Wellness City Guide*, ihren »*Flower Talks*«-Workshops und eigens initiierten *Gratitude Walks* richtet sie sich an Menschen, die sich stärker mit ihrer kulturellen Identität verbinden möchten, vor allem an afro-deutsche, asiatisch-deutsche und afrikanische Migrant*innen und Frauen, die sich oft aus anderen Wellness-Communities ausgeschlossen fühlen. Indem sie in die Natur gehen, sich kreativ ausleben, sich mit selbstgefertigten Blumenkränzen krönen oder mithilfe von Aromatherapie auf ihre Sinneswahrnehmungen konzentrieren, schaffen sie eine magische Verbindung zur Natur, in der sie Kraft und Bestätigung in ihrer Weiblichkeit sowie emotionale Fülle finden.

Vielleicht denkst du jetzt: Und was ist, wenn es mir, verglichen mit anderen, gar nicht *so* schlecht geht? Wenn ich zwar im Arbeitsleben hin und wieder aufgrund meines Geschlechts benachteiligt werde, aber nicht rassistisch angefeindet und ausgeschlossen werde? Steht mir Selfcare dann überhaupt zu? Bin ich nicht selbstbezogen, wenn ich mir Achtsamkeitspraktiken zu eigen mache, um mich zu stärken, während andere noch viel schlimmere Kämpfe austragen?

Natürlich ist es wichtig, sich die eigenen Privilegien vor Augen zu führen, genauso, wie wir uns solidarisch zeigen und deutlichen machen sollten, dass wir wissen, wie beispielsweise *weiße*[14] Cis-Menschen[15] oft auch von der Benachteiligung anderer profitieren. Wenn du dich vor lauter Selbstaufopferung für den Kampf gegen diese Ungleichheit jedoch völlig vernachlässigst, ist damit auch niemandem geholfen.

»Wenn du dich nämlich pausenlos engagierst, ständig bis weit über deine Kapazitätsgrenze arbeitest, dich überanstrengst und dir keine Erholung gestattest – weil du dich verpflichtet fühlst oder dir erhoffst, auf diese Weise mehr oder schnellere Veränderung bewirken zu können –, dann ist es nicht unwahrscheinlich, dass irgendwann der Punkt erreicht ist, an dem du einfach gar nicht mehr kannst«, erkennt auch die feministische Autorin Svenja Gräfen in ihrem Buch *Radikale Selbstfürsorge. Jetzt!*.

Selfcare ist magisch, weil sie uns Kraft schenkt, die wir andernfalls vielleicht nie erreichen würden, weil andere sie uns missgönnen. Wenn du dich nun also dem Thema Selfcare widmest, sei durchaus kritisch, und schau, wie der Begriff von Unternehmen oder Medien für bestimmte Zwecke genutzt und möglicherweise seiner ursprünglichen Bedeutung beraubt wird. Achte aber auch auf dich und deine eigenen Bedürfnisse, und fühl dich nicht schlecht, wenn du dir Pausen und bewusste Momente für dich allein schenkst. Denk dran: Du bist die Ehrengästin in deinem Zimmer – und in deinem Leben. Du kannst eine politische Hexe sein, die sich für andere stark macht und auf die Straße geht, aber du brauchst auch Kraft und eine Verbindung zu dir selbst, um dir immer wieder klarzumachen, was dir wichtig ist, wofür du einstehst und was du brauchst, um in deiner Leidenschaft und deinem Engagement aufzugehen. Mit Schaumbädern und magischen Sprüchen allein werden wir uns nicht von den unterdrückenden Strukturen freimachen, aber wir können in ruhigen Momenten gut zu uns sein, um anschließend umso lauter an der Seite anderer in die Öffentlichkeit zu treten.

Lass uns nun schauen, wie wir unsere Kraft speichern können, damit wir im Alltag immer wieder auf sie zurückgreifen können.

Kapitel 2: Kristallklar. Wie wir mit Heilsteinen unseren Zielen näher kommen

»We are stardust, billion year old carbon, we are golden.«
– Joni Mitchell, Woodstock

In unserer Schreibübung im ersten Kapitel hast du beobachtet, was eigentlich gerade in deinem Leben los ist. Wie fühlst du dich? Was brauchst du? Von dort ausgehend wollen wir nun schauen, wie wir unsere Bedürfnisse aktiv in Intentionen verwandeln und diese bewusst in unseren Alltag integrieren können.

Intentionen sind unsere richtungsweisenden Absichten. Die britische Wissenschaftlerin Dr. Tara Swart definiert sie als Treffpunkt zwischen unserem Verstand und unserem Herzen.[1] Vielleicht hast du dir schon oft vorgenommen, beim nächsten Gespräch mit deinem Chef oder deiner Chefin auf den Tisch zu hauen und zu sagen, dass du mehr Gehalt verdienst? Oder du spielst schon länger mit dem Gedanken, ein eigenes kreatives Projekt anzugehen, findest jedoch ständig Ausreden, weshalb du es noch nicht angefangen hast: Immer ist etwas anderes wichtiger, und vielleicht bist du auch gar nicht so talentiert? Angst vorm Scheitern ist normal, aber wer nichts wagt, kann lange warten.

In diesem Kapitel wollen wir dir zeigen, wie du Kristalle zu deinen persönlichen Assistenten im Alltag machst und mit ihnen arbeitest, um deinen persönlichen Träumen und Zielen näher zu kommen.

Was sind Kristalle, und wie können sie uns im Alltag empowern?

Was haben Uhren, Laptops und Smartphones gemeinsam? Richtig, in ihnen allen werden Kristalle verbaut, die ihre Funktionen ermöglichen oder unterstützen.

Kristalle bestehen aus Atomen, Molekülen und Ionen, die eine sichtbar kristalline und symmetrische geometrische Form haben. Diese Anordnung nennt man auch Kristallgitter. Kristalle entstehen aus festen, aber auch aus flüssigen Stoffen.[2] Beispiele aus unserem Alltag sind Schnee (Eiskristalle) oder eben auch LCDs (*liquid crystal displays*, also Flüssigkristallanzeigen). Oft werden die Begriffe »Edelsteine«, »Heilsteine« und »Kristalle« synonym verwendet, obwohl sie technisch nicht ganz das Gleiche meinen. Sie unterscheiden sich in ihren Eigenschaften, Härtegraden und in ihrem Aussehen. Sie alle beschreiben aber natürliche Verbindungen von Mineralien. Kristalle können Druck in Strom umwandeln, Energie leiten sowie transformieren und sind daher essenziell für die moderne Technologie. Doch warum sollten wir uns dieses Phänomen nur bei technischen Geräten zunutze machen, wenn wir mithilfe von Kristallen auch unsere eigene Energie lenken, uns selbst empowern und so unseren Träumen ein Stück näher kommen können?

Es gibt über fünftausend Mineralien mit unterschiedlichen Eigenschaften. In Laptops und Uhren finden wir allerdings häufig den Bergkristall (Quarz).[3] Das ist kein Zufall, denn der Bergkristall gehört zu den Kristallen, die besonders gut bespielbar sind. In unserem persönlichen Alltag können wir ihn nutzen, indem wir ihn mit einer bestimmten Intention aufladen. Hat er einmal unsere Wünsche abgespeichert, unterstützt der Bergkristall uns bei der Arbeit oder im Privatleben ähnlich wie unser Laptop dabei, unsere Gedanken zu speichern und Ziele zu verfolgen. Für den Anfang empfehlen wir dir daher Übungen mit einem kleinen Bergkristall, wie man ihn in den meisten Onlineshops, Boutiquen oder secondhand findet (aber dazu später mehr).

Das energetische Bespielen von Kristallen funktioniert über Vibrationen. Aus der Wissenschaft wissen wir: Jedes Atom im Universum ist permanent in Bewegung, und so verfügen weder wir noch unser Laptop oder der Kristall in unseren Händen über klare, eindeutig gefestigte Grenzen. In Hippie-Kreisen spricht man hier von der Aura, einer vibrierenden Energie, die einen Menschen oder ein Objekt umgibt, ihn oder es erweitert. Hält man die Hand über einen Kristall, lässt sich diese subtile Vibration spüren. Probier's mal aus!

Das Besondere an Kristallen ist ihre Struktur. Von allen Dingen, die bislang auf diesem Planeten entdeckt wurden, verfügen sie über die symmetrischste Anordnung von Atomen. Ihr Kristallgitter macht sie zu starken Behältern, in denen sie Energie speichern und übermitteln können. Das bedeutet, dass alle anderen Atomstrukturen, die eher chaotisch angeordnet sind, sich in der Gegenwart eines Kristalls anpassen und in Interaktion mit seiner Aura harmonisieren und ordnen lassen. Unser Bergkristall kann folglich dabei helfen, Ordnung und Struktur in das chaotische Innenleben von Uhren und in unsere Gedanken zu bringen. Wobei wir natürlich nicht ganz so einfach ticken.

Anders als bei einer Uhr ändert sich in unserer chaotischen Atomstruktur, in unseren Zellen, Gedanken und Gefühlen ständig etwas. Es kann daher eine große Unterstützung im Alltag sein, unsere Gedanken und Intentionen in ein geordnetes, symmetrisches und beständiges System wie das des Kristalls zu übertragen. Indem wir den Kristall immer wieder zur Hand nehmen, nah an ihn herangehen, neben ihm schlafen, arbeiten, meditieren oder ihn auf unseren Körper legen, können wir uns immer wieder mit der nötigen Energie verbinden, die wir brauchen, um unseren Zielen näher zu kommen. Ein Kristall kann so zum Beispiel zur Powerbank für mehr Selbstbewusstsein werden. Wir müssen ihn nur regelmäßig mit unserer Intention aufladen.

Das klingt noch zu abstrakt? Dann starten wir mit einer kleinen Übung.

Dafür brauchst du nur einen beliebigen gereinigten Kristall, zum

Beispiel einen Bergkristall. Bevor du ihn mit deiner Intention auflädst, ist es wichtig, den Stein energetisch zu reinigen. Hierfür gibt es verschiedene Methoden, die wir im Folgenden noch genauer betrachten werden. Da wir jetzt aber erst mal loslegen wollen, entscheiden wir uns dafür, den Kristall durch den Rauch eines Räucherstäbchens oder eines verbrennenden Krauts zu ziehen.

Fertig? Los geht's.

Übung: Und Power! So lädst du deinen Kristall auf

Mach es dir gemütlich, und nimm einen Kristall in beide Hände. Fühle in deine Handflächen hinein, und schau einmal, ob du die Vibration spüren kannst, die vom Kristall ausgeht. Stell sie dir wie einen schimmernden goldenen Ball vor, der um den Kristall kreist. Spüre, wie sich deine Energie, die aus den Handflächen kommt, mit der des Kristalls verbindet, und atme ein paarmal tief ein und aus.

Jetzt sprichst du aus, womit du den Kristall aufladen möchtest oder was du programmieren willst:

»Ich programmiere diesen Kristall, um

– einen neuen Schreibauftrag zu kriegen,
– mich auf meiner Reise zu beschützen,
– meinen Liebeskummer zu besiegen,
– mich selbstständig zu machen,
– meinem Chef die Meinung zu sagen.«

Füge dann gern noch eine Abschlussformel hinzu, die sich für dich magisch anfühlt. So etwas wie:

»Mit meiner Badass-Hexenkraft!«

»*Making magic like a pro!*«

»Ich glaube an mich!«

»In Liebe und Vertrauen!«

»*Hell yeah!*«

Bedanke dich anschließend bei dem Kristall, bei deinem Körper, dem Universum, der Erde oder dem Mond. Dankbarkeit ist immer gut, wenn wir nach Verstärkung suchen.

Voilà, die Kristallpower kann fließen!

Beobachte nun über einen längeren Zeitraum, wie sich deine Intention entwickelt. Es ist super, wenn du auch kleine Zeichen und Ereignisse, die mit deinem Wunsch zu tun haben, in deinem Journal dokumentierst. Kristalle arbeiten sehr subtil, deswegen haben wir oft das Gefühl, dass nichts passiert. Das ist ein bisschen so, als würden wir über längere Zeit mehr Vitamine zu uns nehmen. Erst denken wir, es passiert nichts, aber dann merken wir irgendwann, dass sich Dinge verändern und wir seltener krank werden oder unser Hautbild sich verbessert hat.

Alles nur Placebo?

Wenn dir das alles noch zu subtil ist, kannst du dich auch auf bewusster Ebene mit dem Kristall empowern, indem du ihn als Glücksbringer oder Reminder betrachtest. Du kannst ihn in Prüfungssituationen, zu Vorstellungsgesprächen oder zur nächsten Podiumsdiskussion mitnehmen, damit er deinen Glauben an dich selbst stärkt.

Alles nur Placebo? Mag sein, aber daran ist ja nichts verkehrt – und wenn es hilft (und das tut es), umso besser! Der Kristall bestärkt uns in unserem Selbstvertrauen und erinnert uns an unsere Wünsche und Ziele.

Natürlich kannst du dir stattdessen auch eine Motivations-App herunterladen. Aber die sieht nicht so schön aus und leitet auch keine Energie durch deinen Körper. (Und wenn doch, wollen wir das vielleicht lieber nicht so genau wissen.)

Unabhängig von deiner persönlichen Intention, die du dem Kristall mitgibst, kann er dich auch emotional unterstützen: durch seine Farbe, Form und Eigenschaften. Es gibt eine riesige Auswahl an Kristallen. Sie alle haben nicht nur unterschiedliche äußere Merkmale, sie unterscheiden sich auch in ihren Eigenschaften. Je nachdem, in welchem Bereich du dich stärken willst, kannst du hier den passenden Stein für dich auswählen.

Eine Möglichkeit besteht darin, den Kristall nach seiner Farbe auszusuchen. Dass Farben eine Wirkung auf unsere Psyche haben, ist uns vermutlich allen mehr oder weniger bewusst. Unsere Emotionen verändern sich je nachdem, ob wir uns vorstellen, dass wir uns in einem Raum mit weißen Wänden oder dass wir uns in einem mit grüner Tapete befinden. Oft spiegeln sich unsere Gefühle, wenn auch unbewusst, in unserer Kleidung wider. Trägst du heute lieber ein knallrotes oder ein schlichtes graues T-Shirt?

Die Lehre von den Chakren ordnet den sieben Hauptenergiezentren im Körper ebenfalls unterschiedliche Farben zu. Wenn du also gezielt einen Bereich in deinem Körper unterstützen willst, macht es Sinn, einen Kristall in der passenden Farbe zu nehmen.

Exkurs »Chakrenlehre«:

Das Sanskritwort *Chakra* bedeutet so viel wie »Rad« und beschreibt Energiezentren im Körper. Insgesamt gibt es unzählige dieser Energiezentren, deren Job es ist, die Lebensenergie (die je nach Philosophie *Chi*, *Ki* oder *Prana* genannt wird) fließen zu lassen. Am bekanntesten sind diese sieben Hauptchakren: Wurzel-Chakra, Sakral-Chakra, Solarplexus-Chakra, Herz-Chakra, Hals-Chakra, Stirn-Chakra und das Kronen-Chakra. Ihnen werden verschiedene Farben, Organe, Themen, Mantras und sogar Lebensmittel zugeordnet. Obwohl die Chakrenlehre aus der Hindukultur stammt, bezieht man sich mittlerweile weltweit in den verschiedensten Praktiken darauf. Die Chakren spielen bei Yoga und Meditation eine große Rolle, die Lehre wird aber auch von vielen Reiki-Lehrer*innen weitergegeben, wobei dieses Energieheilverfahren in Japan und auf Hawaii entstanden ist. Einige TCM-Praktizierende (Traditionelle Chinesische Medizin), Astrolog*innen oder Human Design Reader beziehen die Chakrenlehre ebenfalls in ihre Arbeit mit ein.

Die körperliche Funktion der Chakren, die du dir wie 3D-Blütenblätter an deiner Wirbelsäule vorstellen kannst, ist es, die Energie im Fluss zu halten und alle Organe damit zu versorgen. Die spirituelle Funktion hingegen besteht darin, die Kundalini-Energie zu erwecken, die in Gestalt einer Schlange (als Symbol der göttlichen weiblichen Kraft) am Steißbein sitzt. Wenn sie freigesetzt wird, kann sie sich bis zum Kronen-Chakra hochwinden.

Wenn du dich nun für die Farbe deines Kristalls entschieden hast, solltest du bei der Wahl seiner Form darauf achten, wie er genutzt werden soll. Es gibt Rohsteine und polierte Steine, solche mit spitzen oder mit abgerundeten Kanten. Das Wichtigste ist, dass er praktisch anwendbar ist. Um einen Kristall als Glücksbringer im BH oder in der Hosentasche mit sich herumzutragen, bietet es sich logischerweise an, einen abgerundeten Kristall zu verwenden. Wenn du Kristalle in ein Grid (also in ein Raster) legen willst, um sie miteinander zu verbinden und einen Energieaustausch herzustellen, sind hingegen Kristalle mit Spitzen, die wie Pfeile in die verschiedenen Richtungen zeigen, am geeignetsten.

Du merkst es wahrscheinlich schon: Wenn es um die Wahl des richtigen Kristalls und seine Eigenschaften geht, haben wir die Qual der Wahl. Es gibt Schutzsteine, Kristalle für eine energetische Reinigung, für Klarheit, für finanzielle Themen, Liebesgeschichten, Selbstvertrauen, Mut – *you name it!*

Hannah:
Unsere Oma, bei der ich die ersten Monate meines Lebens mit unserer Mutter lebte, hatte ein wahnsinnig gutes Gespür für Menschen und höchsten Respekt für jegliche Art von Rebell*innen. Besonders Frauen, die für ihre Bedürfnisse einstanden, liebte sie.
Als Kind fühlte ich mich in vielen Situationen unverstanden und fehl am Platz, und meine Kindergartenzeit war emotional der reinste Horror. Mit den meisten der Kinder konnte ich ebenso wenig etwas anfangen wie mit den Erzieher*innen, der Lautstärke und den Aktivitäten, also schwieg ich. Ich schwieg, um meine Welt und meine Grenzen zu bewahren, wirkte dadurch auf mein Umfeld jedoch noch seltsamer, sodass ich zur Spieltherapie geschickt wurde.

Bei unserer Oma hingegen konnte ich ganz ich selbst sein und fühlte mich verstanden. Einmal holte mich unsere Oma vom Kindergarten ab und ging mit mir in einen Steineladen. Ich hatte so etwas noch nie vorher gesehen, aber ich wusste: Das war der Ort, an dem all die Edelsteine aus den Märchenbüchern gelagert wurden. Gemeinsam suchten wir einen Rosenquarz aus, der so groß war wie zwei Kinderhände. Unsere Oma erklärte mir, dass dieser Stein mir Kraft schenken würde und ich ihn in die Hände nehmen solle, wenn ich mich traurig oder unverstanden fühlte. Ich war überzeugt davon, den größten Schatz der Welt zu haben, und legte ihn zu Hause in eine Schachtel, die ich mit Watte auskleidete und neben meinem Kopfkissen aufbewahrte. Der Stein wurde zu meinem Tröster, und noch heute ist er mein wertvollster Stein, der mich an unsere unglaubliche Oma und an das Gefühl erinnert, in meiner Quirkiness gesehen und akzeptiert zu werden.

Um den passenden Kristall für deine spezielle Intention zu wählen, haben wir hier ein paar Vorschläge für dich:

Bye-bye Prokrastination – Pyrit

Der Pyrit sieht nicht nur aus wie pures Gold, er hilft uns auch dabei, Dinge anzupacken und Ordnung in den Alltag zu bringen. Er funkelt und sagt: *Let's do it!*

Rampensau-Power – Chalcedon

Mit seinem milchigen Blau bringt der Chalcedon mehr Leichtigkeit in unsere Gespräche mit anderen Menschen, damit uns bei der hundertsten Diskussion über die Existenz des Gender Care Gaps niemand die Butter vom Brot nimmt.

Schöne Träume garantiert – Aventurin

Maries Lieblingsstein in grün, beruhigt und schenkt Vertrauen. Wenn du nachts nicht schlafen kannst: Nimm ihn in deine Hand, und drück ihn leicht, er nimmt deine kreisenden Gedanken in sich auf. Besser als Schäfchenzählen.

Liebeskummer, *was ist das?* – Aquamarin

Wie der Name schon sagt, ist der Aquamarin blau wie das Wasser. Er hilft besonders, wenn du verlassen wurdest, er tröstet und öffnet deinen Blick für das, was wirklich wichtig ist. Du hast was Besseres verdient, ist ja wohl klar!

Gegen nervige Mansplainer – Gagat

Auch wenn wir ihn in manchen Situationen gern nutzen würden, um ihn unserem Gegenüber an den Kopf zu werfen, so hat der Gagat doch noch mehr Features zu bieten. Schwarz wie die Nacht saugt dieser Stein alle toxischen Schwingungen in sich auf, sodass nichts deine Laune trüben kann. Am besten steckst du ihn in deine Handtasche und drückst fest zu, wenn es hart auf hart kommt.

Für mehr Freelance-Aufträge – Citrin

Der sonnige Kristall bringt Fülle und Erfolg in allen Bereichen: mehr Gehalt, Jobangebote und was du dir sonst so wünschst. Positioniere ihn beim Schreiben deiner Bewerbungen in deinem Blickfeld, oder steck ihn dir beim Verhandlungsgespräch in die Hosentasche.

Schutz vor miesen Energien in der U-Bahn – Schwarzer Turmalin

Der Turmalin leitet negative Energien ab wie ein Blitzableiter für die Hosentasche und gibt dir die Kraft, Menschen, die dir zu nahe rücken, in ihre Schranken zu weisen. (Wir sagen nur: Manspreading![4])

Für Geduld bei der Steuererklärung – Hämatit

Der Hämatit wirkt mit seiner glatt-schimmernden Oberfläche, als sei er nicht von dieser Welt. Er hilft dir, dich zu fokussieren und das Große und Ganze im Blick zu behalten – also das, wofür du all den Mist machst.

Wenn du dir noch etwas unsicher bist, wofür du deinen Kristall einsetzen möchtest, macht es Sinn, dich für einen unserer absoluten Lieblinge und Kristall-Evergreens zu entscheiden. Mit diesen kannst du alles Mögliche machen. Bei der Arbeit mit Kristallen geht es nämlich nicht darum, eine vollständige Sammlung zu Hause zu haben. Dann könntest du zwar endlich behaupten, dass du »stein-reich« bist, magischer macht es deine Rituale aber nicht.

Drei unserer Favoriten sind:

Bergkristall

Der Bergkristall ist ein echter Rockstar. Egal ob es um technische Geräte oder Yoga geht, dieser Kristall ist allseits beliebt und bekannt für seine klare Ausstrahlung. Der Bergkristall bringt Licht und Klarheit in die Gedanken, harmonisiert und empowert deinen Körper sowie deine Emotionen genauso wie die Kräfte anderer Kristalle um sich herum. Ähnlich wie ein WLAN-Verstärker lässt er sich super neben anderen Kristallen in der Wohnung platzieren, um ihre Kraft und die gespeicherten Intentionen zu verstärken. Aber auch allein ist der Kristall stark und lässt sich gut zum Manifestieren einsetzen, da er hervorragend deine Ziele speichert.

Rosenquarz

Der Rosenquarz ist ein Klassiker unter den Kristallen – und das zu Recht. Beim Rosenquarz geht es um das Dauerbrennerthema Liebe. Rosenquarz ist ein toller Kristall bei Liebeskummer, aber auch unterm Bett macht er sich gut, weil er für mehr Romantik sorgt, oder in der Badewanne als Reminder für mehr Selbstliebe. Mithilfe dieses Kristalls können wir lernen, wie wir durch Verletzlichkeit und Selbstliebe stärker werden. Er ist unser Komplize in Sachen Radical Softness. Mit ihm können wir also wirklich nie etwas falsch machen.

Obsidian

Der Obsidian besteht aus schnell abgekühlter Lava. Der tiefschwarze Kristall schützt vor negativen Einflüssen und kann helfen, tief sitzende negative Erfahrungen aus dem Körper zu leiten, weswegen er auch oft zu Yoni-Eiern und Kristalldildos verarbeitet wird. Alte Muster wie zu viel Stress oder Eifersucht können mit seiner Hilfe losgelassen werden, sodass wir uns neu erkennen können. (Und auch die Vibes vom Ex-Lover verabschiedet der Stein aus unserem allerheiligsten Bereich.) Ein Stein wie ein ehrlicher Blick in den Spiegel. Er wird daher auch als der »Stein der Wahrheit« bezeichnet.

Jetzt kommt der Stein ins Rollen: Beschaffung und Nachhaltigkeit

Shopping for crystals is like falling in love.

– Shiva Rose

Das Zitat der amerikanischen Wellness-Autorin trifft es auf den Punkt: Kristalle auszuwählen ist Intuitionssache. Das Bauchgefühl sollte letztlich entscheiden, welche Steine die richtigen für dich sind. Das geht natürlich am besten persönlich, indem du dich in einem Laden umsiehst. Kristalle findet man häufig in esoterischen Buchhandlungen mit Meditationszubehör und hübschem Klimbim oder spezialisierten Mineralienläden. Außerdem kannst du auch in Trödelgeschäften, Secondhandshops und auf Flohmärkten fündig werden – was in der Regel auch günstiger und nachhaltiger ist.

Wenn du keinen passenden Laden in der Nähe hast oder aus anderen Gründen lieber online einkaufst, gibt es mittlerweile auch im Internet eine riesige Auswahl an Kristallen. Viele der stationären Läden haben eine Internetpräsenz, auf Plattformen wie Etsy bieten kleinere Händler*innen ihre Schätze an, und es gibt Onlineshops eigens für Kristalle und spirituelle Gegenstände wie Witchlandia aus Köln. Beim Internetshopping solltest du unbedingt darauf achten, ob die Bilder die tatsächlichen Steine abbilden oder ob es sich nur um Beispiele handelt. In der Regel wird nicht jeder einzelne Kristall fotografiert, und so kann dein neuer Schatz eine andere Färbung haben oder in der Größe abweichen, wenn er bei dir ankommt. Bei Shops wie Witchlandia werden dagegen alle Steine einzeln vorgestellt. Du bekommst also tatsächlich *den* Stein, den du dir ausgesucht hast. Außerdem legt Tina Weidmann, die Gründerin von Witchlandia, großen Wert auf Nachhaltigkeit und verkauft vor allem fair beschaffte und gebraucht gekaufte Steine.

Wofür du dich entscheidest, bleibt natürlich ganz dir überlassen. Das betrifft auch die moralischen Fragen beim Kristallkauf. In der Kristallbranche geht es bedauerlicherweise ähnlich zu wie in der Modeindustrie: Kristalle werden an verschiedensten Orten der Welt unter verschiedensten Umständen abgebaut. So gibt es Minen, in denen die Steine der Erde auf brutale Weise entrissen werden, und die Menschen, die dazu verdonnert werden (darunter leider oft auch Kinder), ruinieren sich für einen viel zu geringen Lohn die Gesundheit.

Wir setzen daher auf Secondhand-Steine von privaten Anbieter*innen auf eBay Kleinanzeigen oder bei Hausauflösungen, da man hier alte Sammlungen günstig ergattern und dabei oft wahre Schätze finden kann. Wer trotzdem gern *neue* Kristalle kauft, kann sich – wie bei der Mode – am Preis orientieren: Sind Kristalle extrem günstig, kann man schon ahnen, dass die Menschen, die sie aus der Erde buddeln mussten, nicht viel an ihnen verdienen durften. Du kannst auch recherchieren, wo bestimmte Kristalle abgebaut werden. Steine wie der Bergkristall, Bernstein oder Rauchquarz lassen sich beispielsweise auch in Deutschland, Österreich und in der Schweiz finden.

Zusätzlich ist es wichtig, auf die Echtheit und Qualität zu achten.

Das sogenannte GKS-Siegel zertifiziert die Echtheit eines Edelsteins, wobei leider auch das nicht immer ausreicht, um Transparenz in der Wertschöpfungskette zu garantieren.

Unter Hexen heißt es übrigens: Nicht du suchst den Kristall aus, sondern der Kristall findet dich. Das scheint tatsächlich so zu sein, wie Marie feststellen konnte.

Marie:
Ein empowerndes Alltagsritual, das ich so gut wie jede Woche gemeinsam mit meiner Freundin Karina durchführe, besteht darin, am Samstagnachmittag eine Runde über das Tempelhofer Feld in Berlin zu drehen. Dabei reden wir uns all unsere Sorgen und Gedanken von der Seele oder sprechen über Bücher und politische Themen, die uns gerade beschäftigen.
An einem dieser Samstage ging es bei uns um das Thema Religion und Glaube. Anders als ich ist Karina mit keinerlei religiösen Einflüssen aufgewachsen und somit bislang wenig mit spirituellen Praktiken in Kontakt gekommen. Ich erzählte ihr von meinen Kindheitserinnerungen, dass mir damals das Singen im evangelischen Religionsunterricht sehr viel Spaß gemacht hatte, wohingegen mich nach jedem katholischen Kirchenbesuch ein bedrückendes Gefühl beschlichen hatte[5].
Da begann sich plötzlich der Himmel über uns zu verdunkeln, und schnell liefen wir unter den ersten Tropfen hindurch.
»Eine spirituelle Person würde dieses plötzliche Unwetter sicher als Zeichen deuten«, überlegte Karina.
Wir beide fanden es sowohl fragwürdig als auch faszinierend, dass manche Menschen so stark an Schicksal und höhere Mächte glaubten. Während wir so vor uns hin philosophierten, sah ich plötzlich neben meinem Blickfeld etwas goldgelb auf-

schimmern. Beinahe wäre ich weitergelaufen, doch da erkannte ich, was dort auf einer verlassenen Bank am Rande des Felds lag: ein Kristall. Überrascht nahm ich den geschliffenen Stein, der die Größe eines Smartphones hatte, auf und blickte mich um. Aber außer Karina und mir war bei dem wechselhaften Wetter an diesem Tag kaum ein Mensch unterwegs. Ob wir ihn wohl einfach einstecken und mitnehmen könnten?

»Das muss ein Zeichen sein«, scherzte Karina.

Im selben Moment bemerkten wir, dass der Regen vorbei war und die Kanten des Steins erste Sonnenstrahlen reflektierten.

»Und was nun?«, fragte ich.

Zu Hause erstellte ich auf Instagram eine kleine Vermisstenanzeige: »Kennt jemand diesen Stein? Gefunden auf dem Tempelhofer Feld.« Wenige Minuten später bekam ich eine Nachricht von Tina Weidmann (Witchlandia), die mir verriet, dass es sich bei meinem Fund um einen Citrin handle, der in dieser Größe tatsächlich einige Hundert Euro wert sein müsse. Wahnsinn! Anscheinend hatte ich einen richtigen Schatz gefunden!

Als ich meinem Freund am Abend die Geschichte erzählte und ihm den Stein unter die Nase hielt, wich dieser einen Schritt zurück: »Das bringt bestimmt Unglück, einen Kristall einfach mitzunehmen. Was hast du dir denn dabei gedacht? Vielleicht sind wir jetzt verflucht!«

Das war das erste Mal, dass ich so etwas aus seinem Mund hörte. Normalerweise ist er der Letzte, der an irgendwelche übernatürlichen Kräfte glaubt. Doch der große kantige Stein schien ihm suspekt zu sein.

Ein wenig belustigt von seiner Reaktion stellte ich den Kristall ans Fenster und erklärte, wir müssten ihn nur ordentlich im Mondschein baden, dann könne er uns nichts anhaben. Doch nun war auch meine Neugier geweckt. Um auf Nummer sicher zu gehen und zu erfahren, mit wem ich es hier zu tun hatte, rief ich Hannah an und fragte sie nach der Bedeutung des Citrins.

»Keine Sorge«, versicherte sie. »Der Citrin hilft gegen Stress und wenn du dich mal etwas down fühlst. Er ist ein super Stimmungsaufheller, der mehr Selbstvertrauen schenkt. Und du musst keine Angst haben, weil du ihn gefunden hast: Kristalle verabschieden sich manchmal von Leuten, wenn sie dort genug supportet haben. Sie sind dann bereit für eine neue Person. Du kannst gefundene Kristalle also getrost mitnehmen. Das heißt natürlich gleichzeitig, dass du einen Kristall niemals krampfhaft suchen solltest, wenn er mal verschwindet. Er ist dann vielleicht gerade auf dem Weg zu einer neuen Person.«

Von wegen Unglück. Dieser Stein kam wie gerufen! Und auch, wenn ich nicht immer weiß, was ich von magischen Zeichen halten soll (geschweige denn, wie ich sie deuten soll), so ist es doch vielleicht mehr als ein Zufall, dass ausgerechnet ich diesen Kristall dort auf dem Feld entdeckte, als ich gerade vom Schicksal sprach.

Woher weiß ich, ob ein Kristall von guter Qualität ist?

Was die Qualität angeht, kommt es etwas darauf an, was du persönlich (neben der Echtheit des Steins) darunter verstehst. Allgemein gilt: Je weniger ein Kristall bearbeitet wurde, desto mehr eigene Energie trägt er noch in sich. Rohsteine wirken also meist stärker als kunstvoll geschliffene Kristalle, sehen aber in der Regel weniger spektakulär aus. Wenn für dich also Glanz und eine schön geschliffene Form oder eine glatte Oberfläche Qualität bedeuten, ist das ebenso legitim. Kleine Imperfektionen wie eingeschlossene Wasserblasen machen Kristalle übrigens besonders wertvoll.

Neben der Behandlung hat auch die Größe Einfluss darauf, wie stark die Energie eines Kristalls ist. Das heißt, ein größerer Kristall hat oft mehr Energie als ein kleiner. Allerdings kann ein kleiner Kristall, der gut gepflegt, regelmäßig gereinigt, entladen und mit einer neuen Intention aufgeladen wird, durchaus stärker sein als ein großer, schicker Stein, der verstaubt in der Ecke liegt. Auch hier ist deine eigene Energie die magische Zutat, die am Ende den Unterschied macht. So kannst du beispielsweise Steine am Strand oder in den Bergen sammeln und diese für deinen Kraftort und deine Rituale verwenden. Wenn sie für dich eine gute Energie verströmen und besondere Momente speichern, warum nicht?

Putzplan: Pflege, Reinigung und Aufbewahrung

Kristallmitbewohner sind deutlich pflegeleichter als die meisten Menschen oder Tiere, aber auch sie brauchen Pflege und Reinigung, um uns optimal unterstützen zu können. Da Kristalle Energien aufnehmen und speichern, macht es Sinn, die Neuankömmlinge unter ihnen vor dem Erstgebrauch erst einmal energetisch zu reinigen. Schließlich sehnen auch wir uns nach einer langen Reise nach einer Dusche, um entspannt zu Hause anzukommen.

Viele Kristalle lassen sich ganz einfach unter fließendem Wasser energetisch reinigen. Da aber nicht alle Kristalle Wasser vertragen, lohnt es sich, vorher Informationen über die Funktionen und Eigenschaften des jeweiligen Kristalls einzuholen.

Eine Form der Reinigung, die für alle Arten von Kristallen geeignet ist, ist das Räuchern, das wir schon vorhin bei unserer kleinen Übung ausprobiert haben.

Genauso gut funktioniert eine Reinigung über Klangwellen. Hierbei legen wir unseren Kristall in eine Klangschale oder spielen ihm Rihannas *Shine Bright Like a Diamond* mithilfe unserer Bluetooth-Box vor.

Eine weitere, ziemlich entspannte Variante der Pflege ist es, Kristalle auf Hämatitsteinen zu entladen. Dafür eignet sich eine kleine Box oder eine Schüssel mit Hämatit-Steinen, die zum Bad für die Kristalle bereitsteht.

Sobald die Kristalle gereinigt sind, können sie aufgeladen werden. Hierzu legen wir sie in eine weitere Schüssel mit Bergkristallen, denn wie wir bereits wissen, verstärkt der Bergkristall die Kraft aller anderen Kristalle.

Ein bisschen magischer wird es beim Bad im Mondschein. Hierfür positionieren wir die Kristalle nachts auf der Fensterbank, wenn der Vollmond am Himmel steht.

Wenn dir das alles zu aufwendig ist, kannst du deinen Kristall aber auch mit einem kleinen Ritual oder einer Meditation aufladen (wie eben in der Übung erklärt).

Wann und wie oft solltest du deine Kristalle reinigen?

Nach der ersten energetischen Reinigung kommt es bei der erneuten Reinigung darauf an, wie du deinen Kristall nutzt. Generell kannst du deine Kristalle bei Vollmond – also einmal im Monat – im Mondlicht baden. Damit gehst du auf jeden Fall auf Nummer sicher, dass sie immer frisch und bereit für deine Rituale sind. Wenn du einen Kristall oder mehrere Kristalle mit einer bestimmten Intention programmierst (z. B. mit der, dass er dich bei einer Prüfung unterstützen soll), macht es Sinn, ihn nach der Prüfung zu entladen. Wenn du einen Kristall im Dauereinsatz auf deinem Nachtisch oder in der Manteltasche hast, kannst du einfach ab und zu mal bewusst deine Hände um ihn legen und fühlen, ob du die Aura noch so stark wahrnimmst wie zu Beginn. Wenn nicht, ist es Zeit, ihn zu entladen und neu aufzuladen. Kristalle, die du gezielt für ein Ritual nutzt (wie in einem *Crystal Grid* für eine

Mondphase oder als Yoni-Ei für dein Beckenbodentraining), sollten direkt danach gereinigt werden.

Neben der energetischen Reinigung müssen manche Kristalle auch physisch gereinigt werden. Wenn du deine Kristalle offen in der Wohnung herumliegen hast, solltest du sie regelmäßig mit einem trockenen Tuch abstauben. Kristalle, die wie ein Gesichtsroller, Massagestab oder Ähnliches auf der Haut, womöglich sogar in Kombination mit Öl, verwendet werden, sollten nach dem Gebrauch heiß abgewaschen werden. Zum Desinfizieren von Kristallen eignet sich auch eine kleine Menge Lavendelöl. Da manche Steine porös sind, ist es immer wichtig, vorher noch einmal nachzuschauen, ob der Kristall Wasser oder Öle verträgt.

Schatzkammer oder Fensterbank: Wie bewahre ich meine Kristalle am besten auf?

Kristalle sind sehr fragil und kostbar, deswegen sollten sie auch angemessen aufbewahrt werden. Beispielsweise mögen die wenigsten von ihnen grelles Sonnenlicht. Damit Kristalle nicht ausbleichen, macht es also Sinn, sie in schattige Ecken zu stellen.

Es gibt Debatten darüber, ob Kristalle zusammen oder lieber getrennt voneinander aufbewahrt werden sollten. Wir sind der Meinung, dass vor allem eine möglichst sichere Aufbewahrung wichtig ist, also an Orten, an denen sie nicht Gefahr laufen, runterzufallen oder gegen andere Gegenstände zu stoßen. Weich ausgekleidete Schatullen wie Schatzkisten eignen sich hierfür besonders gut.

Hannah hat ihre Steinsammlung allerdings einfach in Plexiglaskästen nach Farben sortiert. So werden sie nicht unbedingt vor Sonnenlicht geschützt, sind aber immer griffbereit und gut zu finden.

Wenn dir trotzdem mal ein Kristall zerbrechen sollte, ist das übrigens kein Drama. Meistens bedeutet es schlicht, dass du ab dann zwei oder mehrere kleine Kristalle statt einem großen Kristall hast. Auch okay.

Wenn du eine kleine Elster bist, die nach und nach Steine sammelt, lohnt es sich für dich, sie zu katalogisieren. Nimm dir zum Beispiel eine Doppelseite in deinem Journal, und zeichne eine Tabelle, in die du einträgst, wann und wie der Kristall zu dir gekommen ist, was für einen Namen er hat, welche Eigenschaften ihm zugeordnet werden, wann du ihn mit welchen Intentionen aufgeladen hast und wie es funktioniert hat.

Kristalle im Alltag

Bei dem Bemühen, Kristalle mehr und mehr in unseren Alltag einzubauen (nicht nur in unseren technischen Geräten), können wir ruhig kreativ sein und schauen, wo sie uns in unserem Lifestyle unterstützen können und was für uns am besten funktioniert.

Welcome to my crib. Kristalle fürs Interieur

Eine schöne Option ist es, Kristalle in unsere Wohnung zu integrieren. Oft wird empfohlen, den Heilstein Tigerauge auf den Schreibtisch zu stellen, da er für Kreativität, Engagement, Empowerment und Selbstbewusstsein steht. Vielleicht gibt es aber auch Tage, an denen wir sehr gestresst sind und Ruhe am Schreibtisch brauchen. Wie wär's dann mit dem Rosenquarz, der uns an Selbstliebe und Mitgefühl erinnert? Vor der Date-Night wandert der Rosenquarz dann aber schnell unters Bett, um dort die richtigen Love-Vibes auszusenden. Kristalle sind flexible Mitbewohner, die sich ohne Probleme unseren aktuellen Bedürfnissen anpassen.

Wir können sie auch an allen Wänden eines Raums platzieren, sodass sich ein Kristallgitter durch den gesamten Raum zieht. Der Selenit eignet sich hierfür besonders gut. Er reinigt und harmonisiert Energien. Ein super Trick: Der Selenit verleiht dem Raum einen gewissen Charme, wenn Besuch kommt und keine Zeit zum Putzen oder Aufräumen war!

Unsere Kristall-Roomtour

Bling-Bling fürs Wohnzimmer

Bergkristall: bringt Klarheit und Gelassenheit
Selenit: reinigt den Raum energetisch
Coelestin: stärkt das Gefühl, zusammen zu sein

Magie fürs Schlafzimmer

Rosenquarz: vermittelt Gemütlichkeit, Geborgenheit, aber auch sexy Love-Vibes
Amethyst: hilft, mehr zu träumen
Aventurin: für besseres Einschlafen

Schotter für den Arbeitsplatz

Rauchquarz: gegen Stress und Verspannungen
Tigerauge: für Kreativität und gegen Schreibblockaden

Pyrit: für Energie und Fokus

Schungit, Rosenquarz oder schwarzer Turmalin: wirken gegen Elektrosmog

Mehr Glamour fürs Badezimmer

Anhydrit oder **Halit:** ziehen Feuchtigkeit an, nehmen sie in sich auf und helfen so, Schimmel vorzubeugen

Rosenquarz: für ein klares Hautbild (z. B. als Face-Roller), unterstützt Selbstliebe

Azurit: hilft dabei zu lernen, dich selbst schön zu finden

Dress to impress. Kristalle für Kleidung und Schmuck

Aufgrund ihrer Schönheit und magischen Kräfte werden Kristalle schon ewig zum Verzieren von Kleidung und Schmuckstücken eingesetzt. Kronen und Diademe wurden mit Edelsteinen besetzt, um die Macht von König*innen zum Ausdruck zu bringen, und im antiken Griechenland rieb man Kristalle über die Körper von Soldaten, bevor diese ihre Rüstungen für die Schlacht anzogen.[6]

Auch heute kommen Kristalle am eigenen Körper zum Einsatz: als Schmuck-, Taschen- oder BH-Steine. Sie zu Schmuck zu verarbeiten, ist eine wunderbare Möglichkeit, Kristalle um und an sich zu haben. Es gibt Kettenanhänger, Armbänder, Ringe und vieles mehr. Wir können solch ein Schmuckstück mit unserer Intention aufladen und es dann als Reminder und Glücksbringer am Körper tragen. Auch eine Orientierung an den Chakren ist möglich, indem wir beispielsweise eine Kette mit einem Rosenquarzanhänger für mehr Selbstliebe über unserem Herzraum tragen oder einen blauen Lapislazuli für mehr Mut beim öffentlichen Sprechen an unserem Hals-Chakra.

Mithilfe von Ringen lassen sich ebenfalls verschiedene Qualitäten der Steine in unseren Alltag bringen. Marie, die lieber unauffälligen Schmuck trägt, besitzt einen handgeschmiedeten Ring mit eingesetztem Bergkristall, der sie überallhin begleitet und beim Händeschütteln Energien austauscht.

Wir brauchen aber nicht extra Schmuck, um Kristalle an unserem Körper zu tragen. Kleine Trommelsteine eignen sich perfekt, um sie in die Jackentasche zu stecken. Hannah hat in ihrer Wintermanteltasche immer einen schwarzen Turmalin, da dieser negative Energien abhält. Sie findet, dass das gerade beim Bahnfahren nicht schaden kann.

Neben Jacken- und Hosentaschen bieten sich auch BHs perfekt an, um Steine zu verstauen. Vor einem Vorstellungsgespräch lässt sich hier direkt am Herzen ein Karneol für mehr Mut unterbringen.

Kristalle für deine Selbstfürsorge

Was wir unter Selfcare verstehen, haben wir bereits im ersten Kapitel erläutert – und auch, dass sich Kristalle gut beim Baden in die Selfcare-Routine integrieren lassen.

Wie du sie außerdem zur Selbstfürsorge nutzen kannst, lässt sich an einem von Maries Lieblingsmottos erklären: *Hydrate, Meditate, Masturbate.*

Hydrate

Viele Kristalle eignen sich wunderbar, um unser Trinkwasser aufzuladen. Hierzu ist es zunächst wichtig zu kontrollieren, ob der Kristall, den du deinem Wasser zusetzen möchtest, wasserfest ist. Manche Kristalle sind wasserlöslich oder können rosten; natürlich solltest du die nicht verwenden. So wie die Schwingungen des Kristalls uns beeinflussen können, sollen sie angeblich auch Einfluss auf die Energie von Wasser nehmen können.

Der japanische Wissenschaftler Dr. Masaru Emoto hat in diesem Bereich viel geforscht und die Theorie aufgestellt, dass Wasser durch Einflüsse wie Worte, Gedanken oder Musik verändert werden kann. Dazu beobachtete er die Kristallbildung bei gefrorenem Wasser und kam zu dem Schluss, dass Wasser eine Art Bewusstsein hat.[7]

Gib einen Rosenquarz für mehr Selbstliebe und Mitgefühl in eine Karaffe, und füll sie mit stillem Wasser auf. Kannst du dir vorstellen, dass die gespeicherte Energie des Rosenquarzes das Wasser auflädt und du seine Eigenschaften mit jedem Schluck in deinen Körper aufnimmst? Einen Versuch ist es definitiv wert.

Falls dir das eine Nummer zu esoterisch sein sollte, kannst du ein Kristallwasser auch einfach mal ansetzen, um mehr zu trinken. Denn so eine Karaffe mit schönen Kristallen ist schlichtweg zu hübsch, um nicht daraus zu trinken. Für ein solches Kristallelixier eignen sich Rohsteine ebenso wie geschliffene Steine. Oft gibt es bei Steinfachhändlern fertige Wassersteinsets für verschiedene Intentionen.

Meditate

Regelmäßig zu meditieren wird mittlerweile nicht nur in der Yogastunde, sondern auch von Hausärzt*innen, Psychotherapeut*innen und Fitnesstrainer*innen empfohlen, denn Meditation als Selfcare-Praxis bietet viele Vorteile – egal, ob du ein spiritueller Mensch bist oder nicht. Mithilfe von Meditation lässt sich der Blutdruck senken, der Schlaf und das Körpergefühl verbessern, das Gedächtnis und die Aufmerksamkeit unterstützen sowie Stress und Angst abbauen. Oft ist es aber gar nicht so einfach, damit anzufangen. Ein Gegenstand in der Hand, auf den du deine Aufmerksamkeit richtest, kann als Anker dienen. Und was eignet sich hierfür wohl besser als ein Kristall? Wenn du einen Kristall mit einer Intention aufgeladen hast, ist er dein perfekter Meditations-Buddy. Du nimmst ihn in deine nichtdominante Hand und konzentrierst dich auf seine Oberfläche, Form, Temperatur und Schwingung, um in deine Meditation zu kommen. Du kannst auch wunderbar zwei ähnlich große Steine für deine Meditation nutzen: Leg sie in deine Handflächen, während beide Handrücken auf deinen Oberschenkeln ruhen. Dieses Extragewicht bringt sofort Entspannung und Erdung in deine Meditationshaltung.

Masturbate

Beim Buzzword *Mindful Masturbation* geht es im wahrsten Sinne des Wortes um Selbstliebe. Weibliche Sexualität und insbesondere Solo-Sex waren viel zu lange Tabuthemen, weshalb wir ordentlich Nachholbedarf haben und erforschen wollen, was uns Lust und Orgasmen bereitet.

Ein wichtiges Element der weiblichen Libido und Orgasmusfähigkeit ist der Beckenboden. Um den Beckenboden zu trainieren und zu lernen, wie man ihn überhaupt bewusst spürt, eignen sich sogenannte Yoni-Eier. Mit ihrer Hilfe lässt sich die Muskulatur hervorragend an- und entspannen. *Yoni* ist ein Sanskritwort und bedeutet so viel wie »heiliger Raum«. Es bezeichnet die Vulvina, also die Einheit aus Vulva und Vagina, außerdem ist häufig der gesamte Schoßraum mit Gebärmutter, Eierstöcken und Beckenboden miteingeschlossen. Die Vulva wird im Tantra als heiliger Ort der Frau verehrt und hat somit die absolut gegenteilige Bedeutung von der Scham, die in der christlichen Religion dermaßen tabuisiert wird, dass Maria sogar als Jungfrau schwanger wird. Im Hinduismus ist die Yoni das Symbol für *Shakti*, die weibliche Urkraft. Sie wird dem Bereich des zweiten Chakras zugeordnet, also dem Sitz der Schaffenskraft und Kreativität, aber eben auch der sexuellen Lust und Energie.

Edelstein-Eier, besonders die aus Jade, wurden im alten China von Kaiserinnen und Konkubinen genutzt, um sich ihre Jugend und Vitalität zu bewahren, den Beckenboden zu stärken und dem Kaiser dadurch »göttliche Liebeserlebnisse« zu schenken. Heutzutage wird das Yoni-Ei, das in Tantra-Kreisen diesen Namen bekam, eingesetzt, um den eigenen Körper besser kennenzulernen und die eigene Lust zu steigern.

Für die Yoni-Ei-Praxis wird ein Kristall-Ei aus Obsidian, Amethyst, Rosenquarz, Bergkristall oder Jade mit der schmaleren Seite zuerst in die Vagina eingeführt. Es gibt verschiedene Arten, damit zu arbeiten. Es kann zur Meditation, Masturbation oder Entspannung getragen werden. Dabei kann die Trägerin sich durch das Gewicht des Eis besser auf ihren Schoßraum konzentrieren und in vielen Fällen auch die energetische Schwingung des Kristalls wahrnehmen. Das Ei lässt sich aber auch aktiver nutzen, zum Beispiel beim sogenannten Yoni-Yoga oder bei klassischen Beckenbodenübungen, wenn es bewusst gehalten wird oder – in fortgeschrittenen Trainingsstadien – in der Vagina rotiert. Ziemlich crazy, oder? Durch die Stärkung des Beckenbodens und das bewusste Entspannen ist das Training auch in der Lage, Menstruationsbeschwerden zu lindern, die Orgasmusfähigkeit und Libido zu steigern, bei Blasenschwäche zu helfen und dich (sofern du eine Vulva hast) bewusst mit deinem Schoßraum zu verbinden.

Als die Schauspielerin Gwyneth Paltrow vor einigen Jahren Yoni-Eier in ihrem Onlineshop für Wellnessprodukte verkaufen wollte, hatte das einen Shitstorm zur Folge. Ihr wurde vorgeworfen, dass es unhygienisch sei, Steine in die Vagina einzuführen. Hierzu sei gesagt, dass es natürlich wichtig ist, besonders auf die Reinheit der Kristalle zu achten. Außerdem sollte man sie vielleicht auch nicht unbedingt in überteuerten Onlineshops reicher Hollywood-Ladys kaufen, die, kulturell betrachtet, nichts mit dem Ursprung des Eis zu tun haben. Und natürlich sollten Yoni-Eier und Kristalldildos – ebenso wie andere Sex-Toys – nach dem Gebrauch ordentlich gereinigt werden und ausschließlich mit sauberen Fingern eingeführt werden. Davon mal abgesehen sind sie aber weder unhygienisch noch gefährlich oder eklig.

Yoni-Eier gibt es gebohrt oder ungebohrt. Durch die gebohrten Eier lässt sich beispielsweise Zahnseide ziehen, um einen Rückholfaden wie bei einem Tampon zu integrieren. Das kann für den Anfang eine Hilfe darstellen.

Kristalldildos bieten neben Yoni-Eiern eine weitere Möglichkeit, den Akt der Selbstliebe mit guten Energien aufzuladen und zu einem echten Selfcare-Erlebnis zu machen. Es gibt diese Dildos in unterschiedlichen Größen und Formen aus verschiedenen Kristallen. Sie eignen sich sowohl dafür, die eigene Vagina zu erforschen, als auch dafür, Schmerzpunkte zu entdecken und diese wegzumassieren. Selbstverständlich lassen sich damit auch die bekannten Lustpunkte stimulieren. Im Vergleich zu klassischen Kunststoffdildos und Vibratoren sind sie eleganter und verbinden sich mit dem Körper durch Temperatur und Schwingungen.

Als Hannah wegen ihrer seit vielen Jahren bestehenden Panikattacken in Therapie war, forderte ihr Therapeut sie immer wieder auf, beim Gespräch in ihren Körper hineinzuspüren und ihre Emotionen zu verorten. Da ihr das schwerfiel, erfand sie einen kleinen Therapie-Lifehack für sich: Zu jeder Therapiesitzung trug sie ihr Yoni-Ei. Auf diese Weise hatte sie das Gefühl, ihren Schoßraum bei der Sitzung zu spüren. Durch das Gewicht und die Energie des Steins in ihrem Becken fühlte sie einen zentralen Punkt in ihrem Körper, der sie erdete und ihre Gedanken beruhigte.

Gleichzeitig gefiel ihr die Vorstellung, dass Kristalle negative Emotionen aus dem Schoßraum aufnehmen und raustransportieren. Dinge, die bei der Therapie hochkamen, konnten so nicht nur über Worte oder Tränen, sondern auch über den Kristall den Körper verlassen.

Marie war total begeistert, als Hannah ihr von diesem Trick erzählte.

»Das ist so ein gutes Beispiel für die Magie, die in uns steckt. Auch wenn es dein Gegenüber nicht sehen kann, spürst du die Kraft, die in dir steckt (im wahrsten Sinne des Wortes).«

Du siehst also: Heilsteine lassen sich auf so gut wie jede erdenkliche Weise in den Alltag integrieren. Durch ihre Energie, Haptik und Anpassungsfähigkeit können wir uns körperlich mit ihnen verbinden und ihre symbolische Kraft dazu nutzen, uns auf unsere Intentionen und Ziele zu fokussieren. Auch erinnern sie uns im Alltag daran, wie stark wir sind.

Eine letzte Sache, die wir dir zum Thema Kristallarbeit noch mit an die Hand geben wollen, ist das sogenannte *Crystal Grid*, bei dem die Kristalle sich untereinander verbinden. Die geballte Ladung Power also.

Ein bisschen Geometrie: Wie lege ich ein *Crystal Grid?*

Viele Kristalle unterstützen sich gegenseitig und multiplizieren ihre Energie, wenn man sie in einem Gitter anordnet. Hierbei werden sie in geometrischen Formen um einen mittleren Kristall herum platziert. Da dieser das energetische Zentrum bildet, solltest du ihn vorher mit deiner gewünschten Intention aufgeladen. Die Kristalle ringsum fokussieren sich alle auf dieses Ziel und verstärken so die Wirkung. Zusätzlich kannst du einen Zettel mit deiner Intention unter den Kristall in der Mitte legen.

Für die Anordnung deiner Kristalle, die an ein Mandala erinnert, kann ein vorgezeichnetes Muster hilfreich sein. Wenn du bei Pinterest *Sacred Geometry* (Heilige Geometrie) eintippst, sollten tolle Vorlagen kommen, die du ausdrucken oder nachzeichnen kannst. Oft gibt es in spirituellen Buchhandlungen auch Holz- oder Stoffuntersetzer, die eigentlich dafür gedacht sind, Wasserkaraffen darauf aufzuladen. Häufig tragen sie das Symbol der »Blume des Lebens«, die ein Beispiel für die sogenannte Heilige Geometrie ist.

Exkurs »Heilige Geometrie«

Die Heilige Geometrie oder *Sacred Geometry* ist viele Jahrtausende alt und hat ihre Ursprünge in der antiken Mathematik. Hierbei wird besonderen geometrischen Formen und ihren Proportionen eine symbolische Bedeutung beigemessen. Beispiele

hierfür sind der Goldene Schnitt, der besonders in der Kunstgeschichte von Bedeutung ist, das Pentagramm, das in Hexenkreisen viel genutzt wird, oder eben auch die Blume des Lebens. Letztere besteht aus neunzehn Kreisen und verkörpert den Ursprung allen Seins. Sie ist das Symbol für die vollkommene Gesetzmäßigkeit und Schönheit.
Die Blume des Lebens ist ein bekanntes spirituelles Symbol, das in der Meditation visualisiert werden kann, um Körper und Seele energetisch aufzuladen. Häufiger wird sie allerdings als Symbol der Spiritualität auf Wasserflaschen, Yogamatten und anderen »New Age«-Yogaprodukten verwendet, wo sie mittlerweile als inoffizielles Erkennungszeichen der Hipster-Yoga-Bubble dient.

Was wir an einem Holzuntersetzer oder -tablett besonders praktisch finden, ist der Umstand, dass du dein Grid so beim Putzen einfach zur Seite räumen kannst, ohne das Gitter auflösen zu müssen.

Hannah legt ihre *Crystal Grids* meist zu Neumond und lässt sie dann einen Mondzyklus lang stehen und wirken. Beim Zusammenstellen der Kristalle für dein Grid gehst du am besten intuitiv vor. Hier gibt es keine Regeln. Generell macht es aber Sinn, den Kristall in der Mitte etwas größer zu wählen. Um die Energie zu konzentrieren, eignet sich am besten ein geschliffener Kristall, bei dem eine Spitze nach oben weist. Außerdem sind solche Kristalle gut, die in zwei Richtungen eine Spitze haben, sodass sie die Energie vom Mittelkristall nach außen und von dort wieder zur Mitte schicken können. Am äußeren Rand des Grids kannst du schließlich Kristalle platzieren, die keine Spitze haben.

Wenn alle Kristalle in Position sind, verbindest du sie, indem du mit der Hand über sie gleitest. Dabei sprichst du am besten noch mal deine Intention laut aus.

Halte danach deine Hände über das Grid. Spürst du ein Kribbeln in den Handflächen?

Kapitel 3: Kleb dir deine Welt, wie sie dir gefällt? Was Manifestation wirklich bringt

»*Shut up, I'm manifesting!*«

Seit Kurzem finden wir auf Instagram immer mehr Memes, bei denen es um die Kunst des sogenannten Manifestierens geht. Auch internationale Weltstars wie Kanye West, Russell Brand und Jim Carrey oder die deutsche Moderatorin Palina Rojinski haben das berüchtigte Gesetz der Anziehung (auf Englisch: *Law of Attraction*) für sich entdeckt. Aber was genau hat es damit eigentlich auf sich?

Bis vor ein paar Jahren kannte Hannah das Wort »manifestieren« nur von ambitionierten Philosophie-Nerds aus der Schule, die es genauso gern wie das Wort »postulieren« benutzten. Inzwischen ist es jedoch fester Bestandteil ihres eigenen Wortschatzes und Alltags – und das hat sich rumgesprochen! Immer wieder erreichen sie Nachrichten von Freund*innen und Bekannten nach dem Motto: »Du, ich muss mal schnell was manifestieren. Wie mache ich das am besten?«, oder: »Ich habe meine Traumwohnung gefunden, kannst du mir ein paar Kristalle legen, damit ich sie bekomme?«

Was Manifestation genau ist, wie du sie für deine Ziele nutzen kannst und ob das wirklich so einfach ist, wie es für die meisten zu sein scheint, betrachten wir in diesem Kapitel.

Spoiler: Mit »schnell, schnell« oder »eben mal ein paar Kristalle« ist das Ganze leider nicht getan.

Der Manifestations-Hype

Die grundlegende Idee des Manifestierens besteht darin, mithilfe der Kraft deiner Gedanken die eigene Realität zu verändern – eine Theorie, die bereits seit dem 19. Jahrhundert kursiert. Betrachtet man populäre Selbsthilfebücher, die innerhalb der letzten Jahrzehnte erschienen, so geht es darin insbesondere darum, positiv zu denken und sich so sein Traumleben zu manifestieren.

In Büchern wie *Think and Grow Rich* von Napoleon Hill (1936), *The Power of Positive Thinking* von Norman Vincent Peale (1952), *Awaken the Giant Within* von Tony Robbins (1991) und *The Secret* von Rhonda Byrne (2006) wird die Kunst des positiven Denkens immer wieder aufs Neue aufgewärmt und auf die jeweilige Generation angepasst. So erschien Napoleon Hills Buch kurz nach der Weltwirtschaftskrise und konzentrierte sich auf das Thema, wie man möglichst schnell und einfach reich wird. Bei Norman Vincent Peale ging es dagegen vermehrt um die Themen Haushalt und harmonische Beziehungen, was nach dem Zweiten Weltkrieg großen Anklang fand. In Tony Robbins' Buch traf er den Midlife-Crisis-Nerv vieler Babyboomer, die nach Selbstverwirklichung strebten. Und der Ratgeber von Rhonda Byrnes sowie die begleitende Dokumentation *The Secret* rücken das Individuum in den Mittelpunkt des Universums und resonieren so mit der Selfmade-Attitude der Millennials.

Gefährliches Halbwissen: *The Secret*

Die Popularität von *The Secret* (das sich als Buch mehrere Hunderttausend Mal verkaufte) stieg besonders ab dem Jahr 2017, als Themen wie Achtsamkeit, Wellness und Selfcare durch die sozialen Medien einen neuen Aufschwung erlebten.

In diesem Jahr hörte auch Hannah zum ersten Mal davon. Eine spirituell interessierte Freundin hatte die begleitende Dokumentation gesehen und versuchte während eines gemeinsamen Urlaubs krampfhaft, das Geld für das teure Zugticket wieder reinzuholen, indem sie sich mehr Zahlen auf ihrem Kontostand vorstellte. Doch (oh Wunder) nichts dergleichen traf ein, außer dass Hannah ihr das Geld schließlich borgte. Manifestation? Wohl eher nicht. Trotzdem ließ Hannah die Vorstellung einer magischen Gedankenkraft so schnell nicht wieder los. Und so schaute sie sich nach ihrem Urlaub ebenfalls die Dokumentation über das Gesetz der Anziehung (auch Resonanzgesetz genannt) an – zu ihrer großen Enttäuschung. Denn nichts, aber auch wirklich gar nichts in diesem Film resonierte mit ihr und ihrem Leben. Alles drehte sich nur um die Geldgeschichten reicher *weißer* Amerikaner*innen, die sich beim Fläzen auf der Couch vorstellten, wie sie mit ihren neuen Cabrios durch die Nachbarschaft düsten und neue Luxusvillen bezogen. Das sagte dann doch mehr über den Wohlstand dieser Leute aus als über die Kraft ihrer Gedanken.

In *The Secret* werden abstruse und wissenschaftlich nicht belegbare Behauptungen aufgestellt, die suggerieren, dass wir durch die Vibration positiver Gedanken und eine regelmäßige Visualisierung unserer Wünsche die energetische Frequenz (materieller) Dinge erreichen und quasi magisch anziehen können – ohne dafür auch nur einen Handschlag zu tun. Darin liegt angeblich das (bis zu diesem Zeitpunkt) gut gehütete Geheimnis mächtiger Menschen. Zur Krönung dieser Behauptungen heißt es in *The Secret*, dass jeder Mensch zu jeder Zeit in seinem Leben manifestiere und somit komplett für sein eigenes Schicksal verantwortlich sei.[1]

Wir finden: Eine solche Denkweise ist nicht nur komplett unbegründet und falsch, sondern auch fatal und gefährlich, weil uns auf diese Weise weisgemacht werden soll, dass wir an Schicksalsschlägen und gesellschaftlichen Ungerechtigkeiten wie Krankheit, Armut oder Gewalt selbst schuld sind. Frei nach dem Motto: *Du hast deinen Job verloren? Na, dann wirst du es wohl durch negative Gedanken manifestiert haben.* Wenn wir dieser schrägen Argumentation folgen, wäre es unerlässlich, permanent positiv zu denken, um ein glückliches und erfülltes Leben zu führen. Puh!

Spiritual Bypassing oder der *Good-Vibes-Only*-Fluch

Der Grund, weshalb es innerhalb der modernen Selbsthilfe-Bubble so viele Befürworter*innen des positiven Denkens gibt, ist der, dass die Methode anfangs bei den meisten zu funktionieren scheint. Indem man seinen Fokus auf die positiven Aspekte in seinem Leben richtet und weniger Zeit mit negativen Selbstgesprächen verbringt, fühlt man sich automatisch besser als zuvor.

Die Neurowissenschaftlerin, Psychiaterin und Autorin Dr. Tara Swart erklärt diese Anfangserfolge des positiven Denkens mit dem Phänomen der selektiven Wahrnehmung.[2] Das menschliche Gehirn filtert permanent Dinge aus unserer Wahrnehmung, damit wir nicht unter ständiger Reizüberflutung leiden. Ganz egal, worauf wir unseren Fokus zukünftig richten wollen: Mit Sicherheit werden wir nun genau diese Dinge in unserem Alltag und in unserem Umfeld vermehrt wahrnehmen.

Vielleicht hast du schon einmal darüber nachgedacht, dir ein Tattoo stechen zu lassen, die Haare blond zu färben oder ein neues Sofa zu kaufen. Dann sind dir mit Sicherheit plötzlich all die Tattoostudios, Menschen mit blonden Haaren oder Werbeanzeigen von Möbelhäusern aufgefallen. So ist es auch, wenn du dich bewusst darauf fokussierst, was alles gut in deinem Leben läuft. Plötzlich wird es dir nicht mehr so wichtig sein, wenn mal ein Joghurt in der Einkaufstasche ausläuft oder dein Laptop abstürzt. Fokussierst du dich hingegen auf alles, was schlecht läuft, werden dir genau diese Erlebnisse als Indizien für den Beginn einer neuen Pechsträhne dienen.

Also warum nicht positiv denken, wenn das Leben dadurch leichter zu sein scheint?

Problematisch wird das Ganze, wenn Leute beginnen, krampfhaft positiv zu denken, und Krankheitssymptome, konstruktive Kritik oder die aktuelle Nachrichtenlage ignorieren, weil sie die »schlechten Energien« fürchten. Es kann fatale Folgen haben, wenn der Realitätsbezug verloren geht oder Menschen durch ihre toxische Positivität immer paranoider und engstirniger werden. Sie sind dann ständig auf der Hut vor negativen Einflüssen, werden anfällig für Verschwörungstheorien und umgehen bewusst ihre Probleme. Dieses Phänomen wird deswegen auch »spirituelles Umgehen« (*Spiritual Bypassing*) genannt.

Auf Umwegen zur Manifestation

Wenige Jahre nach Hannahs enttäuschendem Kontakt mit dem Film *The Secret* lernte sie über eine Freundin eine Frau kennen, die sich als »Spiritueller Manifestations- und Abundance-Coach« bezeichnete. Vanessa war gerade nach Berlin gezogen, suchte Anschluss und neue Kundinnen für ihr Online-Coaching. Und so legte sie Hannah in einem ihrer ersten Gespräche das Gesetz der Anziehung ans Herz, mit dem sie sich als Selbstständige schnell finanziell unabhängig machen könne. Da Vanessa nett war und es so schien, als ob sie wisse, wovon sie spricht, vereinbarte Hannah neugierig ein zehnwöchiges Coaching zum Freundschaftspreis.

In ihren ersten Sessions wirkte Vanessa erfahren, weltoffen und gut vernetzt. Doch schon bald zeigte sich, dass ihre Vernetzung in erster Linie online stattfand und die Gruppe aus inspirierenden Frauen, mit denen sie Hannah in Kontakt brachte, ziemlich heterogen, *weiß* und privilegiert war. Im realen Leben hatte Vanessa dagegen kaum Freund*innen, und als Hannah sie schließlich zur Launch-Party der neuesten Ausgabe unseres Magazins einlud, verschwanden sie und ihr Mann bereits nach einer halben Stunde mit der Begründung, sie wollten sich lieber keine »negativen Vibes« einfangen, die bei derart vielen Menschen, die rauchten und Alkohol tranken, wie wild umherfliegen würden.

In diesem Moment erkannte Hannah: Vanessa war eine Meisterin darin, Menschen mit anderer Meinung und Kritik an ihrer Arbeit zu vermeiden. Sie war ein lebendes Beispiel für *Spiritual Bypassing*.

Hannah, die bereits jahrelange Erfahrung mit Psychotherapien mitbrachte und dabei durch die Thematisierung ihrer vermeintlich »negativen« Emotionen und Gedanken einige Fortschritte erlebt hatte, erklärte Vanessa in ihrer nächsten Coachingsitzung, dass sich in ihr Zweifel an der permanenten Positivität meldeten. Sollte es nicht im Leben darum gehen, ehrlich und authentisch zu sein? Wenn wir uns selbst keine Zweifel erlaubten und jegliche Kritik von außen ignorierten, würden wir doch irgendwann den Bezug zur Wirklichkeit und zu unserer Umwelt verlieren.

Während ihrer Psychotherapie hatte sie gelernt, Emotionen wie Angst, Zweifel und Unsicherheit anzunehmen, um genauer hinschauen und die Ursache behandeln zu können, anstatt sie zu übergehen. Das Ignorieren ihrer Ängste hatte in der Vergangenheit zu Panikattacken geführt. Und wer schon einmal eine Panikattacke hatte, weiß genau, dass Verdrängung und Selbstbetrug hier überhaupt nichts bringen, sondern die Symptome eher noch verschlimmern.

Doch Vanessa wollte von alledem nichts wissen. Ihr großes Thema war *Abundance*, was auf Deutsch so viel wie »Fülle«, »Wohlstand« oder »Überfluss« bedeutet. Bei jeder nur möglichen Gelegenheit, die sich bot, jagte sie materiellem Erfolg und Wohlstand hinterher. Man könnte auch sagen: Vanessa war/ist ein echter Sparfuchs. Sie freute sich über jede Cent-Münze, die sie auf dem Boden fand, und begann zu tanzen, wenn ihr veganer Käse im Supermarkt reduziert war. Bis zu diesem Punkt konnte Hannah das sogar irgendwie noch verstehen. Vanessas Abundance-Mindset reichte jedoch so weit, dass sie extra bei Fast-Fashion-Herstellern einkaufte, um sich daran zu erfreuen, wie wenig eine Hose kosten kann. Und wenn sie gemeinsam mit anderen Freund*innen abends kochten, bot sie nie von sich aus an, Geld zum Einkauf beizusteuern.

Wo hört der Abundance-Mindset auf, und wo fängt Geiz oder sogar Ausbeute an? All das hätte man gemeinsam diskutieren können – wenn schon nicht im Coaching, dann doch zumindest als Freundinnen. Doch Vanessa brach ohne Vorwarnung das Coaching (nach nur vier Sessions) ab und beendete ihre Freundinnenschaft (oder was auch immer das war), indem sie Hannah in sämtlichen sozialen Netzwerken blockierte. Bei Vanessa lag die Betonung bei dem Spruch »*Good vibes only*« wohl besonders auf dem Wörtchen »*only*«.

Nun könnte man natürlich denken, dass diese Erfahrung Hannah ein für alle Mal den Rest gab, sowohl in Sachen Coaching als auch, was das Thema Manifestation anging. Doch der Nerd in ihr suchte noch immer nach Antworten auf ihre Fragen. Konnte es wirklich klappen, negative Gedanken gegen materielle Dinge einzutauschen? Und könnte man diese Technik nicht auch weniger radikal und materiell einsetzen?

Sie begann, intensiver zu den Themen Manifestation, Gesetz der Anziehung und Abundance zu recherchieren. Dabei stieß sie auf den Ansatz der »neuralen Manifestation«, der sich auf aktuelle wissenschaftliche Ergebnisse aus den Bereichen der Neurowissenschaften, Psychologie und Epigenetik stützt. Begründerin dieses Konzepts ist die ehemalige Schauspielerin Lacy Phillips, die – ähnlich wie Hannah – jahrelang den Good-Vibes-Only-Blödsinn ausprobiert hatte, bis sie die psychologische Bedeutung des Unterbewusstseins mit einbezog und endlich Erfolge erzielte.

Heute arbeitet Lacy Phillips eng mit der Psychiaterin Dr. Tara Swart zusammen, die in ihrem Buch *The Source* das menschliche Gehirn unter neurowissenschaftlichen Gesichtspunkten als Hauptquelle aller Manifestationen betrachtet. Beide gehen davon aus, dass wir nicht durch unsere bewussten Gedanken, sondern aus unserem Unterbewusstsein heraus manifestieren. Das ist ein wichtiger Unterschied zu den Behauptungen, die in Quellen wie *The Secret* aufgestellt werden. Unter dem Gesichtspunkt der »neuralen Manifestation« betrachtet, sind wir nicht für alles verantwortlich, was in unserem Leben geschieht, nur weil wir positiv oder negativ denken.

Auch der US-Autor und Zellbiologe Dr. Bruce Lipton erklärt, dass in Bezug auf Manifestation nur fünf Prozent unserer Realität über unser Bewusstsein kreiert werden und die restlichen fünfundneunzig Prozent im Unterbewusstsein ablaufen.[3] Bei der Arbeit mit unserem Unterbewusstsein geht es vor allem um das Aufspüren tiefsitzender Glaubenssätze und die Steigerung des Selbstwerts – nicht um Dinge, die sich mal eben schnell durch eine neue Denkweise verändern lassen.

Was Hannah an der Arbeit von Lacy Phillips und Dr. Tara Swart besonders schätzt, ist, dass die beiden das Prinzip der Manifestation zwar erklären und unterrichten, aber niemals behaupten, dass wir als Menschen allmächtig sind. Sie lassen Themen wie Krankheit und Schicksalsschläge bewusst außen vor, da es sich hierbei um Dinge handelt, die häufig nicht in unserer Macht liegen.

Exkurs »Glaubenssätze«

Im bewussten Zustand denken wir ständig an etwas, wenn auch meist nur flüchtig. Sicher wolltest du dir schon einmal etwas Wichtiges notieren, konntest dich aber in dem Moment, da du endlich einen Stift zur Hand hattest, nicht mehr an den Gedanken erinnern, oder?

Anders ist es bei Glaubenssätzen. Glaubenssätze sind Gedanken, die wir so lange auf Repeat abspielen, bis unser Unterbewusstsein sie verinnerlicht hat. Sie verfliegen dann nicht mehr einfach so, sondern lassen sich immer wieder abrufen, teilweise ohne dass wir uns dessen bewusst sind. Sie sind wie eine Art Programmierung, die im Hintergrund unserer Gedanken abläuft.

Anders als bei der Methode des positiven Denkens geht es beim neuralen Manifestieren darum, negativen Gedanken und Gefühlen *gezielt* Aufmerksamkeit zu schenken, um blockierende Glaubenssätze im

Unterbewusstsein aufzulösen. Durch Neuroplastizität, also die Fähigkeit des menschlichen Gehirns, seine Struktur an veränderte Situationen anzupassen, ist es möglich, Neues zu lernen und blockierende Gedankenmuster durch stärkende zu ersetzen, unseren Selbstwert zu steigern und unser Leben aktiv zu verändern. Es ist wie eine Zeitreise in die eigene Vergangenheit, bei der man sich aus negativen Endlosschleifen befreit.

Mit diesem Ansatz konnte auch Hannah endlich etwas anfangen, denn er passte zu den Erfahrungen, die sie in der Psychotherapie gemacht hatte. Und sie wusste auch schon, was sie als Erstes manifestieren würde …

Single and ready to mingle

Nach einiger Zeit als zufriedene Singlefrau verspürte Hannah vor ein paar Jahren den Wunsch nach einer neuen Beziehung. Es war nicht so, dass sie der Überzeugung war, allein unvollständig zu sein oder dergleichen, vielmehr fühlte sie sich nach langer Zeit wieder bereit, jemanden kennenzulernen. Doch diesmal wollte sie ganz genau auf ihre Bedürfnisse achten und sich nicht einfach mit *irgendwem* zufriedengeben. (Du weißt schon: *Don't settle for less.*)

Anders als in *The Secret* oder im Coaching mit Vanessa ging es nun nicht mehr darum, positiv zu denken und sich entspannt zurückzulehnen, sondern um aktive Introspektion – was sich schnell als ziemlich harte Arbeit herausstellte. (Aber keine Sorge: Auch wenn das jetzt erst mal etwas anstrengend und abstrakt klingen mag, du kannst dich beim Ausprobieren auf einige Aha-Momente freuen.)

Nachdem Hannah die üblichen Dating-Apps runtergeladen und ihr Profil ausgefüllt hatte, schrieb sie mit verschiedenen Männern und achtete dabei besonders auf ihre Gefühle. Meist war sie am Anfang eines Chats etwas nervös und voller Vorfreude, mal hatte sie Spaß am Flirten, dann wieder musste sie ihrem virtuellen Gegenüber die Antworten auf ihre Fragen förmlich aus der Nase ziehen, um den Kontakt aufrechtzuerhalten. Sie beobachtete, ab welchem Punkt in einer Unterhaltung sie sich nicht mehr wohlfühlte und was der Auslöser dafür war. Manchmal waren es sexistische Machokommentare, die ihren Stimmungswandel auslösten, manchmal war es ein Stocken in der Konversation, das ihr das Gefühl gab, bereits jetzt die Alleinverantwortliche in ihrer »Beziehung« zu sein. Und manchmal kippte ihre Stimmung, wenn einer der Männer zugab, dass er sich eigentlich gar nicht mit ihr treffen wolle, sondern lediglich ein bisschen Bestätigung brauche.

Daraufhin fragte sie sich, was genau an dieser Situation dafür sorgte, dass sie so wütend/frustriert/genervt war. Wieso schafften es diese wildfremden Typen, ein Gefühl von Minderwertigkeit in ihr auszulösen? Welche Glaubenssätze wurden hier aktiviert? Sie realisierte, dass einer ihrer ersten Freunde damals zu ihr gesagt hatte, sie sei oft *zu* emotional und dramatisch, wenn sie über ihre Gefühle sprechen wolle.

Durch regelmäßiges Journaling und Mediation erkannte sie immer mehr Zusammenhänge zwischen vergangenen Situationen, aktuellen Erfahrungen, die sie mit Männern machte, und schließlich der damit verbundenen Meinung über sich selbst, die sich in ihr verankert hatte. Sie verstand, dass der Fehler nicht immer bei ihr lag und dass es okay war, sich einen Partner zu wünschen, der emotionale Verantwortung trägt und offen über Gefühle spricht.

Es klingt vielleicht albern, weil es so offensichtlich scheint, aber mit dieser Erkenntnis wuchs ihr Selbstwert Tag für Tag. Auch ihr Therapeut und ihre Freund*innen bemerkten die Veränderung und sprachen Hannah darauf an, dass sie in letzter Zeit viel gelassener, klarer, zufriedener und glücklicher wirke. Und so war es auch. Es war egal, ob am Ende dieses »Manifestationsexperiments« nun tatsächlich eine Beziehung entstehen würde oder nicht. Was zählte, war, dass sich die Beziehung zu ihr selbst verbessert hatte. Sie verstand, dass Manifestation funktionierte: Wenn man sich seiner unbewussten Gedanken bewusst wurde, konnte man auf die Realität einwirken.

Hannah bemerkte aber auch, dass es dazu einige wichtige Schritte brauchte – Schritte, die in *The Secret* geheim gehalten wurden. Welche das sind, wollen wir uns nun gemeinsam der Reihe nach anschauen.

An dieser Stelle ist es uns noch einmal wichtig zu betonen, dass die Manifestationstechniken, die wir dir beibringen, keinesfalls als Ersatz für eine Psychotherapie genutzt werden sollen oder können. Tatsächlich kann es hilfreich sein, begleitend zu diesem Prozess eine Therapie zu machen, da möglicherweise einiges an Emotionen hochkommt. Wenn du bereits in psychologischer Behandlung bist, macht es Sinn, deinem Therapeuten/deiner Therapeutin gegenüber offen anzusprechen, mit welchen Methoden du arbeitest, damit du die bestmögliche Unterstützung erhältst.

Wie funktioniert Manifestation *wirklich*?

Manifestation ist die Kunst, deine eigenen Herzenswünsche mithilfe deines Gehirns (insbesondere deines Unterbewusstseins) und gezielten Aktionen in die Realität umzusetzen (also doch nicht nur Abwarten und Tee trinken). »Manifesting is merely another way of saying ›we make things happen!‹«[4], (frei übersetzt: »Manifestieren ist vor allem eine andere Art zu sagen: ›Wir machen es möglich!‹«), heißt es bei Dr. Tara Swart, die der Meinung ist, dass unsere Handlungen mitunter wichtiger sind als unsere Intentionen.

Die neurale Manifestation ist kein passiver Prozess, bei dem wir uns zurücklehnen und vom Strand träumen, sondern ein aktiver Vorgang, bei dem wir unsere Aufmerksamkeit auf das lenken, was wir wollen, und alles daransetzen, es möglich zu machen.

Folgendes solltest du dir dabei zunächst noch einmal ins Bewusstsein rufen: Deine Gedanken allein können die Realität nicht verändern. Du musst also keine Angst vor negativen Gedanken haben, die dein Schicksal beeinflussen und Unglück magisch anziehen. So viel Kraft hat niemand von uns. Es gibt allerdings Gedanken, die so tief im

Unterbewusstsein verankert sind, dass sie mitbestimmen, was du dir zutraust oder meinst, verdient zu haben.

Hannah hatte beispielsweise lange den Glaubenssatz mit sich herumgetragen, dass sie beziehungsunfähig ist. Das war zunächst kein großes Problem, da sie ihr Singledasein sehr genoss. Doch irgendwann erkannte sie, dass sie unbewusst einiges dafür getan hatte, den Glauben an ihre Unfähigkeit aktiv aufrechtzuerhalten. So datete sie beispielsweise bevorzugt Männer, die in einer offenen Beziehung lebten. Somit bestand nie die Gefahr/Chance, dass sie eine exklusive Partner*innenschaft mit ihr eingingen. Einmal traf Hannah sich sogar mit einem Mann, der nur für ein paar Tage auf der Durchreise von der Schweiz in sein neues Leben als Rentierzüchter in Lappland war. Na dann: Viel Glück! (Zwar hatte Hannah nichts gegen Rudolph, aber da war nun wirklich keine gemeinsame Zukunft in Sicht.)

Marie: Es geht also darum, Blockaden zu erkennen und aus dem Weg zu räumen, damit unsere Wünsche eine faire Chance haben?
Hannah: Ja. Indem negative Glaubenssätze aufgelöst werden, wächst der Glaube an uns selbst. Du kannst dir deinen Selbstwert auch wie einen großen Magneten vorstellen, der deine Wünsche anzieht. Wenn der Magnet blockiert wird, kann er auch nichts anziehen. Also müssen wir schauen, was den Weg versperrt.
Marie: Und was, wenn ein riesiger Felsbrocken meinen Magneten verdeckt?
Hannah: Dann ist die Sache etwas tricky, aber nicht unmöglich.

Check your privilege

Unsere Denkmuster und Prägungen bestimmen nicht nur, worauf wir in unserer selektiven Wahrnehmung den Fokus legen, sie beeinflussen auch, was wir eventuell unbewusst (wie in Hannahs Fall) sabotieren oder nicht für möglich halten. Doch nicht alles hängt allein davon ab, wie unsere Eltern/Partner*innen/Freund*innen uns in der Vergangenheit behandelt haben. Wenn es um unsere Prägungen geht, spielen auch Privilegien eine große Rolle.

Es gibt ein Instagram-Meme von Corinna Rosella (aka @riseupgoodwitch), in dem es heißt: »*Maybe you manifested it, maybe it's white privilege.*« (Frei übersetzt: »Vielleicht hast du es manifestiert, vielleicht sind es aber auch *weiße* Privilegien.«)

Wenn es darum geht, bestimmte Ziele und Wünsche in die Realität umzusetzen, stehen einer Person mit *weißen* Privilegien heutzutage noch immer deutlich mehr Türen offen als einer Schwarzen[5] Person oder PoC[6]. Es mag also durchaus möglich sein, dass es den amerikanischen, reichen, *weißen*, hetero Cis-Männern in der Dokumentation zu *The Secret* mühelos geglückt ist, ihre Luxusvilla oder den neuesten Sportwagen zu manifestieren, da ihnen dafür alle physischen und psychischen Ressourcen zur Verfügung standen. Faktoren wie Geld oder Macht wiegen dann mehr als die eigene Vorstellungskraft oder das bewusste Aktivwerden. Ebenso wenig verwundert es uns, dass viele Männer in unserem Umfeld denken, dass sie all die Jobangebote und Beförderungen einzig und allein ihren Kompetenzen zu verdanken haben – die patriarchale Gesellschaft, in der wir noch immer leben, spiegelt ihnen seit jeher, wie toll und smart sie (angeblich) sind. Eine Person hingegen, die unter einem transgenerationalen Trauma leidet, kaum oder nur wenige Vorbilder mit vergleichbarem Background hat und von klein auf gespiegelt bekommt, dass sie für alles dreimal so hart kämpfen muss, wird ganz andere Glaubenssätze in sich verankert haben. Es ist also nicht von der Hand zu weisen, dass Privilegien eine Rolle beim Manifestieren spielen.

In ihrem Podcast *Expanded* fordert Lacy Phillips insbesondere Personen aus der LGBTQIA+[7]-Community oder PoC auf, ihre Manifestationserlebnisse in den sozialen Medien oder in Kommentaren auf ihrer Website zu teilen, um gezielt Erfolgsgeschichten für weniger privilegierte Menschen zu sammeln, die auf der Suche nach Identifikation sind. Diese Beispiele zusammenzutragen ist ein erster wichtiger

Schritt, denn limitierende Glaubenssätze gezielt neu zu programmieren sollte für uns alle möglich sein.

Manifestation bedeutet, in unsere Stärke zu kommen. Die spirituelle US-Autorin Gabrielle Bernstein beschreibt dies in ihrem Buch *Super Attractor* mit den Worten: »Manifesting isn't about getting; it's about becoming.«[8] (Frei übersetzt: »Beim Manifestieren geht's nicht ums Bekommen, sondern ums Werden.«)

Das berüchtigte *Law of Attraction* (LoA)

Das Gesetz der Anziehung besagt, dass wir *das* anziehen, von dem wir glauben, dass wir es wert sind. Kurz gesagt: Das *Law of Attraction* hat viel mit unserem Selbstwertgefühl zu tun. Im Gegensatz zu unserem Selbstbewusstsein, das je nach emotionaler Lage und Situation ins Schwanken geraten kann, ist unser Selbstwert der Wert, den wir uns selbst über einen längeren Zeitraum hinweg beimessen. Unser Selbstwert entwickelt sich maßgeblich durch unsere Erfahrungen mit Schmerz, Scham, Verlust, Erfolg, Sicherheit, Geborgenheit und Liebe bis zu unserem fünfundzwanzigsten Lebensjahr, vor allem aber in unserer Kindheit.[9] Gedanken, die wir in diesen Jahren aufgrund unserer Erfahrungen wiederholt über uns oder unsere Umwelt denken, verfestigen sich zu Glaubenssätzen. Diese beeinflussen in der Folge unbewusst unsere Beziehungen, Entscheidungen und Manifestationen auf positive und negative Weise.[10]

Ob bestimmte Glaubenssätze uns im Leben und in unseren Manifestationen behindern oder unterstützen, kommt ganz darauf an, in welchem Bereich sie verortet sind.

Blockierende Glaubenssätze, mit denen Hannah zu kämpfen hat(te), laute(te)n:

- »Ich bin schlecht in Mathe.«
- »Ich bin unsportlich.«
- »Ich bin zu viel.«
- »Ich bin beziehungsunfähig.«

Ihre empowernden Glaubenssätze lauten dagegen:

- »Ich bin liebenswert.«
- »Ich finde überall Freund*innen.«
- »Ich bin kreativ und finde immer Arbeit.«
- »Ich bin stark.«

Diese positiven Glaubenssätze halfen ihr beispielsweise dabei, nach jedem ihrer zig Umzüge oder noch im kürzesten Praktikum neue Freundinnen zu finden, mit denen sie bis heute den Kontakt hält. Diese Glaubenssätze und Erfahrungen geben ihr das Gefühl, verbunden zu sein, und helfen ihr im Alltag, offen auf neue Menschen zuzugehen.

Doch wie lassen sich die blockierenden negativen Glaubenssätze auflösen?

Während eines Praktikums bei einem großen Hersteller für Sportbekleidung gelang es Hannah vor einigen Jahren, ihren Glauben an die eigene Unsportlichkeit aus dem Weg zu räumen. Anders als im Sportunterricht in der Schule, bei dem ihr Lehrer behauptet hatte, sie habe »Reflexe wie eine Pudelmütze«, lernte sie hier, umgeben von unvoreingenommenen Menschen, die ihre Begeisterung für Mode teilten, Sport mit Spaß, Motivation und Ausdauer in Verbindung zu bringen. Sport war nun etwas, was sie in der Mittagspause mit ihren Freund*innen tat. (Wir erinnern uns: An neuen Freund*innen mangelte es ihr dank ihres positiven Glaubenssatzes nie.)

Zwar bedeutet diese Erfahrung nicht, dass Hannah ihren Sporty-Spice-Lifestyle nach dem Praktikum in dem Maße beibehielt (eher nicht), doch seither ist sie sicher, dass sie jederzeit wieder so sportlich werden *könnte*. Einige Jahre später traute sie sich sogar, sich ihrer Angst vor dem Ringeturnen und Bockspringen zu stellen. Und siehe da, ohne blöden Lehrer hatte sie richtig Spaß daran.

Was den Glaubenssatz »Ich bin beziehungsunfähig« betrifft, gestaltete es sich allerdings etwas schwieriger, ihn zu widerlegen. Hier brauchte es deutlich mehr als ein Praktikum. Die bewusste Auseinandersetzung mit ihren Chats auf Dating-Apps und den Erfahrungen bei Blind-Dates zeigte Hannah jedoch, dass Beziehungen bei ihr in der Regel nicht zustande kamen, weil ihre grundlegenden Werte nicht zu denen der potenziellen Partner passten. Es lag nicht daran, dass sie sich grundsätzlich nicht binden wollte, vielmehr wollte sie sich nicht an jemanden binden, der ihr nicht den nötigen Respekt entgegenbrachte.

Nachdem sie ein paarmal mit einem netten Grafikdesigner einen Kaffee getrunken hatte und eigentlich ein optimistisches Gefühl bei der Sache hatte, schrieb sie ihm, dass sie das nächste Date leider spontan absagen müsse, da sie sich krank fühle. Anstatt ihr gute Besserung zu wünschen, schrieb dieser nur: »Kein Stress … Chille hier rum und male. Komm doch später vorbei, wenn du wieder fit bist.« Doch die wundersame Blitzheilung, von der er ausging, trat nicht ein.

Als Hannah die folgenden drei Tage mit einem Magen-Darm-Virus im Bett verbrachte, ohne etwas von ihm zu hören, schrieb sie ihm: »Ich wollte dir nur kurz Bescheid geben, dass ich es nett fand, dich kennenzulernen, allerdings kann ich mir nicht mehr bei uns vorstellen.« Anders als er hatten Marie und zwei ihrer engsten Freundinnen sich in den letzten Tagen bei ihr erkundigt, wie es ihr gehe, und gute Besserung gewünscht. Von einem potenziellen Partner erwartete sie ebenfalls diese Art der Fürsorge.

War es zu drastisch, einen Kontakt wegen ausbleibender Genesungswünsche aus ihrem Leben zu streichen? Zunächst war sich Hannah unsicher. Doch tatsächlich war ihr Selbstwertgefühl nach dieser Nachricht um einige Zentimeter gewachsen. Und ihr wurde noch etwas klar: Sie hatte bereits einige starke, tolle Beziehungen in ihrem Leben und Menschen, die sich um sie sorgten. Sie war nicht beziehungsunfähig. Dank dieser realisierten Beziehungs-Abundance konnte sie den alten Glaubenssatz langsam gehen lassen. (Zwar wurde es auch mit dem nächsten Typen nichts, allerdings lag das nicht daran, dass er ihr keine gute Besserung wünschte – das tat er! –, sondern daran, dass sie nicht in ihn verliebt war. So ist das manchmal nun mal.)

Das A-Wort: Abundance

In Zusammenhang mit dem Gesetz der Anziehung fällt häufig das Wort *Abundance*, das von Manifestationsgurus bedauerlicherweise vor allem für materielle Manifestationen und oberflächlichen Luxus verwendet wird. Wenn sie vom *Abundance-Mindset* sprechen, meinen sie finanziellen Reichtum, Luxusurlaube, Schmuck, Autos und andere Statussymbole, die man herbeimanifestieren könne. Diese einseitige Darstellung des Begriffs führt dazu, dass selbsternannte Coaches leichtes Spiel haben, verzweifelten Menschen das Geld aus der Tasche zu ziehen. Sie reden ihren Klient*innen ein, viel Geld (für das Coaching) ausgeben zu müssen, um sich reich zu fühlen und schließlich mithilfe der bei ihnen erlernten Manifestationstechniken das doppelte Geld zurückzubekommen. Derartige Geschäftsmodelle sind nicht nur unlogisch, sondern grundsätzlich nicht okay, weil sie mit dem Vertrauen gutgläubiger Menschen spielen.

Wir sagen nicht, dass es sich nicht auch lohnen kann, in sich selbst zu investieren, diese Investition muss aber keinesfalls finanzieller Natur sein. Abundance kann sich genauso gut auf inneren Reichtum, emotionale Fülle und Zufriedenheit beziehen. Du kannst dir Zeit schenken, die du aktiv in deine Selfcare, tägliches Journaling, bewusste Momente mit einer kostenlosen Mediations-App oder in kluge Bücher investierst. Zeit, die du dazu nutzt, dich besser kennenzulernen, alte Muster zu durchbrechen und deinen Selbstwert zu stärken, zahlt sich mit hoher Wahrscheinlichkeit aus – wenn auch nicht immer finanziell.

Ein Abundance-Mindset bedeutet also nicht, dir vorzustellen, dass du Millionär*in bist, sondern die Einstellung zu kultivieren, dass du alles hast, was du brauchst. Es geht darum, deine Aufmerksamkeit auf das zu richten, was du bereits *hast* oder *bist*. Auf das, wofür du dankbar bist, also beispielsweise dein Zuhause oder deinen Job, der die Miete zahlt, deine Freund*innen, die dich unterstützen, und so weiter. Kurzum, es geht darum, das zu genießen, was vorhanden ist, und es zur Gewohnheit zu machen, dich gut zu fühlen. Dies ist die Voraussetzung für all das, was du erreichen und sein möchtest. Es ist quasi die Kraft, die deinen Selbstwert magnetisch auflädt.

Mich gut fühlen, wie geht das?

Durch die Konditionierung unserer Leistungsgesellschaft fällt es uns oft gar nicht so leicht, uns einfach nur gut zu fühlen. Wir sind es gewohnt, dass alles hart, anstrengend und stressig sein muss, und gestehen uns selten zu, das zu machen, was uns empowert und nährt: einen Spaziergang am Nachmittag, früh ins Bett gehen, ein Glas Wasser trinken, *whatever*. Indem wir bewusster auf unsere Bedürfnisse achten, können wir auch besser wahrnehmen, wann wir nicht in diesem Flow sind, und die Lage bewusst verändern. Durch Selbstfürsorge stärken wir nicht nur den Wert, den wir uns selbst beimessen, wir stärken auch unser Abundance-Mindset.

Dieses bildet das Gegenteil zum Lack-Mindset (Mangel-Mindset), bei dem wir ständig das Gefühl haben, dass es nicht genug für alle gibt, dass wir nur erfolgreich sein können, wenn wir besser als die Konkurrenz sind, wir ständig mehr wollen und brauchen, als wir bekommen, und Angst davor haben zu scheitern, etwas zu verpassen oder abgelehnt zu werden. Gefühle wie Angst, Neid, Eifersucht oder das ständige Vergleichen mit anderen sind Teil des Mangel-Mindset-Pakets, das wir zum Manifestieren nach und nach loslassen wollen. Die positive Nachricht: Du kannst dein Mindset trainieren, ohne dabei krampfhaft oder toxisch positiv zu werden. Es geht in erster Linie darum, deine Bewertung von dem, was du beobachtest, zu verändern.

Als Hannah beispielsweise feststellte, dass die meisten ihrer Freundinnen nach und nach feste Beziehungen eingingen, während sie noch immer Single war, ärgerte sie sich nicht darüber, dass sie das hatten, wonach sie sich sehnte. Sie beschloss vielmehr, die Beziehungen ihrer Freundinnen als gutes Omen zu deuten und ihr Singleleben noch ein wenig zu genießen. Schließlich sah sie ja in ihrem Umfeld, dass es damit ruckzuck vorbei sein konnte.

Psychologisch betrachtet unterstützt dein Abundance-Mindset dich darin, gelassener zu werden, neugierig und offen auf andere zuzugehen, Selbstfürsorge zu praktizieren und ein Leben zu manifestieren, in dem es dir an nichts fehlt.

In fünf Schritten erfolgreich manifestieren

Nun aber genug mit der Theorie und Hannahs Liebesleben. Jetzt, da wir die wichtigsten Begriffe rund um Manifestationen geklärt und einen Haufen Irrglauben und Fehlinterpretationen aus dem Weg geschafft haben, sollten wir, die wichtigsten Schritte des Manifestierens zu üben. Nimm dir Zeit und probiere, was für dich funktioniert. Die Schritte, die wir dir im Folgenden vorstellen, basieren auf Hannahs positiven Erfahrungen mit dem Manifestieren. Sie orientieren sich am Ansatz der neuralen Manifestation von Lacy Phillips und Dr. Tara Swart, hinzu kommen Einflüsse der Motivationstrainerin Gabrielle Bernstein. Auch Elemente der sogenannten *WOOP*-Methode der deutschen Psychologin und Autorin Gabriele Oettingen lassen sich darin wiederfinden. WOOP steht als Abkürzung für *wish*, *outcome*, *obstacle* und *plan*. Die WOOP-Methode beginnt demnach mit einem konkreten Wunsch *(wish)*, der ein bestimmtes Ergebnis *(outcome)* bringen soll. Um dieses zu erzielen, gilt es zu fragen, welches Hindernis *(obstacle)* der Erfüllung im Wege steht, und einen Plan *(plan)* zu entwickeln, um es zu beseitigen.

Während du mit einigen der weit verbreiteten Ansätze à la *Think positive* und *Fake it till you make it* zwar kurzfristige Erfolge erzielen kannst, dauerhaft aber viel Energie verlierst (da du permanent deine Scheinwelt aufrechterhalten musst), geht es bei diesem Ansatz darum, durch aktive Arbeit den Grundstein für deine Manifestationen zu legen, damit sie dir mit der Zeit immer leichter fallen.

Schritt 1: Selbstwert stärken: Die magnetische Kraft deines Unterbewusstseins

Legen wir los mit dem Manifestieren. Keine Sorge, du musst dafür noch gar nicht genau wissen, welche Veränderungen du in deinem Leben herbeiführen möchtest. Im ersten Schritt geht es erst einmal um die Introspektion, also die Innenschau.

Gehen wir mal davon aus, dass wir alle weitestgehend perfekt und unvoreingenommen auf die Welt kommen. Erst durch Erfahrungen und Umwelteinflüsse werden wir anschließend konditioniert, was uns sowohl positiv als auch negativ beeinflusst. Im ersten Schritt unseres Manifestationsprozesses geht es nun darum, negative Einflüsse von damals zu »löschen«, also all jene Zwiebelschichten in Gestalt von Glaubenssätzen und Annahmen abzupellen, die uns nicht guttun und verhindern, dass wir in unsere Kraft kommen.

Hierbei geht es nicht darum, Schuldige für diese Einflüsse zu finden und sie mit ihrer Schuld oder ihrem »Versagen« zu konfrontieren. Wie Coach und Autorin Noemi Christoph erklärt, machen viele von uns in ihrer Kindheit die Erfahrung, dass ihre Grenzen und Bedürfnisse übergangen werden – selbst dann, wenn die Eltern noch so toll sind und eigentlich nur das Beste für ihren Nachwuchs wollen.[11]

Um in unsere magnetische Manifestationskraft zu kommen, ist es wichtig, unseren Selbstwert von unnützem Clutter (aka limitierenden Glaubenssätzen und Selbstzweifeln) zu befreien.

Übung: Taschenlampe raus und Glaubenssätze aufspüren

Um Glaubenssätze aufzuspüren, die dich in deiner Kraft blockieren, ist es hilfreich, Situationen zu notieren, in denen du dich unwohl oder minderwertig gefühlt hast – so wie Hannah bei ihren Dating-App-

Chats. Bewusst nach den Auslösern für unser Unwohlsein zu suchen und unangenehme Situationen erneut zu durchleben ist nicht schön, aber Verdrängung ist auch keine Lösung.

Setz dich für diesen Prozess in Ruhe an deinen Kraftort, und nimm dir jede Situation einzeln vor. Beantworte dabei folgende Fragen in deinem Journal:

- Wann habe ich mich in der Vergangenheit minderwertig/frustriert/unfähig/eingeschränkt gefühlt? Welche Erfahrungen und Aussagen schleichen sich bis heute in meine Gedanken und hindern mich daran, bestimmte Dinge zu tun?
- Wie habe ich mich in dieser Situation gefühlt? Wie würde ich das unangenehme Gefühl benennen?
- Was war der ausschlaggebende Auslöser, der die unangenehmen Emotionen in mir ausgelöst hat? War es etwas, was jemand gesagt oder gemacht hat?
- Was fehlte mir in dieser Situation? Wo wurden meine Grenzen überschritten?
- Was ist die erste Erinnerung in meinem Leben (vielleicht in meiner Kindheit oder Jugend), in der ich mich genauso gefühlt habe?
- Was hätten meine Eltern/mein(e) Partner*in/Vorgesetzten oder andere Bezugspersonen anders machen können, um mich in dieser Situation zu empowern?
- Was würde ich dieser Person in dieser Situation heute erwidern?
- Was kann ich heute für mich machen, um mich in ähnlichen Situationen selbst zu empowern?

Falls sich im Lauf des Tages bestimmte Situationen ergeben, die solche Gefühle in dir auslösen, kannst du sie auch in der Notizen-App deines Smartphones speichern, um dich später daran zu erinnern.

Marie fallen die meisten negativen Situationen kurz vor dem Einschlafen ein. Obwohl es Jahre her ist, sitzt sie dann plötzlich wieder in der Onlineredaktion, in der sie früher gearbeitet hat, und hört ihre Chefin an ihrem allerersten Arbeitstag schimpfen, Marie könne jetzt nicht einfach Feierabend machen, nur weil ihre Kollegin bereits gegangen sei. Es gäbe *immer* etwas zu tun.

Erfahrungen wie diese haben Maries Glauben an eine gute und empowernde Zusammenarbeit und Kommunikation (gerade unter Frauen) erschüttert. Als sie den Job verließ, fühlte sie sich unendlich erleichtert. Die permanente Angst davor, etwas falsch zu machen, ist von ihr abgefallen, zumindest für den Moment. Es brauchte danach noch einige (positive) Erfahrungen in anderen Unternehmen, bis sie verstand, dass es auch andere Chefinnen und Chefs gibt.

Indem sie Erinnerungen wie diese aufschreibt, kann sie sich endgültig von ihrer damaligen Angst befreien und Raum für mehr Selbstbestimmung schaffen.

Übung: Schatzkarte zeichnen – Der *Deep Dive* in deine vier Lebensbereiche

Mithilfe dieser Übung sollst du dir darüber klarwerden, wie deine Wünsche für die Zukunft in Bezug auf die verschiedenen Bereiche deines Lebens aussehen. Dafür erstellst du eine Art Schatzkarte, mit deren Hilfe du deine Wünsche entdecken und die Etappen und Schwierigkeiten auf dem Weg dorthin aufspüren kannst. So lässt sich schnell erkennen, was du möchtest und in welchen Bereichen es noch Blockaden gibt.

Zeichne dafür vier Spalten in dein Journal. (Okay, wir geben zu: Unsere Schatzkarte sieht eher aus wie eine Tabelle.) In die erste Spalte schreibst du untereinander die Bereiche:

- Beruf & Berufung
- Familie & Freund*innenschaften
- Liebe & Partner*innenschaft
- Gesundheit & Wohlergehen

Über die zweite Spalte schreibst du »1 Jahr«, über die dritte Spalte »5 Jahre« und über die vierte Spalte »restliches Leben«.

Jetzt kannst du in Ruhe eintragen, welche Wünsche und Ziele du in den einzelnen Bereichen hast. Die Zeitstufen von ein bis fünf Jahren helfen dir dabei, deine Manifestationen realistisch zu halten. Wie bei einer richtigen Schatzsuche geht es von Station zu Station langsam in Richtung Ziel. Abkürzungen gibt es keine. Durch kleine Schritte und gut dosierte Auflösearbeit kannst du deine Wünsche nach und nach mit deinem Selbstwert in Einklang bringen. Wenn du hingegen versuchst, Wünsche zu manifestieren, die dir zum aktuellen Zeitpunkt selbst unrealistisch erscheinen, führt das dazu, dass dein Unterbewusstsein sich minderwertig und klein fühlt. Das kann nur in Frustration und Enttäuschung enden, die wiederum deine Lack-Mentalität nähren. Also: Kleine Ziele stecken, die dich auf dem Weg zu den großen Zielen begleiten. So fällt es dir leichter, dich zu motivieren.

Achte beim Ausfüllen der Tabelle auf deine Emotionen und Gedanken. In welchen Bereichen fällt es dir leicht, Wünsche aufzuschreiben, und in welchen fühlst du einen Widerstand oder hast schnell das Gefühl, dass deine Wünsche ohnehin nicht erfüllt werden können? Hinter diesem Widerstand verbirgt sich oft ein blockierender Glaubenssatz. Versuche diesen mit der nächsten Übung zu verändern, und schau nach ein paar Wochen, ob der Widerstand ein wenig nachlässt.

Wenn du dir beispielsweise wie Marie wünschst, einmal einen eigenen Verlag zu leiten und Bücher herauszugeben, könnte dein langfristiges Ziel (fünf Jahre) sein, dein erstes Buch herauszubringen. Für das kommende Jahr könnte dein Plan dann so aussehen, dass du deinen aktuellen Job in die richtige Richtung lenkst und schaust, wie andere vor dir an die Sache herangegangen sind.

Wenn du bei diesen Überlegungen allerdings schon innerlich kapitulierst und denkst, dass du dich das ohnehin nicht traust, solltest du hier genau hinschauen. Welcher Glaubenssatz könnte dahinterstecken? Waren vielleicht in deiner Familie immer alle angestellt oder verbeamtet? Wurde Selbstständigkeit schon in deiner Kindheit oder

Jugend als zu unsicher dargestellt? Vielleicht geht es hier mehr um dein Bedürfnis nach Sicherheit als darum, dass du dir ein eigenes Business/ Projekt nicht zutraust.

Wenn dein negativer Glaubenssatz also lautet: »Selbstständige haben immer Geldsorgen«, ist das wunderbar. Also, nicht der Glaubenssatz ist wunderbar, aber nun haben wir etwas gefunden, womit wir weiterarbeiten können.

Übung: Luft holen und Abtauchen ins Unterbewusstsein. Wie und wo wir Glaubenssätze verändern

Wenn du nun mit deiner Taschenlampe ein paar blockierende Glaubenssätze aufgespürt hast, kannst du sie im nächsten Schritt verändern und dich von ihnen befreien, um deinem Schatz ein Stück näher zu kommen. Dazu tauchst du ab ins Unterbewusstsein! Wer oder was bringt dich dahin? Eine Meditation.

Während der Meditation befindest du dich in einem traumähnlichen Zustand. Das heißt, du bist in Kontakt mit deinem Unterbewusstsein und hast hier die Chance, die gespeicherten Settings zu verändern.

Keine Sorge, du überschreibst damit nicht deine tatsächlichen Erinnerungen oder pflanzt dir neue ein, die so nicht wirklich stattgefunden haben. Es geht vielmehr darum, deinem Unterbewusstsein neue, empowernde Denkmuster zu geben, auf die es sich in künftigen Situationen berufen kann. Das erfordert zwar eine häufige Wiederholung und wirkt im ersten Moment sicher ungewohnt, macht aber irgendwann richtig Spaß, entspannt und bringt dich innerhalb weniger Minuten in deine Kraft.

Am besten ist es, wenn du täglich übst, aber auch zwei bis drei Wiederholungen die Woche bringen schon spürbare Erfolge. Los geht's!

Mach dir (wenn du Lust hast) beruhigende Musik an, leg dich entspannt auf den Rücken, schließe die Augen, und atme ein paarmal tief durch. Stell dir dann vor, wie du immer tiefer in die Erde und in dein Unterbewusstsein hinabsinkst. Du kannst entspannt auf einer Rolltreppe hinunterfahren, wie Alice im Wunderland in einen Kaninchenbau hüpfen oder an einer Feuerwehrstange hinunterrutschen – was auch immer sich für dich am besten anfühlt.

Unten angekommen betrittst du einen Raum, der wie ein Kino oder ein Theater aussieht. Auf der Bühne oder Leinwand spielt sich eine der unangenehmen Situationen aus deiner Vergangenheit ab. Beobachte sie bewusst, durchlebe sie noch einmal mit all den sie begleitenden Gefühlen, und wechsle dann aus der Rolle der*s Zuschauer*in in die der*s Regisseur*in. Jetzt schreibst du das Drehbuch neu und veränderst die Szene in deiner Vorstellung so, wie sie deiner Meinung nach idealerweise hätte verlaufen *sollen*. Wie hättest du dich in dieser Situation empowert und stark gefühlt? Wie hätte ein Dialog verlaufen sollen?

Spul die Szene zurück, und schau sie mit dem neuen Ende an. Wie fühlt sie sich jetzt an? Merkst du, wie deine Kraft zurückkehrt?

Wenn es mehrere Erinnerungen gibt, die mit einem Glaubenssatz in Verbindung stehen, kannst du sie dir alle der Reihe nach als Kurzfilm in deinem Unterbewusstseinskino anschauen und ihnen dann ein neues, empowerndes Ende geben.

Falls du keine konkrete Situation für deinen negativen Glaubenssatz im Kopf hast und dich dennoch beispielsweise von der Feststellung verabschieden möchtest, dass Selbstständigkeit Unsicherheit bedeutet, kannst du dir ausmalen, wie deine Eltern (oder andere Bezugspersonen) dir als Kind von einer erfolgreichen Firmengründung erzählen.

Für den Fall, dass dir diese Art der Traumreise nicht so leichtfällt oder du dazu tendierst, schnell einzuschlafen, kann es hilfreich sein, sie im Sitzen zu machen. Eine andere Möglichkeit ist, dir die zuvor genannten Fragen zum Aufspüren von Glaubenssätzen vor deiner Meditation noch einmal durchzulesen oder sie sogar über dein Smartphone einzusprechen und dann bei deiner Meditation als Anleitung abzuspielen. So lassen sich möglicherweise leichter neue Regieanweisungen entwickeln.

Schritt 2: Wunschzettel raus! Klare Ziele formulieren

Nachdem du deine blockierenden Glaubenssätze aufgespürt und begonnen hast, mit ihnen zu arbeiten, geht es im zweiten Schritt darum, eine klare Intention zu formulieren. Jetzt, wo du deinen Selbstwertmagneten positioniert und ihn auf dem Weg von mehr und mehr staubigem Glaubenssatzgeröll befreit hast, kann er seine Kräfte entfalten. Die Frage lautet:

Was genau möchtest du für deine Zukunft manifestieren?

Mit Sicherheit hat dir deine Schatzkartentabelle aus der vorangegangenen Übung nicht nur dabei geholfen, mögliche Blockaden aufzuspüren, sondern auch dabei, zu verorten, aus welchem Bereich deine Manifestation stammen soll.

Nehmen wir an, du bist vor Kurzem wegen eines neuen Jobs in eine andere Stadt gezogen. Für den Bereich »Beruf & Berufung« war das ein wichtiger Schritt, und du hast das Gefühl, hier läuft gerade alles nach Plan. Durch den Umzug lebst du jetzt aber weiter von deiner Familie und deinen Freund*innen entfernt. Also ist dein Ziel für das erste Jahr vielleicht, eine*n neue*n Freund*in in der neuen Stadt zu finden. In fünf Jahren möchtest du dir dann einen ganzen Freund*innenkreis aufgebaut haben. Demnach sollte deine nächste Manifestation im Bereich »Freund*innenschaft« stattfinden.

Beispiel gefällig? Dann schreiben wir jetzt eine detaillierte Wunschliste.

Eine Wunschliste ist ein gutes Tool, um zu überprüfen, ob es sich bei deinen Wünschen, die du manifestieren willst, wirklich um Herzenswünsche handelt. Manchmal glauben wir nur, dass wir uns etwas wünschen, weil wir uns mit anderen vergleichen oder weil der Leistungsdruck, die Gesellschaft, unsere Eltern, Partner*innen, die Medien oder andere Aspekte in unserem Leben uns weismachen, dass wir dieses oder jenes zum Glücklichsein benötigen. Du kannst das beim Formulieren deiner Wünsche gut überprüfen, indem du dich fragst:

Warum wünsche ich mir das?

Wenn dir die Antwort schwerfällt oder du merkst, dass sie in eine Richtung geht wie: »Ich wünsche mir Kinder, weil jede Frau Kinder haben will«, oder: »Ich wünsche mir diesen Job, weil meine Eltern stolz sein sollen«, oder: »Ich wünsche mir einen Partner, weil alle meine Freundinnen verheiratet sind«, wird schnell klar, dass es sich nicht wirklich um *deinen* Wunsch handelt. Spür dann noch einmal in dich hinein, und finde heraus, was *du* dir wirklich wünschst.

Wenn dir allerdings klar wird, dass es ein wahrer Herzenswunsch ist, kannst du als Nächstes diese Frage stellen:

Welchen positiven Einfluss hätte die Erfüllung meines Wunsches auf mein Umfeld?

Wir haben eine höhere Motivation, aktiv zu werden und unsere Manifestationen Wirklichkeit werden zu lassen, wenn diese sich auch positiv auf andere auswirken. Wie wir inzwischen wissen, ist Manifestation kein einfacher Hokuspokus, sondern psychologische Schwerstarbeit. Uns bewusst zu machen, dass wir mit unserer Manifestation nicht nur uns glücklich machen (was uns manchmal ja gar nicht so leichtfällt), sondern auch die Menschen um uns herum, hilft dabei enorm.

Wenn du zum Beispiel an deinem neuen Wohnort eine neue Freund*innenschaft manifestieren möchtest, wirkt sich das

a) positiv auf diese*n neue*n Freund*in aus, da sie*er eine tolle neue Person kennenlernt, und

b) wird diese Freund*innenschaft dir dabei helfen, dich schneller einzuleben, ausgeglichener und glücklicher zu sein, was sich wiederum positiv auf deine neuen Kolleg*innen, deine Arbeit und alle, die mit dir Kontakt haben, auswirkt.

Übung: Schreibe deine Manifestationswunschliste

Nimm dir dein Journal zur Hand, mach es dir an deinem Kraftort gemütlich, und spür in deinen Wunsch hinein. Wie malst du dir deine Manifestation aus? Was sind die Punkte, die dir persönlich wichtig sind?

So könnte beispielsweise die Manifestationswunschliste für deine neue Freund*innenschaft aussehen:

*Mit dieser Liste rufe ich eine*n neue*n Freund*in in mein Leben. Diese Person:*

- *ist ehrlich zu mir,*
- *ist spirituell interessiert,*
- *lebt auch in … (der neue Wohnort),*
- *liebt es zu reisen,*
- *respektiert ihre Freund*innenschaften und Familie,*
- *kommuniziert gern und klar,*
- *ist Single,*
- *geht gern tanzen.*

So eine detaillierte Wunschliste kannst du für alles schreiben, was du manifestieren möchtest – sei es eine Freund*innenschaft, Partner*innenschaft, ein Job, eine neue Wohnung oder irgendetwas anderes. Vielleicht schreibst du hier Punkte auf, die dir vor anderen peinlich wären, dir aber wichtig erscheinen? Gut so! Die Liste ist nur für dich, also sei ruhig ehrlich, was deine Bedürfnisse angeht.

Marie: Ich komme mir beim Schreiben wie eine richtige Hexe vor, die einen Zauberspruch in ihr Hexenbuch notiert.
Hannah: So ein Hexenbuch nennt man in magischen Kreisen übrigens auch »Buch der Schatten«. Bist du auf deiner Reise ins Unterbewusstsein ein paar Schattengestalten begegnet?
Marie: Ja, seitdem ich sie zur Rede gestellt habe, läuft in meinen Gedanken vorm Einschlafen nicht mehr dieser ewige Horrorfilm, sondern ein Blockbuster mit starken weiblichen Charakteren, die aufeinander Acht geben.
Hannah: Ach, cool! Wer hat Regie geführt?
Marie: Na, ich natürlich.

Cut the crap – Wie steht es um deine Motivation?

Jetzt überprüfst du deine Manifestationswunschliste noch einmal in Ruhe bezüglich der Motivation, die sich hinter jedem einzelnen Punkt verbirgt. Dann streichst du alle Punkte, die dir irrelevant erscheinen (weil sie sich nicht als deine echten Wünsche entpuppen), oder formulierst sie noch einmal so konkret wie möglich neu. Vielleicht wünschst du dir, dass deine neue Freundin Single ist, weil du davon ausgehst, dass sie dann eher Lust hat, mit dir feiern zu gehen, und ihr so wiederum schnell noch mehr potenzielle Freund*innen kennenlernt (und du so an den Wochenenden nie allein bist). Dafür ist es im Grunde jedoch egal, ob sie in einer Beziehung ist oder nicht. Schreibe daher anstatt ihres Beziehungsstatus auf, dass du gern eine Person kennenlernen willst, die mit dir tanzen geht, weil dir das in deinem Alltag fehlt.

Wenn du aber merkst, dass es dir vor allem darum geht, Heimweh vorzubeugen, spielt nicht nur der Beziehungsstatus keine Rolle, sondern auch das Tanzen ist irrelevant. Was du dir tatsächlich wünschst, ist eine Person, die dir Trost und ein Zugehörigkeitsgefühl schenkt.

Oder vielleicht wünschst du dir eine*n Single-Freund*in, weil du dir jemanden in deinem Umfeld herbeisehnst, der*die emotional und telefonisch immer erreichbar ist, wenn es dir mal schlecht geht? Du befürchtest, dass eine Person in einer festen Beziehung weniger Zeit hat, weil sie ihre*n Partner*in hat? Diese Schlussfolgerung hast du aus einem blockierenden Glaubenssatz oder der Angst entwickelt, dass eine Person nicht genug Aufmerksamkeit und Liebe für mehrere Menschen haben kann. Streiche den Punkt, und ersetze ihn. Schreib stattdessen: »Die Person soll emotional erreichbar sein.«

Sei wachsam, ob sich obsolete Glaubenssätze oder ein Lack-Mindset in deine Wünsche eingeschlichen haben, und passe deine Punkte noch einmal an.

Mit Fingerspitzengefühl – Auf die richtigen Emotionen kommt es an

Wir haben bereits festgestellt, dass Manifestation mehr mit Psychologie und Neurowissenschaften als mit irgendwelchen Vibes und Frequenzen zu tun hat, trotzdem kommt das ganze »High Vibes«-Gefasel nicht von ungefähr. Unsere Emotionen korrelieren nämlich mit dem Level von bestimmten Neurotransmittern. Diese Botenstoffe können auf unbewusster Ebene dazu beitragen, dass du eine Situation vermeidest, sabotierst oder nicht nutzt, obwohl du dir auf bewusster Ebene etwas anderes vorgenommen hast. Dadurch können sie deine Manifestationen blockieren.

Nehmen wir an, du möchtest Anschluss und neue Freund*innen finden. Da dir Situationen wie Meetups, Networking-Events oder Partys, auf denen du kaum jemanden kennst, jedoch Angst bereiten, bleibst du lieber zu Hause. Die unterbewusste Angst ist einfach zu stark.

Dr. Tara Swart erklärt, dass Angst die stärkste unserer fünf *Survival*

Emotions (Überlebensemotionen) ist.[12] Neben ihr besteht das »Team« der Survival Emotions aus Ärger, Ekel, Scham und Trauer, die bei der Freisetzung des Stresshormons Cortisol eine wichtige Rolle spielen. Wenn der Körper zu viel davon ausschüttet, fühlen wir uns unwohl und befinden uns im sogenannten *»Fight or Flight«-Modus* (»Kampf oder Flucht«-Modus).

Um diesen Modus zu vermeiden, sollten wir versuchen, beim Manifestieren auf eine höhere Emotionsebene zu gelangen. Hierzu gehören Überraschung, Freude, Aufregung, Vertrauen und Liebe. Die sogenannten *Attachment Emotions* (Bindungsemotionen) – Freude, Liebe und Vertrauen – werden durch die Glückshormone Serotonin und Dopamin sowie das Kuschelhormon Oxytocin begleitet. Das heißt: Wir fühlen uns gut, stark und motiviert, diese Gefühle immer wieder abzurufen. Uns gut zu fühlen ist demnach die stärkste Motivation, die wir in uns aufbauen können, um am Ball zu bleiben.

Übrigens heißt das nicht, dass wir uns, wenn wir wütend sind oder Eifersucht spüren, sofort zwingen sollten, stattdessen Freude und Enthusiasmus zu empfinden. Das ist in der Situation oft nicht möglich und überfordert nur. Es kann aber schon helfen, die emotionale Leiter in kleinen Schritten hochzuklettern: Ungeduld und Enttäuschung sind, was die »Vibes« angeht, schon deutlich höher angesiedelt als Wut und Eifersucht. Von dort aus kann es dann langsam weiter nach oben gehen.

Zusammenfassung: Was wichtig ist

I. Formuliere die Punkte auf deiner Liste jetzt so, dass sie dir ein gutes, empowerndes Gefühl geben, wenn du sie durchliest.

Beispielsweise so:

*Mein*e neue*r Freund*in*

- *behandelt mich stets mit Ehrlichkeit und Respekt,*
- *teilt mein Interesse für moderne Spiritualität und kann sich offen darüber austauschen,*

- *ist auch im schönen ... (Wohnort) zu Hause,*
- *unternimmt gern gemeinsame Reisen,*
- *ist emotional erreichbar und nimmt sich bewusst Zeit für unsere Freund*innenschaft,*
- *respektiert ihre*seine Freund*innenschaften und Familie,*
- *kommuniziert gern und klar mit mir.*

II. Visualisiere die Situationen, die dir Angst machen, mit einem positiven Ergebnis und einem guten Gefühl, um dich emotional darauf vorzubereiten, aktiv zu werden.
Fürchtest du dich beispielsweise davor, auf die Geburtstagsparty deiner neuen Kollegin zu gehen, weil du niemanden kennst? Stell dir vorab vor, was du anziehst, worüber du sprichst, wie nett alle sind und wie du hier tolle neue Menschen kennenlernst – einer von ihnen könnte schon bald dein*e neue*r Freund*in sein.

III. Werde aktiv, und lass deine empowernden Erfahrungen zur Motivationsquelle werden.
Geh also zu der Party deiner Kollegin. Selbst wenn die richtige Person (dein*e neue Freund*in) dort nicht zu Gast ist, können die netten Gespräche und dass du dich überwunden hast, hinzugehen, deine Motivation für die nächste Party werden. Wer weiß, wen du dort alles triffst?

Ist dein Wunsch jetzt *crystal clear?*

Wenn du dir jetzt ganz sicher mit der Intention für deine bevorstehende Manifestation bist, kannst du, wie schon im vorherigen Kapitel gelernt, ein paar Kristalle als persönliche Assistenten einstellen. Schreibe deinen Manifestationswunsch auf einen Zettel, und lege ihn unter einen Kristall, um den du dann ein *Crystal Grid* legst. Oder häng dir deine Manifestationswunschliste an die Wand, und lege darunter ein *Crystal Grid*. Natürlich können dir die Steine nicht deine Visualisierungen abnehmen, für dich in deinem Journal reflektieren oder an deiner Stelle auf Dates und Partys gehen, doch sie können deine Intention speichern und konzentrieren. Und im Gegensatz zu dir haben sie den ganzen Tag nichts anderes zu tun und keine TV-Serien oder Jobs, die sie von diesem Ziel ablenken. Sie sind also ziemlich verlässlich. Und wenn du in ihre Nähe kommst, erinnern dich ihr Anblick und ihre Vibes sofort wieder an deinen Wunsch.

Schritt 3: *See it to believe it* – Über die Macht der Visualisierung

Beim Abundance-Mindset geht es, wie wir schon festgestellt haben, nicht darum, dass wir uns täglich vorstellen, wie Dagobert Duck in unserem Geldspeicher zu schwimmen, sondern darum, unseren Selbstwert zu stärken, indem wir unsere Ängste und Minderwertigkeitsgefühle behutsam betrachten und durch Achtsamkeit und Mitgefühl mit uns selbst nach und nach abbauen.

Was es mit der berüchtigten Achtsamkeit auf sich hat, wollen wir nun einmal genauer betrachten.

Achtsamkeit

Bei Achtsamkeit denken viele von uns an Menschen, die mit einer Spa-Voice säuseln, dass sie sich total bewusst ernähren und jeden Tag Yoga praktizieren. Achtsamkeit kann aber auch bedeuten, dass du dir durch regelmäßiges Journaling und Visualisieren über bestimmte Glaubenssätze und negative Auslöser bewusst wirst, damit du sie mit der Zeit loswerden und dir deine Wünsche selbst erfüllen kannst. Praktiken wie bewusstes Essen, Yoga oder Ähnliches sind dabei natürlich nicht verkehrt, sie können dich während deines Reflexionsprozesses zusätzlich unterstützen. Aber bitte stress dich nicht, indem du zu viel auf einmal in Angriff nimmst. Du musst dich nicht komplett verändern und deinen Lifestyle umkrempeln. Es geht darum, die Pause zwischen einem aufkommenden Gedanken und deiner Reaktion darauf zu verlängern. Auf diese Weise kannst du dich bewusster für eine Handlung entscheiden, die dich deinem Ziel näher bringt. Automatisierte Vermeidungsmechanismen und Glaubenssätze haben von nun an geringere Chancen, dir bei deiner Manifestation dazwischenzufunken.

Visualisierung

In den meisten Manifestationserklärungen, die uns in den sozialen Medien oder in Podcasts begegnet sind, ist Visualisierung *das* Tool der Wahl. Und auch wenn viele dieser Quellen den Prozess drastisch vereinfachen oder wichtige Aspekte außer Acht lassen, ist es in jedem Fall ein starkes Werkzeug mit zwei verschiedenen Einsatzgebieten.

1. Die Zukunft visualisieren

Die Zukunftsvisualisierung ist die Art des Visualisierens, die im Kontext von Manifestationen sehr häufig vorkommt. Hierbei stellst du dir deinen Wunsch so konkret wie möglich vor und versuchst dich dann mit all deinen Sinnen und Gefühlen in den Moment zu versetzen, in dem er sich bereits erfüllt hat. Dies ist eine gute Übung, da sie

a) dir dabei hilft, Achtsamkeit zu praktizieren und dein Gehirn dazu zu trainieren, nicht sofort in den Autopilotmodus zu schalten;
b) deine Emotionen auf ein höheres Emotionsspektrum hebt und deine Motivation steigert;
c) deine selektive Wahrnehmung positiv beeinflusst und du Chancen stärker wahrnimmst;
d) dir hilft, dich mit der Zeit immer besser in deiner visualisierten Zukunft zurechtzufinden und deinen Selbstwert zu stärken.

Dr. Tara Swart bestätigt die Wirksamkeit von Visualisierung aus neurowissenschaftlicher Sicht so: »[Visualization] works by raising our awareness, directing focused attention to the things we want in life, and overcoming the brain's desire to protect itself from new or difficult situations.«[13] (Frei übersetzt: »[Visualisierung] funktioniert, indem sie das Bewusstsein schärft, den Fokus auf die Sachen richtet, die wir uns im Leben wünschen, und das Bedürfnis unseres Gehirns besiegt, neue oder schwierige Situationen zu vermeiden.«)

2. Die Vergangenheit visualisieren

Diese Art der Visualisierung finden wir im Diskurs um Manifestationen seltener, unserer Meinung nach ist sie jedoch tatsächlich die stärkere und wichtigere Form der Visualisierung. Wie wir in den vorherigen Übungen gesehen haben, kann sie uns dabei unterstützen, Auslöser negativer Gefühle aufzuspüren und zu verstehen, was uns im Alltag blockiert.

Es geht aber nicht immer nur um negative Erfahrungen. Eine Visualisierung der Vergangenheit bietet sich auch an, um Situationen und Manifestationen noch einmal zu durchleben, in denen wir uns besonders stark, stolz oder glücklich gefühlt haben. Es kann also einerseits helfen, die letzten zehn miesen Tinder-Dates mit einem positiven Ausgang zu visualisieren, um zu verstehen, was dir gefehlt hat. So wirst du in Zukunft Ausschau nach Menschen halten, die diese Eigenschaften mitbringen. Es kann aber andererseits ebenso nützlich sein, dir die guten ersten Dates in Erinnerung zu rufen, die du zu Beginn deiner letzten Beziehung hattest. Auf diese Weise erinnerst du dein Unterbewusstsein daran, dass gute Dates in deinem Leben möglich sind und sich diese manifestieren lassen.

Wenn du etwas manifestieren willst, zu dem du noch keine positiven Erinnerungen abgespeichert hast, kannst du dir auch andere Situationen vorstellen, in denen du dich stark, gut und in deiner Kraft gefühlt hast, die aber direkt nichts mit deinem neuen Wunsch zu tun haben. Auch das stärkt dein Selbstwertgefühl, denn Visualisierung ist ein starkes Tool für dein Unterbewusstsein.

Oft fühlt es sich erst einmal seltsam an, sich neue Dinge vorzustellen, weil uns der Realitätsbezug fehlt. Deswegen möchten wir dir eine Methode vorstellen, die wir beide sehr inspirierend finden, da sie sowohl das Unterbewusstsein als auch das Bewusstsein mit einbezieht.

Lebender Beweis: Finde deine Manifestationsvorbilder

Oft glauben wir bestimmte Dinge erst dann, wenn wir sie mit unseren eigenen Augen sehen. Deswegen, Watson, geht es jetzt daran, Beweise dafür zu finden, dass das, was du manifestieren willst, tatsächlich möglich ist.

Dr. Tara Swart nennt diese Methode *Evidence-based Visualising* (Beweisbasierte Visualisierung), bei Gabrielle Bernstein heißt sie *Think it to feel it method* (»Denke es, um es zu fühlen«-Methode), und Lacy Phillips spricht in diesem Zusammenhang von sogenannten *Expanders* (Identifikator*innen). Im Prinzip geht es bei ihnen allen darum, Personen zu finden, die dir in Bezug auf bestimmte Lebensumstände so ähnlich wie möglich sind und die bereits das haben oder sind, was du dir für dich wünschst. Je ähnlicher die Lebensgeschichte und sozialen Voraussetzungen, desto besser eignen sich die Personen zur Identifikation und als lebende Beweise für deinen Verstand und dein Unterbewusstsein.

Womit wir unweigerlich wieder beim Thema Privilegien sind: Für einen *weißen* Mann in der westlichen Welt wimmelt es nur so von lebenden Beweisen für Manifestationen jeglicher Art. Ihm dürfte vieles erreichbar erscheinen. Für eine Person einer marginalisierten Gruppe oder für Menschen, die unter einer Mehrfachdiskriminierung leiden, ist es hingegen deutlich schwieriger, Manifestationsvorbilder in ihrem direkten Umfeld zu finden.

Wie viele Menschen kennst du beispielsweise, die eine Behinderung haben und als Nachrichtensprecher*in, Model oder Schauspieler*in arbeiten? Wer sind die Menschen, die in den großen Unternehmen das Sagen haben? Wie viele von ihnen werden als weiblich gelesen? Und wie viele davon sind wiederum Schwarz?

Ein Blick in die Medien, die Chefetagen und in unser direktes Umfeld zeigt, wie ungleich verteilt die Chancen sind. Wir haben es hier mit einem strukturellen Problem zu tun, das wir nicht wegmeditieren können. Hier muss sich etwas grundlegend auf politischer Ebene ändern, das ist ganz klar.

Doch etwas, was wir im Kleinen alle tun können und was uns hilft, den Fokus auf mehr Diversität zu richten, ist die Veränderung der eigenen Sehgewohnheiten, beispielsweise in den sozialen Medien. Hier können wir schließlich selbst bestimmen, wem wir folgen möchten, sprich, mit wem wir uns umgeben möchten und mit wem nicht.

Auf ihrem Instagram-Kanal schrieb Artdirektorin, Model und Aktivistin Charlotte Kuhrt (@charlottekuhrt), sie habe lange Zeit geglaubt, dünner werden zu müssen, um Liebe zu verdienen. Nachdem sie sich aus einer toxischen Beziehung gelöst hatte, in der ihr Partner seinen Seitensprung damit begründete, dass sie »zu fett« geworden sei, rieten ihr Menschen in ihrem Umfeld dazu, ein wenig abzunehmen, damit sie »den Richtigen« finde.

»Es brauchte viel Heilung, um zu verstehen, dass ich Liebe verdiene, ohne vorher abnehmen zu müssen. Auch, dass mein fetter Körper kein Fetisch ist, es Menschen gibt, die mich stolz an ihrer Seite haben, und ich niemanden brauche, um komplett oder richtig zu sein«, erklärt sie unter einem Bild, das sie im Arm ihres neuen Partners zeigt.

Charlotte Kuhrt ist ein lebender Beweis dafür, dass jede Frau, unabhängig von ihrer Körpergröße, liebenswert ist. Auf ihren Bildern zeigt sie sich in starken Posen, im Badeanzug oder Bikini, beim Yoga, modelnd oder ganz alltäglich. Sie zeigt eindrücklich, wie sie ihre eigenen negativen Glaubenssätze aufgespürt und aufgelöst hat, und schenkt dadurch anderen Frauen Hoffnung.

Schau also vielleicht mal, wem du alles auf Instagram und Co. folgst. Wer hilft dir dabei, Sehgewohnheiten zu verändern und Glaubenssätze zu hinterfragen? Und wer zieht dich vielleicht eher runter und löst in dir das Gefühl aus, weniger wert zu sein oder keine Chancen zu haben? Diesen Menschen kannst du getrost aufhören zu folgen, denn diese Macht hast du.

Und genauso wie mit den lebenden Beweisen auf Instagram verhält es sich auch mit den Geschichten, denen wir in unserem Alltag begegnen.

Stell dir vor, du bist auf Wohnungssuche. Was tust du, nachdem du das Internet nach Angeboten durchsucht hast? Richtig: Du fragst in deinem Bekanntenkreis herum, ob jemand etwas weiß. Und auch wenn die meisten wahrscheinlich gerade keine freie Wohnung im Angebot haben, wirst du vermutlich mindestens eine dieser Geschichten hören, in der die Freundin einer Freundin gerade eine bezahlbare Wohnung in genau der Gegend gefunden hat, in die du gern ziehen würdest. Dieses Wissen hilft dir dabei, tatkräftig und hoffnungsvoll weiter nach der passenden Wohnung zu suchen, anstatt einen faulen Kompromiss einzugehen. Denn wenn sie diese Wohnung zu dem Preis und in der Gegend finden konnte, dann kannst auch du es schaffen.

Diese Methode funktioniert, wenn sich zu wenig passende Identifikationspersonen finden, auch nur mit Teilaspekten. In dem Fall kannst du dir einzelne Aspekte bei verschiedenen Manifestationsvorbildern rauspicken und in deinem Kopf zusammenpuzzeln, sodass es dem entspricht, was du dir für dich wünschst.

Als Hannah sich ihre neue Beziehung manifestieren wollte, verbrachte sie beispielsweise mehr Zeit mit einem befreundeten Paar, deren Art, miteinander zu reden, sie sehr schätzte. Parallel dazu unternahm sie viel mit einem Freund, der ebenfalls in einer gut funktionierenden Beziehung war und auch Hannah mit Respekt, Mitgefühl und Neugier begegnete. Zwar datete sie selbst (noch) nicht so tolle Typen wie ihn, doch sie erkannte, dass es die gab, und lernte, wie es sich anfühlt, Zeit mit Männern zu verbringen, die einige der Punkte auf ihrer Wunschliste erfüllen.

Übung: Wer sind deine Manifestationsvorbilder?

Nimm dir jetzt ein wenig Zeit, und notiere in deinem Journal all die Personen, die bereits das haben oder sind, was du dir wünschst. Achte dabei darauf, dass es sich um Personen handelt, mit denen du dich identifizieren kannst.

Es geht dabei nicht immer darum, Menschen zu finden, die genauso aufgewachsen sind wie du und dieselbe Hautfarbe oder dasselbe Geschlecht haben. Je nachdem, was du dir manifestieren willst, kann auch der Körperbau oder die Größe entscheidend sein, ein bestimmtes Talent, eine spezielle Erfahrung oder derselbe Job. Es kann sich dabei um Menschen handeln, die du real kennst, wie Freund*innen, Kolleg*innen oder Nachbar*innen. Es können aber auch Personen sein, von denen dir mal erzählt wurde, Menschen, denen du auf Social Media folgst, oder sogar Charaktere aus Serien, Filmen und Büchern.

Schreibe anschließend auf, wer sie sind, inwiefern du dich mit ihnen identifizieren kannst und was sie für dich verkörpern. Wenn es dir möglich ist, trete in direkten Kontakt mit ihnen, sei offen, und frage sie zu mehr Insights, die dich stärken und inspirieren können. Werde aktiv!

Schritt 4: Und Action! Lasse deinen Worten Taten folgen

Jetzt, wo du deine lebenden Beweise gesammelt hast, an deinen blockierenden Glaubenssätzen arbeitest und dein Ziel visualisierst, ist es Zeit, aktiv zu werden.

Wenn du wie Hannah eine Beziehung suchst: Geh zu Dates.

Wenn du mehr Gehalt willst: Sprich mit deinem*r Chef*in.

Wenn du eine neue Wohnung suchst: Lade dir alle Immo-Apps herunter, checke sie regelmäßig, und halte deine Bewerbungsmappe bereit.

Ganz wichtig bei diesem Schritt: Versuche, Spaß zu haben! Selbst wenn die ersten Dates noch nicht so prickelnd sind, kannst du durch deine neuen Manifestations-Skills Freude am Prozess entwickeln. Überprüfe bei jedem neuen Kennenlernen, ob du es mit jemandem zu tun hast, der die Dinge mitbringt, die du dir in einer Beziehung wünschst. (Oder probiert dich dein Unterbewusstsein zu überreden, dich mit weniger zufriedenzugeben?)

Nutze diese aktive Phase, um deinem Selbstwert zu beweisen, dass du es ernst meinst und nicht bei der erstbesten Gelegenheit wieder zurückruderst.

Dein*e Chef*in ist auf deine Forderung nach mehr Gehalt eingestiegen, aber es erscheint dir noch deutlich zu niedrig? Dann versuche noch einmal nachzuverhandeln, oder denk darüber nach, dich woanders zu bewerben. Um dich in diesem Prozess täglich an dein Ziel zu erinnern, kannst du dir als Ergänzung deiner Manifestationswunschliste ein sogenanntes Visionboard basteln. Ein Visionboard (oder Actionboard, wie es auch genannt wird) ist in der Regel ein Stück Pappe, das du mit Abbildungen deiner Ziele beklebst. Wie der Namen schon sagt, unterstützt es deine Visualisierungen und motiviert dich, aktiv zu werden.

Übung: Erstelle dein eigenes Visionboard

Bei der Erstellung eines Visionboards geht es darum, deine aktuellen Herzenswünsche zu identifizieren und gebündelt visuell abzubilden. Diese persönliche Collage dient dazu, durch eine ansprechende Ästhetik und Symbolbilder deinen Verstand sowie dein Unterbewusstsein zu motivieren, deine Wünsche aktiv real werden zu lassen. Die Abbildungen unterstützen deine regelmäßigen Visualisierungen, dienen sichtbar als tägliche Erinnerungen an deine Ziele und bereiten dein Gehirn darauf vor, Chancen zu erkennen.

Am stärksten ist der Prozess der Einprägung, wenn du das Board händisch selbst zusammenstellst. Alle Größen sind erlaubt, besonders praktisch finden wir persönlich alles zwischen DIN-A4 und DIN-A3. Häufig verwenden wir dafür einen alten Müslipackungskarton oder eine alte Versandhülle. Außerdem brauchst du eine Schere, Kleber und Material zum Ausschneiden und Aufkleben. Durchforste hierfür alte Zeitschriften, oder sammle inspirierende Bilder auf Pinterest und Instagram, die du dir dann ausdruckst. Außerdem kannst du Fotos verwenden und in dein Board hineinmalen, zeichnen oder schreiben.

Dr. Tara Swart empfiehlt dabei vor allem, mit metaphorischen Bildern zu arbeiten, um das Unterbewusstsein anzusprechen. Das Visionboard unserer Mutter (die wir mit unserer Bastelei bereits angesteckt haben) zeigt beispielsweise einen Turmspringer als Symbol für Mut.

Wenn du alle Bilder ausgeschnitten hast, kannst du sie zur Probe auf dein Board legen. Gruppiere deine Bilder dabei am besten thematisch. Vielleicht sind in einem Bereich alle Bilder, die etwas mit deiner beruflichen Zukunft zu tun haben, und in einem anderen alle, die etwas mit deiner Wohnsituation oder Beziehung zu tun haben. Platziere deinen größten Herzenswunsch zentral in der Mitte des Boards. Wenn du mit der Komposition zufrieden bist, klebe alles fest.

Dein Visionboard solltest du möglichst mehrmals täglich bewusst betrachten. Dein Kraftort eignet sich dafür natürlich besonders gut. Wenn du aber nicht möchtest, dass andere dein Visionboard sehen und dein Kraftort offen zugänglich ist, kannst du es auch gut neben deinem Bett oder in deinem Kleiderschrank platzieren. Jeden Morgen und Abend, wenn du deinen Schrank öffnest, siehst du so dein Board und deine Wünsche.

Wenn du das Board öfter sehen möchtest, fotografiere es ab, und nutze es als Bildschirmschoner auf deinem Laptop oder Smartphone. Wenn du mit digitalen Bildern arbeitest, kannst du auch eine digitale Collage im passenden Format für deinen Screen zusammenstellen oder ein geheimes Pinterest-Board anfertigen, das nur du sehen kannst.

Was das Timing betrifft, so lässt sich ein Visionboard zu jeder Gelegenheit erstellen. Die Energie bei Neumond bietet sich dafür allerdings besonders gut an (mehr dazu im fünften Kapitel). Auch der eigene Geburtstag oder der Jahresanfang sind gute Zeitpunkte, da wir dann meist noch einmal Vergangenes rekapitulieren und neue Vorsätze fassen.

Wir beide erstellen unsere Boards immer zum Jahresanfang und sind am Ende jedes Mal auf Neue davon fasziniert, wie viel sich über das Jahr manifestiert. Manche Manifestationen brauchen allerdings länger als ein Jahr. So klebte der Wunsch »Ein eigenes Buch schreiben« bereits drei Jahre auf Hannahs Board, bis es tatsächlich zum Buchvertrag kam. Doch ihr Board motivierte sie, immer weitere Texte für Blogs und Onlinemagazine zu schreiben, inspirierende Bücher zu lesen und die Erfolge ihrer Freundinnen und Manifestationsvorbilder zu feiern, die den Abschluss ihrer ersten Buchverträge verkündeten.

Auch wenn sich manche Wünsche und Ziele nicht aus eigener Kraft und Motivation manifestieren lassen und es manchmal Jahre oder Jahrzehnte und den Support und Zusammenhalt anderer Menschen benötigt, bis sich etwas tut: Allein dass man sich dessen bewusst wird und sich daran erinnert, was man möchte und braucht, kann oft schon zu mehr Kraft und Zuversicht führen.

Marie geht es beispielsweise jedes Mal so, wenn sie Demoschilder bastelt. Für den Women's March schrieb sie in großen Buchstaben die Worte *Almost equal is never enough* auf ein Plakat und traf sich anschließend mit einer Gruppe von Frauen, um gemeinsam ihre Forderungen in die Welt zu tragen. Das Aufschreiben, Aufmalen und laute Ausrufen ihrer Botschaften und Wünsche, das sich im Kollektiv mit den anderen Demonstrant*innen noch mal verstärkt, ist im Grunde genommen auch nichts anderes als eine Art Massenmanifestation. (Ähnlich wie das gemeinsame Ausüben von Magie bei Hexen, die sich als Coven zusammenschließen und gemeinsam Zaubersprüche murmeln.)

Mal abgesehen von den psychologischen – oder in diesem Fall politischen – Faktoren, die das Basteln von Visionboards und Demoschildern mit sich bringt, macht es einfach Spaß, die eigene Kreativität fließen zu lassen. Sie hilft dir dabei, dich spielerisch mit deinen Wünschen auseinanderzusetzen und Druck abzubauen.

Also, viel Spaß beim Kleben!

Schritt 5: *Let it go, let it go* – Geduld zahlt sich aus

Im letzten Schritt des Manifestationsprozesses musst du endlich mal nichts tun. Klingt gut? Nichtstun ist allerdings manchmal gar nicht so einfach, wie es klingt. In diesem Schritt geht es darum, dich in Geduld zu üben, darauf zu vertrauen, dass deine Manifestation durchkommt, und sie loszulassen. Oft ist diese Phase eine besonders kritische, denn wir haben so hart an uns gearbeitet und wollen endlich für unsere Mühen belohnt werden. Gerade jetzt heißt es aber, am Ball zu bleiben und Zielvisualisierungen sowie Achtsamkeitsübungen zur Routine werden zu lassen.

Lacy Phillips nennt diese Phase poetisch »*Magic Dark*« (Magische Dunkelheit), und auch Dr. Tara Swart und Gabrielle Bernstein bestätigen, dass sich das Timing bei Manifestationen nicht aus eigener Kraft steuern lässt und wir deswegen einfach vertrauen müssen.[14]

Aus eigener Erfahrung ist diese Phase die anstrengendste. Hannah, die lieber aktiv versucht, die Dinge voranzutreiben, musste auch erst einmal einsehen, dass manche Dinge Raum und Zeit brauchen.

In dieser Phase kann es hilfreich sein, dich mit den Mondphasen oder deinen eigenen Zyklusphasen energetisch zu verbinden, um dich im Loslassen zu üben und gleichzeitig deine eigene Kraft zu spüren. Dazu findest du weitere Tipps im fünften Kapitel, in dem wir uns genauer mit dem Mond und seiner Kraft auseinandersetzen. Außerdem hilft es, hier noch einmal eine Inventur der Dinge zu machen, die du bereits manifestiert hast.

Übung: Die Manifestationsinventur

Nimm dir noch einmal dein Journal vor und überlege, welche größeren Wünsche du in deinem Leben bereits gehabt hast und welche davon sich bereits erfüllt haben. Notiere sie dir links auf der Seite. Schreibe dann rechts daneben die verschiedenen Stadien und Schritte, durch die du dich ihnen angenähert hast. Jetzt, wo du über Manifestationsvorbilder, -wunschlisten und all das Bescheid weißt, fällt dir vielleicht auf, wann du in der Vergangenheit bereits manifestiert hast, ohne es so zu nennen.

Vielleicht hast du damals keine Manifestationswunschliste geschrieben, aber im Gespräch mit Freund*innen klar ausgesprochen, was du beruflich machen willst, wo du arbeiten oder wohin du ziehen möchtest? Und vermutlich hast du anschließend aktiv nach Studienplätzen oder Jobs an diesem Ort gesucht?

Halte dir mit diesem Zeitstrahl die Abläufe vor Augen, und gewinne einen Überblick darüber, wie lange verschiedene Manifestationen für dich gedauert haben. Jede Person manifestiert unterschiedlich schnell, zumal die Dauer je nach Bereich variieren kann, in den dein Wunsch fällt. Manchmal beruhigt es, die eigenen Prozesse vor Augen zu haben.

Und die gute Nachricht zum Schluss: Je erprobter du in all diesen Prozessen wirst, desto schneller klappt es auch mit dem Manifestieren.

Kapitel 4: Lesen, was in den Sternen steht. Selbsterkenntnis und Empathie durch Astrologie

Nachdem wir unsere Intentionen gespeichert, unsere Wünsche manifestiert und uns selbst auf dem Boden der Tatsachen verortet haben, wollen wir jetzt einen Blick nach oben zum Himmel werfen und herausfinden, was die Sterne für uns an Magie bereithalten.

Es heißt ja, die Zukunft steht in den Sternen. Aber wie können wir sie zu uns herunterziehen und nachschauen, was drinsteht? Und wieso sollten wir das überhaupt? Irgendwie klingt das doch so, als ob man sich sein eigenes Leben spoilern würde, findet Marie, die noch den ein oder anderen Zweifel hat, wenn es um das Thema Astrologie geht.

Lass uns gemeinsam herausfinden, was es mit der Sternenkunde wirklich auf sich hat und wie wir sie nutzen können, um im Alltag mehr Empathie füreinander aufzubringen, tiefere Gespräch zu führen und uns klarzumachen, wie einzigartig und zugleich vielseitig wir alle sind.

Von Mondknoten und vollen Häusern

Tarot und Handlesen, Traumreisen oder spirituelle Rückführung: Seit jeher bieten sich uns unzählige Möglichkeiten, in der Zeit nach vorn oder zurückzuschauen. Wer war man einst, wer wird man werden?

Die Frage, die sich Marie bei alledem allerdings am stärksten stellt, ist: Liegt das eigene Leben für andere tatsächlich so offen da, dass sie nur einen tiefen Blick auf die Linien der Handinnenseiten werfen, eine Karte wenden oder das Sternzeichen kennen müssen, um Bescheid zu wissen?

Um sich nicht länger mit dem Gedanken aufzuhalten, was sie denn nun eigentlich glauben soll, hat sie kurzerhand ihre innere Karla Kolumna zum Leben erweckt, sich auf eine kleine Recherchetour begeben und sich für ein *Soul Reading* angemeldet. Sensationell!

Marie:
Das Soul Reading bei Christina verspricht eine Erkundung des Ursprungs meiner Seele und meiner Bestimmung in diesem Leben. Bestimmung – ein großes Wort! Ich buche online einen Termin kurz vor meinem dreißigsten Geburtstag, denn welcher Zeitpunkt eignet sich besser für einen tiefen Blick in meine Seele?
Als es schließlich so weit ist, merke ich, wie nervös ich bin. Anders als bei all den Zoom-Meetings, die ich in den vergangenen Monaten beruflich oder privat hatte, weiß ich in diesem Fall so gar nicht, was mich erwartet. Alles, was ich mitbringe, sind das Datum sowie den Ort und den genauen Zeitpunkt meiner Geburt. Diese Informationen braucht Christina, um sich mein Geburtshoroskop *(Birth Chart)*, also die Planetenkonstellation zum Zeitpunkt meiner Geburt, anzusehen.
Die Vorstellung, dass mein Leben aufgrund dieser Konstellation vorprogrammiert sein soll, widerstrebt mir genauso wie die Tatsache, dass eine andere Person sie entschlüsseln kann. Doch dankenswerter Weise werde ich schnell eines Besseren belehrt. Christina wird mir nicht erzählen, wie mein zukünftiges Leben im Detail ablaufen wird – das *kann* und *will* sie auch gar nicht.

»Ich schaue mir deine energetischen Komponenten an und möchte dir damit möglichst transparent zeigen, was du mitgebracht hast in deinem Seelenkoffer«, erklärt sie zu Beginn unserer einstündigen Sitzung. Ich selbst wisse am besten, was gerade in meinem Leben los sei und wo ich Unterstützung brauche, deshalb solle ich sie gern unterbrechen oder korrigieren, wenn mir etwas nicht stimmig erscheine.

Es geht also darum, gemeinsam zu schauen, welches Potenzial vorhanden ist, um die Dinge, die ich mir wünsche, möglich zu machen. Eine Art Seeleninventur?

Meine Sonne steht im Steinbock, mein Mond in der Waage und mein Aszendent ist Jungfrau. So viel wusste ich bereits aus meinem Horoskop.

»Der Steinbock ist der Buchhalter des Lebens – was nicht bedeutet, dass du das Finanzgenie schlechthin sein musst.« (Da hätte ich auch stark widersprochen.) »Eher bist du buchhalterisch tätig, indem du deine gemachten Erfahrungen analysierst«, erklärt Christina. »Der Steinbock fragt aus seinem Ehrgeiz heraus, was er aus den einzelnen Erfahrungen für sich ziehen kann.«

Klingt ziemlich egoistisch. Mir ist schon öfter aufgefallen, dass Steinböcke die kleinen Arschlöcher unter den Sternzeichen sind. So übel sei der Steinbock gar nicht, versichert Christina mir schmunzelnd, er habe auch seine sanften Seiten. Und überhaupt: Wir seien nicht nur unser Sonnenzeichen.

»Die Jungfrau in deinem Aszendenten hat eine ähnliche Affinität wie der Steinbock, doch sie schaut sich die Erfahrungen auf einer spirituellen Ebene an. Sie ist mit einem heilerischen Auftrag da und fragt, was sie aus den Erfahrungen ziehen kann, um der Welt zu dienen.«

Gerade wenn es darum geht, wie wir auf andere wirken, aber auch dann, wenn es um unsere Zukunft geht, sollten wir lieber das Horoskop unseres Aszendenten lesen. Das Sonnenzeichen steht hingegen für den Kern unseres Charakters.
Da es sich in meinem Fall sowohl beim Steinbock als auch bei der Jungfrau um Erdzeichen handelt, spricht meine Konstellation für eine starke Bodenständigkeit. Christina scherzt, ich solle aufpassen, dass ich nicht »zu nerdy im Kopf« werde.
Ich erzähle ihr, dass ich mich selbstständig gemacht habe und seither oft das Gefühl habe, zu viele Dinge auf einmal anzugehen. Ich wünsche mir mehr Zeit und Raum für Kreativität, doch leider bin ich oft sehr auf meine Sicherheit bedacht. Classic Steinbock-Jungfrau-Kombi. Als Ausgleich zu meinen beiden Erdzeichen habe ich mit dem Mondzeichen Waage zum Glück auch ein Luftzeichen in meiner Konstellation, woraus Christina liest, dass ich eine gute Beobachterin bin.
»Dir wird vieles auffallen, was andere Menschen vielleicht gar nicht wahrnehmen.«
So etwas zu hören schmeichelt. Ich nehme Dinge wahr, die anderen entgehen. Ich kann etwas besonders gut. So langsam begreife ich, welche Wirkung so ein Reading haben kann. Allein schon die Tatsache, dass eine andere Person sich die Zeit nimmt, eine Stunde lang nur über *mich* zu reden, und gemeinsam mit mir schaut, was gerade los ist, wie ich ticke und was ich möchte, tut gut – zumal die Planeten und Zeichen dabei wie eine Art Schutzschicht wirken, durch die die Aussagen nie zu intim werden.
Weiter geht es mit dem Mond, der die Gefühlsebene symbolisiert. Wenn ich mehr Freiheit und Kreativität in mein Leben bringen will, muss ich weniger Zeit im Gedankenkarussell verbringen und mich mehr auf meine Gefühle einlassen. *Let it go!* –

wie die Eiskönigin im Disney-Film. Aber das sagt sich so leicht. Kontrolle abzugeben war noch nie meine Stärke.

»Ein gutes Fundament zu haben wird dir in diesem Leben immer wichtig sein«, bestätigt Christina. »Du wärst die Letzte, die sagt: ›Ich verkaufe mein ganzes Hab und Gut und fahre mit dem Fahrrad durch Indien, mal sehen, wohin mich mein Leben so führt.‹«

Bei dem Vergleich muss ich an eine Freundin denken, die tatsächlich genau das getan hat (nur ohne Fahrrad). In der Theorie kann ich diese Spontanität total verstehen, aber in der Praxis habe ich lieber zumindest eine Ahnung, wohin die Reise geht. Dafür weiß ich einfach zu genau, was ich will.

»Steinböcke haben diese Faszination mit Machtthemen. Sie wollen Strippenzieher sein, in Führungspositionen gehen oder selbstständig sein.« Absolut. Aber: *With great power comes great responsibility*, oder wie heißt es doch gleich? Meine Selbstständigkeit kann mir manchmal ganz schön was abverlangen.

Christina schlägt mir daher folgende Übung vor:

»Stell dir vor, du lässt morgens nach dem Aufstehen rote Farbe an deinen Beinen und Füßen hinabfließen. Die Farbe steht für all die Dinge, die du machst, weil dein Ego sich Anerkennung und Sicherheit davon verspricht. Lass all diese Dinge in den Boden sickern, und setze deinem Tag so schon am Morgen einen Wegweiser, um dir mehr inneren Raum für Freiheit und Kreativität zu schenken.«

Alles abfließen zu lassen, was ich mache, um anderen zu gefallen? All das, was mich einschränkt und zögern lässt? Gute Idee, das werde ich gleich bei der nächsten Dusche am Morgen mal ausprobieren.

Um mich nicht nur als Kopf auf zwei Füßen wahrzunehmen, sondern auch mit meinem ganzen Körper in Kontakt zu sein, rät Christina mir außerdem, regelmäßig zu hinterfragen, was ich fühle. Ich soll beobachten, wie ich die Welt emotional wahrnehme, und mehr Bewusstsein in meinen Körper bringen: Wie steht es um meine Ressourcen? Gehe ich gerade über meine Grenzen hinaus? Wie lebe ich die kreativen, wilden Anteile meiner Weiblichkeit? Also raus aus dem Kopf und rein ins Wahrnehmen – ins bewusste Spüren. Vielleicht sollte ich außer dem regelmäßigen Journaling während meiner Arbeit am Schreibtisch auch einfach mal fünf Minuten aufstehen und durch die Wohnung tanzen. Sieht ja niemand (außer die Nachbar*innen).

Christina, die mich zu mehr Ausbrüchen aus meinem linearen Alltag animiert, sieht in meinem bevorstehenden dreißigsten Geburtstag einen Übergang zu mehr Wildheit. Interessant, in den meisten Fällen denken die Menschen, dass sie sich mit dreißig von ihren wilden Jahren verabschieden. Aber es macht schon Sinn: In den letzten Jahren habe ich mir ein Fundament aufgebaut, um selbstständig und unabhängig zu leben. Jetzt gilt es, auch mal Wände einzureißen.

Um zu verstehen, warum diese wilden Anteile und das kreative Ausprobieren in meinem jetzigen Lebensabschnitt so wichtig sind, schaut Christina sich meinen karmischen Weg anhand meiner Mondknotenachse an. Die Mondknoten verweisen auf Inkarnationsthemen, also Leben, die unsere Seele bereits geführt hat, und verraten etwas darüber, welche Aufgaben wir mitgebracht haben, die nun erledigt werden wollen. Ganz schön abgefahren!

Christina erzählt, dass sie anhand meiner Mondknoten erkennen könne, dass ich in früheren Inkarnationen stark prägende Familienerfahrungen gesammelt habe, die mich auch beruflich voll eingespannt hätten.

»Du hast beispielsweise Haus und Hof geführt, warst so etwas wie ein Haushaltsvorstand. Daheim warst du voll eingebunden, quasi eins mit deiner Familie und deinem Clan. Dabei hast du gelernt, wie Familienstrukturen funktionieren und wie du dich emotional eingliederst. Du selbst hast damals aber deine persönlichen Ziele nicht verwirklich können, bist nicht viel herumgekommen und hast kaum andere Herausforderungen oder Entwicklungsschritte in der Welt für dich entdecken können. Damals hast du also vor allem deine Verpflichtung für Familie und z. B. den gemeinsamen Hof in den Vordergrund gestellt und andere Potenziale dadurch nicht leben können.«

Von dieser Art Leben müsse ich wohl um die zwei bis drei gelebt haben, daher sei es mir nun umso wichtiger, meine Kreativität und Selbstständigkeit zu entfalten. In meinem jetzigen Leben lerne ich zum ersten Mal, was es bedeutet, für mein eigenes Schicksal verantwortlich zu sein.

»Deine Seele übt gerade, die eigenen Träume und Ziele zu verwirklichen, und will viele Dinge auf einmal ausprobieren, um auszuleben, was sie damals nicht erfahren konnte.«

Nun sei einmal dahingestellt, ob sich vergangene Leben unserer Seele rekonstruieren lassen – geschweige denn, dass meine Seele überhaupt mehrere Leben führen kann. So oder so finde ich das, was Christina sagt, nicht unwichtig. Denn ganz gleich, ob nun *meine* Seele einst diese Person war, die ihre eigenen Wünsche zum Wohl der Familie hintanstellen musste oder nicht: Ich habe in diesem Leben das Privileg, in einer Zeit und an einem Ort zu leben, an dem ich die Möglichkeit habe, relativ uneingeschränkt meinen eigenen Bedürfnissen zu folgen. Ich sehe diesen Blick in vorherige Leben als Reminder, mich mehr zu trauen und mehr Leichtsinn zu riskieren – wobei ich das Bedürfnis nach Organisation in diesem Leben sicher nicht abgelegt habe. Egal ob Bandenanführerin, Regieassistentin, Vorsitzende der Studierenden oder Chefredakteurin: Bei mir schreit immer alles danach, die Strippen in der Hand zu halten, wenn auch lieber im Hintergrund.

»Erlaube dir zu scheitern. Erlaube dir, dass Dinge auch nicht klappen dürfen. In diesem Leben bist du aufgerufen, zu lernen, was Selbstentfaltung heißt. Du bist ausgestattet mit ganz, ganz viel Tatendrang zur Umsetzung deiner Vision und kannst diese Spielwiese des Lebens für dich nutzen. Sei neugierig, experimentiere, folge deiner Intuition: dem, was dich anzieht und fasziniert. Du kannst das Leben sonst manchmal zu ernst betrachten. Übe dich darin, Projekte, Ideen und berufliche Ziele auch aus der Perspektive deines inneren Kindes heraus zu betrachten und auch mit all den Erfahrungen, die du bereits gesammelt hast, dem Neuen immer wieder mit Begeisterung und Neugierde zu begegnen.«

Um mich den Botschaften meines Unterbewusstseins noch stärker zu öffnen, rät Christina mir, meine Träume zu beobachten, indem ich sie am Morgen in ein Traumtagebuch notiere. Gerade in diesem Jahr, dem Jahr meines *Saturn Returns*, könne es durchaus spannend sein zu sehen, welche Botschaften mich im Unterbewusstsein erreichen. Die erste Rückkehr des Saturns vollzieht sich nämlich im Alter zwischen siebenundzwanzig und dreißig. In dieser Zeit findet eine Übergangsphase ins astrologische Erwachsenenalter statt. Es kommt dann zu einem Wendepunkt, der viele Neuerungen im Leben bringt. Wenn ich mir überlege, was alles in den letzten Jahren passiert ist (erste eigene Wohnung, Start in die Selbstständigkeit, finanzielle Unabhängigkeit und so weiter), ging's bei mir und dem Saturn auf jeden Fall ganz schön rund.

Exkurs »*Saturn Return*«

Saturn, der Planet mit dem schicken »Hula-Hoop-Reifen«, braucht circa neunundzwanzig Jahre, um erneut in die Position unserer Geburt zurückzufinden. In diesen Jahren durchläuft er nacheinander alle zwölf astrologischen Häuser und berührt damit alle Bereiche unseres Lebens. Wenn er wieder in seiner Ausgangsposition angelangt ist, sind wir – astrologisch betrachtet – erwachsen.
Oft haben wir nach der Rückkehr des Saturns das Bedürfnis, bestimmte Dinge in unserem Leben zu verändern. So kommt es bei vielen Menschen um den dreißigsten Geburtstag herum zu Veränderungen im Job, in der Beziehung oder in anderen Bereichen. Die zweite Saturn-Rückkehr erleben wir dann erst wieder mit sechzig Jahren, die dritte mit neunzig.

Weiter geht es, nach einem Abstecher in mein viertes Haus (das Haus meiner Ursprungsfamilie), ins fünfte Haus, in dem eine große Hausparty zugange ist.
»Venus, der Planet der Liebe und Harmonie, und die Sonne, Ausdruck deiner Lebenskraft, stehen beide im fünften Haus. Hier sind Kreativität, Lebensfreude und Selbstverwirklichung daheim.«
Ich bin quasi von der Muse geküsst. Kein Wunder, dass ich ständig neue Projekte beginne und nun auch noch ein Buch schreibe.
Eindringlich schaut Christina mich an. »Falls dir mal jemand einreden möchte, du müsstest dich auf eine Sache festlegen oder dich entscheiden: Nein. Nicht mit dieser Konstellation!«
Ich muss an die Zweifel denken, die ich vor Beginn unserer Session hatte. Immer bedacht darauf, was andere denken könn-

ten, und darauf, dass ich ja nicht die Kontrolle über mich und meinen Verstand verliere, laufe ich gern mit beiden Füßen am Boden und zwei Hörnern vorm Kopf durchs Leben, um mich zu schützen.

Die Message, die Christina und meine Planeten mir mitgeben wollen, ist allerdings eindeutig: »Vertraue dem, was du wahrnimmst, vertraue deinen Träumen. Aus dir heraus und in dir drin findest du all diese Geheimnisse und Antworten.« Oder anders gesagt: Nimm den verdammten Stock aus dem Hintern, und mach mehr von dem, worauf du Lust hast!

Damit ich mich an unser Gespräch erinnern und alles noch einmal in Ruhe für mich durchgehen kann, wurde unsere Session aufgenommen, und ich erhalte mein Reading als ausführlichen Text, in dem das Besprochene genau erklärt wird. So viel zum Thema »Mal eben in die Zukunft schauen« – das Sternelesen ist doch mehr Arbeit, als ich gedacht hätte. Irgendwie beruhigend.

Nachdem wir uns verabschiedet hatten, musste ich jedoch feststellen, dass mich eines am meisten beeindruckt hat: Ich habe in dieser einen Stunde eine ziemlich coole Frau kennengelernt, die mir meine eigene Stärke vor Augen geführt und neue Räume erschlossen hat. Eine ganze Galaxie, wenn man so will. Ich bin nicht abgehoben und weiß auch noch immer nicht, was genau mich in der Zukunft erwarten wird. Zum Glück! Dafür fühle ich mich noch stärker im Hier und Jetzt verortet und möchte den Dingen mehr Zeit geben, die ich im Alltag nur selten bewusst erkunde: meine Gefühle und Träume zum Beispiel.

Eine Frage treibt mich jedoch noch immer um: Wie funktioniert das denn nun alles mit den Sternzeichen, Häusern und Konstellationen? Kann ich das auch lernen?

Schritt 1: Dich selbst besser kennenlernen mit Astrologie

Marie: Ich hab gedacht, dass an Sternzeichen nichts dran ist, weil wir beide Steinbock sind, uns aber in so vielen Dingen unterscheiden.
Hannah: Wir sind allerdings beide ziemlich eigenwillig. Außerdem bist du ja nicht NUR Steinbock – wie langweilig wäre das denn?

Maries Erfahrung mit dem Soul Reading zeigt: Unser Schicksal steht nicht in den Sternen (zumindest behauptet das niemand). Und nur weil eine andere Person fließend Astrologisch spricht und dein Horoskop deuten kann, hat sie noch lange keine Macht über dich. Ein*e Astrolog*in kann dir vielmehr dabei helfen, deine Eigenschaften, Talente und Potenziale zu erkennen und die Dinge aus einer neuen Perspektive zu betrachten.

Damit du aber nicht allein auf das Wissen anderer angewiesen bist, wollen wir dir nun zeigen, wie du Astrologie für dich im Alltag nutzen kannst.

Du hast es sicher schon bemerkt: Astrologie ist eine Symbolsprache. Ähnlich wie in der Psychologie, in der gern mit Bildern wie dem »inneren Kind« und dem »inneren Erwachsenen« oder den Instanzen »Ich, Es und Über-Ich« gearbeitet wird, werden in der Astrologie bestimmte Verhaltensweisen anschaulich dargestellt. Hier ist die Rede von sogenannten Archetypen, zu denen beispielsweise die zwölf Sternzeichen zählen.

Ganz wichtig: Bei der Verwendung von Archetypen handelt es sich *immer* um Verallgemeinerungen, und kein Mensch entspricht nur einem einzigen Archetyp. Wir alle tragen unterschiedliche Anteile von verschiedenen Archetypen in uns. Jeder der zwölf Archetypen unter den Tierkreiszeichen weist gewisse Stärken und Schwächen auf. Die amerikanische Astrologin Jill Wintersteen bezeichnet diese Polarität der Zeichen liebevoll als »höheren« und »niedrigeren« Ausdruck.

Sicher ist auch dir schon einmal aufgefallen, dass über manche Sternzeichen im Gegensatz zu anderen eher negative Vorurteile existieren. Marie war ihr Sonnenzeichen, der Steinbock, auf den ersten Blick auch nicht sonderlich sympathisch, da ihr nur seine egoistische Seite bekannt war. Lass dich von derlei Gerüchten nicht verunsichern: Kein Zeichen ist gut oder schlecht. Und wenn wir schon dabei sind, lass uns auch gleich mit dem Irrglauben aufräumen, dass bestimmte Zeichen in Beziehungen nicht zueinander passen. Das ist irgendein Quatsch, den gelangweilte Zeitschriftenredakteur*innen ausgeheckt haben, um für Drama zu sorgen.

Apropos Zeitschriften: Die Tatsache, dass sich heutzutage immer mehr Menschen für Astrologie interessieren, haben wir wohl den digitalen Medien zu verdanken, die das Thema auf ein völlig neues Level bringen. Dank Instagram und Co. ist es einfacher denn je, an astrologische Informationen zu kommen, sich mit anderen auszutauschen und mit wenigen Klicks das eigene Geburtshoroskop zu erstellen (ganz ohne die Fantasiegeschichten, die Moni vor Redaktionsschluss noch schnell in die Tasten haut).

Astrologie ist dank Astro-Apps und Starsign-Memes zum Trend geworden. Durch humoristische Übertreibungen, in denen die verschiedenen Archetypen in Alltagssituationen dargestellt werden, kann eine Menge Gesprächs- und Identifikationspotenzial entstehen – ganz abgesehen von den vielen Klicks und Likes.

Journalist*in und Autor*in Hengameh Yaghoobifarah schreibt dazu im *Missy Magazine:*

»Meistens lacht eine*r über sich selbst, wenn die eigenen Sternzeichen in Memes oder von Freund*innen gegrillt werden. Denn Astrologie ist kein Herrschaftsinstrument, das strukturell oder institutionell dafür genutzt wird, Leute fertigzumachen. Niemand bekommt einen Job nicht, weil sie*er Waage ist. Niemand wird von der Polizei festgenommen, weil sie*er Skorpion ist. Astrologie steckt Menschen nicht in Kategorien, die sie für ihr restliches Leben einschränken. Das heißt auch: Menschen können ihr Arschlochverhalten nicht durch ihre Sternzeichen rechtfertigen. Verantwortung übernehmen müssen alle. Egal, ob ihr Aszendent Kröte oder ihr Mond in Mansplainer ist.«

Bei Astro-Memes geht es also um einen spielerischen und inklusiven Umgang mit Charaktereigenschaften.

Wenn du tiefer in das Thema Astrologie einsteigen willst, solltest du dich vor allem an Accounts orientieren, die von gelernten Astrolog*innen betrieben werden. Bei der queer-feministischen Internet-Astrologin Chani Nicholas (@chaninicholas) oder der studierten Neurowissenschaftlerin Jill Wintersteen (@spiritDaugther) findest du wöchentliche Updates zu aktuellen astrologischen Konstellationen, aufgearbeitet für jedes Tierkreiszeichen mit hohem Informationsgehalt und Realitätsbezug.

Psychologische Astrologie

Astrologie wird und wurde in verschiedensten Kulturen praktiziert und weist deswegen, je nach Richtung, bestimmte Abweichungen auf. Generell können wir aber sagen: Die Astrologie ist eine Lehre, die sich mit der Bewegung der Himmelskörper und deren Einflüssen auf den Menschen und die Erde befasst. Schon in der Steinzeit wurden nachweislich die Mondzyklen beobachtet, und lange Zeit meinten die Begriffe Astronomie und Astrologie das Gleiche: Sternenkunde. Die heutige Unterscheidung besteht darin, dass die Astronomie sich mathematisch, wissenschaftlich mit der Planetenbewegung auseinandersetzt, während die Astrologie sich zwar auf dieses mathematische Wissen bezieht, jedoch als Bildsprache genutzt wird, um symbolische Aussagen über uns Menschen zu treffen. Kleiner Funfact: Die Astrologie ist seit Jahrtausenden die einzige Symbolsprache, die den Bezug zwischen Mensch und Sonnensystem herstellt.

Eine astrologische Theorie – diejenige, die dir vermutlich am häufigsten begegnen wird – bezieht sich auf den Psychoanalytiker Carl Gustav Jung und wird *psychologische Astrologie* genannt. Die psychologische Astrologie ist ein Teilgebiet der modernen westlichen Astrologie und befasst sich mit der Persönlichkeitsdeutung und den Schattenthemen des Menschen.

Und was hat das nun alles mit dir zu tun?

Stell dir vor, dein Leben wäre eine TV-Serie; dann wäre dein Geburtshoroskop die Grundlage für den Plot. Für die Pilotfolge würden wir uns anschauen, was dein Sternzeichen ist (das wir ab jetzt korrekterweise **Sonnenzeichen** nennen wollen).

Ist dein Zeichen beispielsweise Löwe, würde das Coverbild der Serie dich in stolzer Haltung auf einem Podest vor einer strahlenden Sonne zeigen. Das Zeichen Löwe wird nämlich von der Sonne regiert und steht für Ausdruck und Präsenz. Kurz gesagt: Du bist eine Rampensau.

Ist dein Sonnenzeichen hingegen Krebs, sehen wir dich in einem roten fließenden Kleid am Meer, dein Kopf ist leicht gesenkt, und dein

Blick zeugt von tiefen Emotionen. Der Krebs gehört zu den Wasserzeichen und steht für starke Gefühle, Sensibilität und Intuition. Das ist dann aber natürlich nur der erste oberflächliche Eindruck von deinem *Character.*

Um zu sehen, wen du in deiner Serie spielst, findest du hier eine Übersicht der Tierkreiszeichen und ihrer Ausdrucksstile:

♈ **Widder:** liebt die Freiheit und kann nie lange an einer Stelle verweilen. *Taxi!*

♉ **Stier:** wirkt geerdet und hat immer ein Taschentuch parat, wenn man fragt.

♊ **Zwillinge:** ist stets neugierig und lässt sich ungern unterbrechen.

♋ **Krebs:** hat ein gutes Gespür für andere und fühlt *ALL the FEELS.*

♌ **Löwe:** weiß, wie man einen unvergesslichen Eindruck hinterlässt.

♍ **Jungfrau:** hat hohe Ansprüche an andere, aber noch mehr an sich selbst.

♎ **Waage:** sieht zu, dass alle immer ein volles Glas in der Hand haben.

♏ **Skorpion:** verwickelt sich gern in philosophische Gespräche.

♐ **Schütze:** hat Hummeln im Hintern und will immer was erleben.

♑ **Steinbock:** kritisiert gern die Arbeit anderer, aber meint es nur gut.

♒ **Wassermann:** hat bereits alles so kommen gesehen – *told you so.*

♓ **Fische:** schwimmt immer mit dem Strom und schaut, was gerade so kommt.

Um deinen Charakter schließlich für weitere Folgen und einzelne Szenen auszuarbeiten, sollten wir uns schließlich dein **Mondzeichen** anschauen, da es deine Emotionen und körperlichen Bedürfnisse beschreibt. Steht dein Mond wie bei Marie in der Waage, deutet das darauf hin, dass dir wichtig ist, was andere von dir denken. Du nimmst dir Feedback und Kritik gern mal zu Herzen, weshalb sich bereits erahnen lässt, dass es in deiner Serie zu einigen emotionalen Momenten kommen wird.

Dein **Aszendent** gibt zusätzlich einen Hinweis darauf, was dich im Plot deiner Serie, also in deinem Leben, motiviert und in welche Richtung sich alles entwickelt. Ist dein Aszendent beispielsweise Schütze, so können wir uns darauf gefasst machen, dass es eine recht actionreiche Handlung gibt. Du wechselst gern das Setting, probierst viele neue Dinge aus und scheust dich vor keiner neuen Herausforderung.

Der Aszendent ist das aufsteigende Tierkreiszeichen am östlichen Horizont zum Zeitpunkt und am Ort deiner Geburt. Dein Horoskop bezieht aber neben Sonnenzeichen, Mondzeichen und Aszendenten auch alle anderen Tierkreiszeichen und Planeten mit ein. Während die zwölf Tierkreiszeichen das *Wie* in deinem Leben beschreiben, stehen die Planeten für das *Wer*.

Um also beim Beispiel der Serie zu bleiben, können wir die zehn **Planeten** als weitere Seriencharaktere betrachten, die dich auf deinem Weg begleiten und beeinflussen. Sie sind ein fester Bestandteil deines Lebens und damit so etwas wie der Cast in deinem Horoskop.

Ein Überblick über die verschiedenen Rollen

Die Planeten

Sonne: deine Serienrolle/dein Charakter

Die Sonne gibt Auskunft über deine Persönlichkeit, Individualität oder, dramatisch formuliert, den Sinn des Lebens. Sie ist die Hauptrolle, um die sich alles in deiner Lebensserie dreht.

Mond: die beste Freundin/deine Gefühlsebene

Wie bei einem *Deep Talk* mit deiner besten Freundin verbindest du dich über den Mond mit deinem Gedächtnis und deinen emotionalen Bedürfnissen. Deine beste Freundin kennt all deine Geheimnisse und ist bei dir als emotionaler Notrufkontakt gespeichert. Ein Blick in ihre Augen zeigt dir immer, was du selbst gerade denkst und fühlst. Ihr gehört zusammen.

Merkur: die Arbeitskollegin/ deine Kommunikationsebene

Merkur überbringt dir immer die neuesten Nachrichten, verwickelt dich schon morgens in der Kaffeeküche eures Büros in eine lebendige Diskussion und warnt dich vor möglichen Katastrophen. (Hast du ein Back-up gemacht?) Und wenn mal eine knifflige Entscheidung ansteht, holt Merkur das Clipboard raus und sammelt alle Pros und Cons mit dir.

Venus: die Muse/deine Liebe und Anziehungskraft

I'm your Venus, I'm your fire – at your desire[1] ... Auf Venus ist in Sachen Dating Verlass. Sie ist deine Liebhaberin und steht für Anziehungskraft, Schönheit, Liebe und Kunst. Bei ihr kannst du ganz du selbst sein, denn ihr seid nicht nur körperlich, sondern auch sinnlich und emotional verbunden.

Mars: der Trainer/deine Unternehmungslust

Mit dem Mars geht's eine Runde ins Fitnessstudio, um Aggressionen loszuwerden. Von ihm kannst du dir eine Scheibe Mut und Kampfgeist abschneiden. Er ist dein *Bro* und hält dir seine starke Schulter hin, wenn's mal nicht rundläuft. Eventuell könnte sich da aber auch mehr als nur Freund*innenschaft anbahnen, schließlich steht er nicht nur für Aktivität, sondern auch für Sexualität.

Jupiter: dein großer Bruder/dein Glücksbringer

Jupiter hat immer einen guten Rat auf Lager. Er ist der optimistischste Typ, der dir je begegnet ist, und feuert dich bei allem an, was du tust. Und wenn's finanziell am Monatsende mal knapp wird, kannst du ihn immer fragen, ob er dir was leiht.

Saturn: dein Vater/deine Disziplin

Dein Vater hat auch hin und wieder einen Gastauftritt in deiner Serie. Er hilft dir, Ordnung in die Dinge zu bringen, zeigt dir deine Grenzen auf, weckt deine Ambitionen und manchmal auch deine Ängste. Aber im Grunde seid ihr cool miteinander.

Uranus: die ausgeflippte Mitbewohnerin/ deine Unabhängigkeit

Deine ältere Mitbewohnerin zeigt dir, dass du deine Eltern nicht immer um Rat bitten musst. Wenn du mal wieder an dir zweifelst, schmeißt sie eine Party bei euch im Wohnzimmer und füllt dir einen Energy-Shot nach dem nächsten ein. Gemeinsam feiert ihr bis in den Morgen und pfeift auf alle, die euch runterziehen. Uranus gibt dir die Power.

Neptun: der spirituell bewanderte Mitbewohner/ dein Mitgefühl

Und wer fängt dich auf, wenn du mal über die Stränge schlägst und sich alles viel zu schnell verändert? Good old Neptun. Mit ihm an deiner Seite kannst du dich spirituell verbinden und dich deiner Intuition hingeben.

Pluto: der*die beste Feind*in/deine Transformation

Pluto ist dein persönlicher Gamechanger und kümmert sich regelmäßig um Zerstörung, Eliminierung und Transformation in deinem Leben. Aber hey: Erneuerung ist gut, du musst sie nur besser kennenlernen.

Die Mondknoten

Ergänzend zu den Tierkreiszeichen und Planeten wollen wir hier auch noch die beiden Mondknoten vorstellen. Sie sind keine Planeten oder Himmelskörper, die tatsächlich zu sehen sind, spielen aber trotzdem eine wichtige Rolle in der Astrologie und damit auch in deiner Lebensserie. Als Mondknoten bezeichnet man die beiden Punkte der Mondumlaufbahn, an denen sie die Ekliptik, also den scheinbaren Pfad der Sonne, schneidet.

Bezogen auf unsere Serie könnte man sagen, die Mondknoten liefern uns Flashbacks in die Vergangenheit und Vorschauen in die Zukunft. So haben wir beim Anschauen einer neuen Folge alle entscheidenden Backgroundinformationen und bekommen spannende Hinweise auf das, was uns in den kommenden Folgen erwartet.

Der nördliche (aufsteigende) Mondknoten steht für die Erweiterung des persönlichen Wachstums und die Richtung, in die wir uns entwickeln sollen, um unser Bewusstsein zu erweitern.

Der südliche (absteigende) Mondknoten ist genau hundertachtzig Grad vom nördlichen Mondknoten entfernt und steht für eine Reise in die Vergangenheit. Der südliche Mondknoten kann uns also Einblicke in (karmische) Muster, Gewohnheiten und vorherige Leben schenken.

Wenn wir jetzt mit unseren verschiedenen Seriencharakteren den Plot einmal weiterspinnen, sollten wir noch die sogenannten Häuser mit einbeziehen. Die zwölf Häuser repräsentieren verschiedene Lebensbereiche, in denen die Planeten im Horoskop platziert sind, und legen somit unser Setting fest. Sie zeigen, *wo* etwas stattfindet.

Die astrologischen Häuser

Erstes Haus: Das Badezimmer

Im ersten Haus dreht sich alles um deine Persönlichkeit, deine Neigungen, deinen Körper und dein Aussehen. Was verrät dir dein Blick in den Spiegel?

Zweites Haus: Die Mall

Im zweiten Haus geht es um Geld, Besitz und Werte. Was kommt rein in die Shoppingbag, und was darf gehen?

Drittes Haus: Die Küche

Im dritten Haus kommt alles zusammen, was mit Kommunikation zusammenhängt: deine Geschwister, dein Alltag, deine erweiterte Familie. Hier sprüht es vor Leben und riecht nach Spaghetti.

Viertes Haus: Das Elternhaus

Im vierten Haus geht es thematisch um deine Wurzeln, dein Zuhause und deine Beziehung zu deinen Eltern. Uff, anstrengend, aber vielleicht auch heimelig?

Fünftes Haus: Das Schlafzimmer

Im fünften Haus geht es romantisch zur Sache. Hier dreht sich alles um Freude, Sex und Kreativität. Hier knistert es also ganz schön.

Sechstes Haus: Der Park

Im sechsten Haus geht es um Wellness und deine Work-Life-Balance. Hier dreht sich alles um deine Gesundheit, dein Wohlergehen und deine Auszeiten, aber auch um Arbeit im mentalen Sinne.

Siebtes Haus: Der Chatroom

Im siebten Haus werden Partner*innenschaften geknüpft und Beziehungen vertieft. *Swipe left!*

Achtes Haus: Der Wald

Ins achte Haus geht es, wenn es um die mentale Gesundheit und Themen wie Vergänglichkeit geht. Gönn dir eine Auszeit und beobachte die Kreisläufe der Natur. Was siehst du hier? Und was liegt vielleicht im Verborgenen?

Neuntes Haus: Die Uni

Im neunten Haus wird fleißig in der Bibliothek gebüffelt. Hier geht es um Weiterbildung, Philosophie, Spiritualität und Astrologie.

Zehntes Haus: Das Büro

Im zehnten Haus wird gearbeitet, denn hier dreht sich alles um Status, Karriere und deine öffentliche Rolle, die du vor deinen Kolleg*innen spielst. Welche Projekte stehen an? Welcher Job passt zu dir?

Elftes Haus: Das Stammcafé

Im elften Haus gibt es viel Rückhalt. Hier lauten die Themen Freund*-innenschaft, Glück und Gemeinschaft. Ein echter Wohlfühlplatz!

Zwölftes Haus: Die Bar

Im zwölften Haus wird der Feierabend eingeläutet. Hier werden bei einem Gläschen Wein oder einer Flasche alkoholfreiem Bier Geheimnisse geteilt. Es kann aber auch ernst und einsam am Bartresen gesessen werden, denn es geht auch um Verlust.

Mit diesen Basics des Horoskops kannst du jetzt schon einiges erforschen und aus deinem Chart ablesen. Vielleicht tummeln sich deine Planeten alle in einem Haus wie bei Maries Hausparty im fünften? Was sagt das über dich aus?

Oder überlegst du gerade, wie es beruflich weitergehen soll? Dann wirf einen Blick auf deinen Aszendenten und ins sechste Haus, um Ideen zu sammeln.

Du kannst zu jedem Zeitpunkt wieder zu deinem Chart zurückkehren und dich tiefer einlesen. Du wirst dabei immer neue Dinge und Seiten an dir entdecken, denn das Ende deiner Serie ist noch lange nicht geschrieben. Es geht von Staffel zu Staffel weiter.

Weiterführend betrachtet man in der Astrologie noch die aktuellen Beziehungen der Planeten zueinander, in unserem Beispiel also die verschiedenen Beziehungen zwischen den Seriencharakteren. Um Dreiecksgeschichten, Rivalitäten und Trennungen zu erörtern, gibt es hier Konjunktionen, Quadrate, Sextile und einiges mehr, das bedauerlicherweise sehr nach Mathe klingt (was nicht so unser Ding ist) und hier den Rahmen sprengen würde. Aber wie heißt es so schön am Ende einer jeden guten Folge? *To be continued …*

Am Ende dieses Buches empfehlen wir dir einige wertvolle Quellen, mit denen du dich tiefer in die Materie einlesen kannst. Wir wollen an dieser Stelle lieber herausfinden, wie wir außerhalb unserer eigenen Serienrealität mithilfe von Astrologie Beziehungen eingehen und vertiefen können – sozusagen eine Art Serien-Crossover.

Schritt 2: Andere besser verstehen durch Astrologie

Empathie, Neugier und Mitgefühl können wir mithilfe der Astrologie nicht nur für uns, sondern auch für andere entwickeln. Die beliebte Smartphone-App »Co-Star« lässt dich zum Beispiel deine Geburtsdaten eintragen, liefert dir in wenigen Sekunden eine Kurzbeschreibung deiner Zeichen in allen zehn Planeten und lässt dich außerdem noch deine Freund*innen hinzufügen. So könnt ihr eure Horoskope online miteinander vergleichen.

Häufig erwarten wir von anderen Menschen, dass sie genauso denken und handeln wie wir. Wenn wir jedoch bedenken, dass wir es mit zwölf verschiedenen Sonnenzeichen und Charakteren zu tun haben, die alle unterschiedlich ticken, und uns dann auch noch an all das erinnern, was wir zu Planeten, Häusern und alledem gelernt haben, sehen wir, wie komplex und unterschiedlich jede*r Einzelne von uns ist.

Das Schöne an der Astrologie ist, dass wir Vielfalt entdecken und als Reichtum erkennen können, weil wir die dominierenden Zeichen der anderen auch in bestimmten Bereichen unseres eigenen Horoskops finden. *Same same, but different.* Unabhängig davon, wo und wie wir aufgewachsen sind, unabhängig von Gender, sexueller Orientierung oder anderen Aspekten, die uns sonst in unserer Wahrnehmung voneinander unterscheiden, können wir hier auf gleicher Ebene miteinander kommunizieren. Auch wenn verschiedene Kulturen und Traditionen Astrologie etwas unterschiedlich behandeln, sind die Prinzipien überall sehr ähnlich. Wir haben es also mit einer Art internationaler Symbolsprache zu tun.

Astrologie kann ein spielerischer Einstieg in ein Gespräch sein, indem du feststellst, dass du und dein Gegenüber das gleiche Sonnenzeichen oder den gleichen Aszendenten habt. Das kannst du ausprobieren, indem du in den sozialen Medien deinen Aszendenten, dein Sonnen- und Mondzeichen teilst und andere nach ihren Zeichen fragst. Meist entsteht so direkt ein Austausch. Kein Wunder, dass mehr und mehr Dating-Apps das Sternzeichen ins Profil integrieren.

Die Symbolsprache der Astrologie kann auch dabei helfen, die eigenen Wünsche, Bedürfnisse und Erwartungen spielerisch zu kommunizieren, ohne sich allzu verletzlich zu machen. Das kann in Freund*innenschaften, beim Dating oder am Arbeitsplatz ein guter Weg sein, sofern deine Mitmenschen offen dafür sind. Jemanden nach seinem Sternzeichen zu fragen ist weniger *awkward*, als die Person nach ihrer psychologischen Diagnose oder den eigenen Stärken und Schwächen zu fragen. Oft kommt man so auf eine tiefere Gesprächsebene und erfährt, was der anderen Person wichtig ist oder womit sie vielleicht zu kämpfen hat.

Chani Nicholas beschreibt ihre erste Erfahrung mit Astrologie als das Erlebnis, endlich gesehen und wahrgenommen zu werden. Sie hatte eine ziemlich unangenehme, einsame Kindheit, und ihr erstes Reading offenbarte ihr Bilder, mit denen sie sich identifizieren konnte. Für sie ist Astrologie ein Weg zur radikalen Selbstakzeptanz, der »Blueprint des eigenen Potenzials«.[2]

Hengameh Yaghoobifarah beschreibt es ähnlich: »Queere Spiritualität (…), die sich weder an ideologisch-menschenfeindliche Auslegungen von Religion noch in antispirituellen Kontexten anpasst, ist (fast) immer ein radikaler Akt.«[3]

Queere oder feministisch-queere Astrologie räumt seit wenigen Jahren vermehrt mit dusseligen Narrativen wie »Männer sind vom Mars, Frauen von der Venus« und genderbinären Begrifflichkeiten in Horoskopen auf, die (wie so vieles) von *weißen* Cis-Männern verfasst wurden.

Die amerikanische Autorin und Hexe Gabriela Herstik erklärt, dass sich das Universum nicht in binäre Genderrollen aufteilen lässt, da diese einst von Menschen (Männern) erfunden wurden. Der Verbindungen schaffende Aspekt von Astrologie kann einen feministischen, selbstbestimmten Akt auslösen und dabei unterstützen, den eigenen Selbstwert zu erkennen – unabhängig von patriarchalen, unterdrückenden Strukturen oder Religionen.

»Weiße Typen können vieles zerstören, nicht aber die Heilung, die Femmes of Color in Spiritualität finden«, erklärt Hengameh Yaghoobifarah.[4]

Wenn Astrologie uns zur radikalen Selbstakzeptanz verhelfen kann, dann hat sie auch das Potenzial, zur Akzeptanz unserer Mitmenschen beizutragen und somit Beziehungen jeglicher Art zu verbessern. Das bedeutet im Umkehrschluss allerdings nicht, dass wir aufhören können, für unsere Rechte oder die Rechte anderer zu kämpfen. Astrologie kann die Ungerechtigkeiten und Ungleichheiten dieser Welt nicht lösen. Sie kann uns aber bestärken und dabei helfen, bestimmte Zusammenhänge klarer zu sehen.

So wie die Natur im harmonischen Gleichgewicht ist, wenn sich die vier Elemente Wasser, Feuer, Erde und Luft in Balance befinden, so ist es auch in der Astrologie mit unseren Sternzeichen. Den vier Elementen werden energetisch jeweils drei der zwölf Tierkreiszeichen zugeordnet. Löwe, Widder und Schütze haben richtig Feuer unterm Hintern, wohingegen Steinbock, Stier und Jungfrau eher down-to-earth sind. Wünsche, Träume und Kreativität werden dagegen eher mit den Luftzeichen Zwillinge, Waage und Wassermann assoziiert, und die Zeichen Fische, Skorpion und Krebs sind tiefe Wasser. Um für dich und deine unmittelbare Umwelt Balance herzustellen, kannst du darauf achten, wie ausgeglichen die vier Elemente in deinem Birth Chart und dem deiner Liebsten sind. Hier lässt sich ablesen, wo ihr euch besonders gut unterstützen und ins Gleichgewicht bringen könnt.

Falls du bislang mit dem Thema Astrologie nichts anfangen konntest, weil sie dir zu larifari schien, ermutigen wir dich, ein paar der queer-feministischen Horoskope von Astrologinnen wie Chani Nicholas oder Jeanna Kadlec zu lesen. Sie brechen mit den herkömmlichen Zuschreibungen und zeigen, wie man astrologische Konstellationen auf moderne Weise mit politischen Ereignissen verknüpfen kann. Wenn Astrologie danach noch immer nichts für dich ist, auch okay.

Schritt 3: Mit Astrologie durch den Alltag navigieren

Die Verbindung von politischen Ereignissen und astrologischen Konstellationen bringt uns zum dritten Schritt. In diesem Teil des Kapitels werden wir sehen, wie Astrologie uns im Alltag unterstützen kann, und zwar mithilfe von *Electional Astrology*. Bei dieser Form der Astrologie werden aktuelle Konstellationen beschrieben. Mit Astro-Apps, Mondphasenkalendern oder Monatsvorschauen kannst du dich über die aktuellen kosmischen Energien und Planetenbewegungen informieren und dich darauf einstellen. Wenn du dich zum Beispiel total gereizt fühlst und auch die Leute im Bus nur miese Laune versprühen, kann es gut sein, dass gerade Vollmond ist.

Das heißt natürlich nicht, dass wir – dem Vollmond sei Dank – nun alle eine Ausrede für unser unfreundliches Verhalten haben. Die Verantwortung für unsere Handlungen tragen wir immer selbst – egal ob der Mond voll, high oder quadratisch ist. Doch oft hilft es, den astrologischen Wetterbericht zu checken, um eine Vorstellung davon zu bekommen, was auf kosmischer Ebene gerade so abgeht. Wie heißt es so schön? Es gibt kein schlechtes Wetter, nur die falsche Kleidung. Wenn wir den Wetterbericht checken, können wir einfach eine Regenjacke oder einen Schirm mitnehmen, und schon wird es uns nicht so böse überraschen. So ist es auch mit dem astrologischen Wetterbericht: Er hilft uns, achtsamer zu sein.

Und wie wir jetzt wissen, ist der Mond eng mit unseren Emotionen verknüpft. Wenn er also voll ist oder als Supermond besonders nah an der Erde steht, können unsere Emotionen ganz schön intensiv werden. Zeiten wie diese eignen sich daher besonders gut für Selfcare-Rituale oder eine Journalingsession.

Manchmal gibt es auch Phasen, in denen wir von einer Pechsträhne geplagt werden. Dann streiken beispielsweise all unsere elektronischen Geräte. In dem Fall kann es helfen, wenn man weiß, ob da oben gerade irgendwelche Eklipsen am Himmel stattfinden oder der Merkur rückläufig unterwegs ist. Alle Planeten, außer der Sonne und dem Mond,[5] sind von Zeit zu Zeit rückläufig. Das ist überhaupt nichts Schlimmes. Es fordert uns einfach nur astrologisch dazu auf, ein bisschen langsamer zu machen und im Alltag innezuhalten.

Exkurs *»Mercury Retrograde«*

Der Merkur ist übrigens drei- bis viermal im Jahr für jeweils ca. drei Wochen rückläufig. Das Phänomen *Mercury Retrograde* ist dafür berüchtigt, unsere Kommunikation, die Technik und Transporte negativ zu beeinflussen. Bei technischen Ausfällen, Verspätungen oder Missverständnissen schieben einige Menschen daher gern mal die Schuld auf den schummrig scheinenden Planeten. Natürlich kannst du trotzdem zu dieser Zeit Verträge unterschreiben, dein Haus verlassen und eine Bar betreten, ohne ein Treffen mit der*m Ex zu befürchten. Es kann aber sicher nichts schaden, zu »Merc retro« Nachrichten noch gewissenhafter durchzulesen, bevor du sie verschickst, oder dir bei wichtigen Gesprächen gut zu überlegen, was du sagst. Um genau zu sehen, wo der rückläufige Merkur dein Leben beeinflussen könnte, schau am besten in dein Horoskop. Notiere dir, welches Tierkreiszeichen mit dem Merkur verbunden ist und in welchem Haus er gerade zum Innehalten einlädt.

In der Astrologie geht es viel darum, Abstand und neue Perspektiven auf bestimmte Situationen im Leben zu gewinnen. Sie erinnert uns daran, dass alles in uns und um uns herum in Bewegung ist. Bei Liebeskummer kann es zum Beispiel extrem wohltuend sein, sich das eigene Horoskop (und gegebenenfalls das der geliebten Person), am besten Sonnenzeichen und Aszendenten, durchzulesen, um Anregungen für die aktuelle Situation zu bekommen.

Vielleicht ist der Schmerz oder das Warten gerade ein wichtiger Test? Vielleicht sollst du etwas lernen? Was kannst du Positives aus dieser Nervenprüfung ziehen? Kannst du, obwohl du verletzt bist, erkennen, dass dein Schicksal nicht in der Hand einer anderen Person liegt?

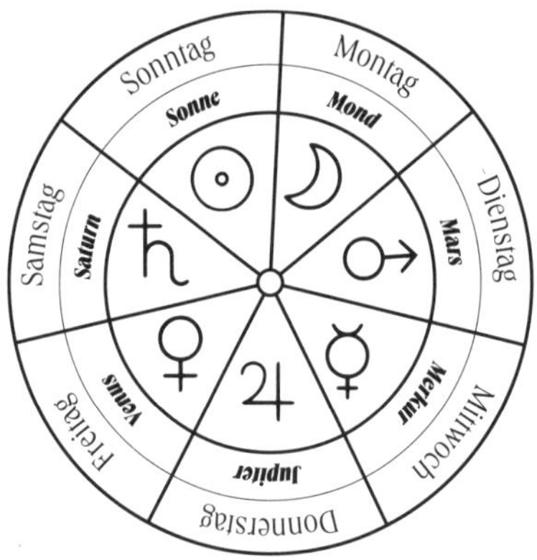

Es ist vermutlich kein Zufall, dass wir Menschen (insbesondere Frauen, queere und andere marginalisierte Personen) regelmäßig Inspiration und Trost in der Astrologie suchen – und finden! Für viele Menschen ist sie eine Möglichkeit, sich mit sich selbst auseinanderzusetzen und sich auf die eigenen Bedürfnisse zurückzubesinnen. Aufgrund ihrer klaren Aufteilung und Symbolsprache kann Astrologie für Klarheit, Struktur und Zuversicht in unkontrollierbaren Situationen sorgen. So erscheint es auch wenig verwunderlich, dass das Interesse an Astrologie rasant zunahm, als Trump an die Macht kam …

Astrologie alltagstauglich zu machen kann bedeuten, dass du dir am Monatsanfang immer ein Monatshoroskop anschaust, dir wichtige Termine wie Neumonde, Vollmonde oder Eklipsen für die bevorstehenden Wochen in den Kalender einträgst und die Ereignisse dieser Tage anschließend in deinem Journal dokumentierst. Du kannst auch das Verschicken wichtiger E-Mails oder Treffen mit bestimmten Menschen extra auf astrologisch besondere Tage legen, um dich und deine Intention zusätzlich zu verstärken.

Auch die Wochentage sind den verschiedenen Planeten zugeordnet und wirken so mit verschiedenen Energien. Anders als in der Geschichte vom Sams kommt am Montag nicht Herr Mohn zu Besuch, sondern die Energie des Mondes. Und am Dienstag hat nicht Herr Taschenbier Dienst, sondern der Planet Mars.

Welche Energien die verschiedenen Planeten über die Woche mitbringen, siehst du hier:

Montag: Die Kraft des Mondes hilft uns zu reflektieren, unterstützt unsere Selfcare-Praxis und lädt zu Yin Yoga, Comfort Food und Meditationen ein. Starte die Woche also am besten ruhig.

Dienstag: Mars schenkt uns Motivation, Energie und Power. Jetzt kann die Woche so richtig losgehen mit großen Entscheidungen und *hands on action!*

Mittwoch: Merkur unterstützt Kommunikation in all ihren Formen. Ein guter Tag, um Texte zu schreiben, wichtige Anrufe zu erledigen oder um deine wöchentliche Therapiesitzung, Teammeetings oder Coachings zu haben.

Donnerstag: Jupiter bringt uns eine Portion Dankbarkeit, Mut, Glück und die berüchtigte Abundance. Ein super Tag, um deine Rechnungen zu schreiben, an Gewinnspielen teilzunehmen und Spaß zu haben.

Freitag: Venus bringt Liebe, Harmonie und Frieden mit sich. Kein Wunder, dass wir Freitage alle so lieben! Es ist der perfekte Tag, um deine Liebsten zu treffen, auf ein Date zu gehen oder dir selbst Blumen zu schenken. *Peace out!*

Samstag: Die Klugscheißerenergie von **Saturn** hilft dir, Pläne zu schmieden und Struktur in den Tag zu bringen, also lass ihn einfach machen: Wocheneinkäufe, Wohnungsputz und dann raus, deine Freund*innen treffen? Masterplan steht!

Sonntag: Dank der **Sonne** scheint dein inneres Licht heute besonders hell – nicht nur, weil du vom Wochenende so relaxt bist, sondern auch, weil die Sonne sich mit deiner Seele vereint. Beste Energie, um dich mit dir selbst zu verbinden – in einer Meditation oder einer Journalingsession oder beim Basteln eines Visionboards.

Uns ist an dieser Stelle wichtig zu betonen, dass die Lehre der Astrologie sich permanent weiterentwickelt, andernfalls würde sie obsolet werden. Die deutsche Astrologin Kirsten Hanser kommentiert, dass Astrologie kein rigides, feststehendes System ist, doch leider viele Deutungsansätze veraltet oder verallgemeinernd sind. Deswegen ist es wichtig, dass sich die Personen, die sie interpretieren, mit politischen und sozialen Entwicklungen beschäftigen und immer up to date sind. Leider gibt es genug Personen, die das nicht tun und mit alten Stereotypen, Hiobsbotschaften und verstaubten Interpretationen das Ansehen der Astrologie schwächen.[6]

Die queere New Yorker Astrologin Jeanna Kadlec betitelt moderne Astrologie passend als »Mindfulness Practice«. Ihrer Meinung nach geht es bei der Kunst der Astrologie darum, achtsam und aufmerksam die Umwelt, aktuelle Geschehnisse und Dynamiken zu beobachten, um vor diesem Hintergrund kosmische Konstellationen interpretieren und relevante Zusammenhänge herstellen zu können. Damit macht sie noch einmal klar, dass eine empowernde Beschäftigung mit Astrologie das Gegenteil von Rückzug in eine vermeintliche Scheinwelt oder Passivität bedeutet.

Daher gilt es nun, aktiv zu werden. Finde heraus, was sich gerade in deiner Lebensserie abspielt und welche Kraft deine Planetenkonstellation für dich bereithält. Auf Seiten wie Astro.com kannst du mit ein paar Klicks ganz easy dein eigenes Birth Chart erstellen. Am Ende unseres Buches empfehlen wir dir zudem noch weitere Astro-Accounts und Bücher und stellen dir inspirierende Astrolog*innen vor, bei denen du dich weiter in das Thema einlesen kannst.

Kapitel 5: Sonne, Mond und Menstruation. Wie du im Einklang mit deinem Zyklus wahre Superkräfte entfaltest

Marie: Was hat der Mond mit Menstruation zu tun?
Hannah: Mehr, als viele von uns ahnen. Im Prinzip tragen menstruierende Menschen einen eigenen Mond im Bauch, der über einen Monat lang zu- und wieder abnimmt.

Let's get physical! Der Mondzyklus steht in enger Verbindung zu unserem Körper, unseren Emotionen, dem Menstruationszyklus und unseren spirituellen Empfindungen. Spiritualität, die auf der Natur und dem göttlichen Prinzip des Weiblichen basiert (wie etwa im Paganismus), orientiert sich daher ebenfalls am Mond. Aber auch das christliche Osterfest wird noch immer am Sonntag nach dem ersten Frühlingsvollmond ausgerichtet, und der islamische Fastenmonat Ramadan ist erst dann vorüber, wenn die Mondsichel nach dem Neumond wieder am Himmel erscheint.

Sich selbst »bis zum Mond und zurück« zu lieben, bedeutet als menstruierende Person, sich selbst und den eigenen Körper in allen Mond- und Zyklusphasen zu lieben. Selbst dann, wenn wir gekrümmt auf dem Boden liegen vor Schmerzen, bluten oder die Jeans über dem Blähbauch nicht zubekommen. Klingt gerade schwer vorstellbar? Dann lass uns einen genaueren Blick auf die Magie des Mondes werfen.

Und auch wenn du ein Mensch bist, der nicht monatlich durch diesen Kreislauf geht, hast du sicher eine solche Person in deinem Umfeld, die du liebst oder zumindest magst, oder? Dann ist dieses

Kapitel auch spannend für dich. Außerdem geht es um den Mond, der allmonatlich unsere Erde umkreist, und der geht uns schließlich alle etwas an.

Der Mond als Symbol

Der Mond war und ist einer der am meisten verehrten Himmelskörper weltweit. In der chinesischen, indischen und keltischen Tradition wurde er ebenso gepriesen wie bei den Azteken oder im alten Ägypten. Und auch heute noch steht er im Mittelpunkt vieler Kulturen, beispielsweise ziert er die türkische Flagge.

Der Mond steht für Schönheit, Weiblichkeit und Göttlichkeit. Besonders das Symbol der Mondsichel wird mit Göttinnen in Verbindung gebracht. Die griechische Mondgöttin Selene (die Strahlende) wird stets mit einer Mondsichel als Krone dargestellt. Die Göttin Yemanja, die in Brasilien verehrt wird, ist die Beschützerin der Meere und wird oft als Meerjungfrau abgebildet. Auch sie trägt eine Sichelkrone und lenkt den Sagen nach die Gezeiten von Ebbe und Flut.

Wie du bereits weißt, steht der Mond in der Astrologie für unsere Innenwelt, unseren Körper und unsere Gefühle. Ihm wird das Element Wasser zugeordnet und damit einhergehend das Verborgene und sich Verändernde. Oft wird der Mond auch als »Spiegel der Seele« bezeichnet. Emotionen sind wie Wasser: ständig in Bewegung und ein Großteil von dem, was uns ausmacht. Wenn der Mond also Ebbe und Flut im Meer bedingt, ist es doch eigentlich nur logisch, dass er auch auf uns Menschen und unsere emotionalen Gezeiten Einfluss hat, oder?

Das sogenannte Triple-Moon-Symbol besteht aus einem zunehmenden, einem vollen und einem abnehmenden Mond. Es steht für die weibliche Trinität – Jungfrau (Mädchen), Frau (Mutter) und Matrone (Weise/Hexe/Zauberin) –, die von den Menschen in vorchristlichen Zeiten verehrt wurde. Die drei Frauen symbolisier(t)en die Aspekte

Geburt, Leben und Wiedergeburt. Kommt dir bekannt vor? Tja, im Christentum wurden sie durch die Dreifaltigkeit »Vater, Sohn und Heiliger Geist« ersetzt.

Heute tauchen die drei weiblichen Wandlungsstadien als »Maiden, Mother and Crone« vor allem im Wicca-Kult oder bei anderen Hexen als Symbol auf, um zu zeigen, wie der Mond in Verbindung mit der weiblichen Urkraft und ihrem Wandel steht. Moderne Hexen wie die Künstlerin Inga Laumann oder Astro-Autorin und Tarotlehrerin Lori Haberkorn verwenden das dreiteilige Symbol beispielsweise auf ihren Social-Media-Accounts und ihren Websites, um ihre mondorientierte Spiritualität nach außen zu kommunizieren. Sie richten sich auf diese Weise gezielt an moderne Hexen, die sich mit ihrer weiblichen Urkraft verbinden wollen.

Der Mond als Symbol des Wandels ist aber nicht nur ein Zeichen der Hexen, er diente einst auch als Grundlage zur Konzeption von Maß und Zeit. Die ersten Kalender der Menschheit orientierten sich zeitlich zwischen zwei Vollmonden, die einen Monat ausmachten. Ein Mondzyklus dauert circa neunundzwanzig Tage und ist damit dem Menstruationszyklus, der durchschnittlich achtundzwanzig Tage hat, sehr ähnlich. Und nicht nur das: Die Wörter Menstruation und Mond haben dieselbe Wortwurzel. Beide leiten sich vom lateinischen Wort *mensis* für Monat ab. Man könnte also meinen, dass unsere Zeitmessung perfekt auf den natürlichen weiblichen Rhythmus abgestimmt ist. Aber wir sagen es lieber gleich: Das war einmal!

Was hat der Mond mit uns zu tun?

Wenn in Filmen oder Geschichten eine Person schlafwandelt, tut sie das in der Regel bei Vollmond. Das ist vielleicht ein bisschen dick aufgetragen, aber es ist tatsächlich so, dass wir bei Vollmond schlechter schlafen. Auch wenn es uns im Alltag nicht so bewusst ist und es natürlich viele andere – und vor allem unmittelbarere – Faktoren gibt, die unser Energielevel und unsere Stimmung beeinflussen, ist der Mond immer auch ein Faktor. Astromediziner*innen haben sogar feststellen können, dass Kinder, die bei Vollmond gezeugt wurden, öfter männlich sind, und Kinder, die bei Neumond gezeugt wurden, häufiger weiblich.[1] Wenn das (biologische) Geschlecht zumindest teilweise auf die verschiedenen Energien der Mondphasen zurückzuführen ist, hat der Mond dann vielleicht mehr Einfluss auf unser Leben, als wir denken? Aus eigener Erfahrung wissen wir: Während wir uns zu Vollmondzeiten eher unruhig und energiegeladen fühlen, fällt es uns bei Neumond leichter, uns auszuruhen und zurückzuziehen.

Egal ob als menstruierende oder nichtmenstruierende Person, der Mond kann dir mit seinen subtilen Energien dabei helfen, verborgene Fähigkeiten zum Vorschein zu bringen. Mit seinen vier Hauptphasen lädt er uns ein, mehr über unsere Wünsche, Bedürfnisse und Emotionen zu erfahren und spirituelle Erlebnisse intensiver wahrzunehmen. Um das für dich auszuprobieren, kannst du dir einfach eine Mond-App herunterladen, die dich über die aktuelle Mondphase informiert, oder einen kleinen Mondkalender in Postkartengröße an den Badezimmerspiegel kleben, um immer zu wissen, in welcher Mondphase du dich derzeit befindest.

Es gibt auch Kalender und Wochenplaner, bei denen die Mondphasen (oder zumindest die Neu- und Vollmonde) zur Orientierung mit eingetragen sind. Hannah verwendet seit Jahren einen solchen Kalender und mag es, dass sie beim Ausmachen von Terminen die Mondphasen direkt im Blick hat. So lässt sich die Arbeit mit dem

Mond ganz einfach in den Alltag miteinbeziehen. Wird beispielsweise nach einem geeigneten Datum für den Launch unseres Magazins gesucht, kann sie direkt checken, ob einer der vorgeschlagenen Termine auf einen Vollmond fällt. In einer solchen Phase wird das Event noch mehr Gäst*innen anziehen, denn so, wie der Anblick des Vollmonds uns magisch in seinen Bann zieht, können wir diese fast magnetische Kraft auch für unsere Projekte und Vorhaben nutzen. Mache dafür den Mond einfach zu deiner Muse, die dich energetisch inspiriert.

Bevor wir allerdings die inspirierenden Eigenschaften dieses Himmelskörpers besser kennenlernen, wollen wir die Mondzeit im Hinblick auf die Menstruation und ihre Symbolik unter die Lupe nehmen.

Die Menstruation als Symbol

Der Menstruationszyklus ist dem Mondzyklus im Prinzip sehr ähnlich. Alles, was im Körper geschieht, passiert in abgewandelter Form auch in der Natur und im Kosmos. Uns persönlich gefällt der Mond als Symbol für den Menstruationszyklus gerade deshalb so gut, weil er seine Veränderung für alle offensichtlich durchläuft. Einer menstruierenden Person siehst du ihre Transformation von außen selten an, doch innerlich läuft über die Dauer eines Monats eine ähnliche Entwicklung ab wie beim Mond. Die Gebärmutter füllt und leert sich, genauso wie der Mond am Himmel voll wird und wieder verschwindet. Da wir aber nicht leuchten, uns halbieren und dann komplett verschwinden, müssen wir diesen Wandel selbst erst einmal an und in uns bemerken, annehmen und kommunizieren lernen.

Und da liegt das Problem: Der Mond hat ein super Image, die Menstruation leider nicht so. Deswegen werden wir uns an dieser Stelle intensiver mit ihr beschäftigen, um deutlich zu machen, dass sie genauso magisch sein kann.

Es war einmal … in einer längst vergangenen Zeit, in der es eine Menstruation gab, die Männer verehrten, anstatt sie, bewaffnet mit rosa Wegwerfhandschuhen, in der *Höhle der Löwen* zu bezwingen.[2] Ja, es fällt schwer, das zu glauben: Während uns heutzutage geschäftstüchtige Kerlchen zur Prime Time einreden wollen, wir sollten uns für unsere Periode (und die zugehörigen Produkte) schämen, damit sie Geld an unserer Scham verdienen, galt die Menstruation einst als *heilig*. Der weibliche Körper wurde dafür gefeiert, dass er sich auf magische Weise monatlich selbst reinigte oder – in dem Fall, dass eine Schwangerschaft eintrat – sogar Leben erschuf. On top konnte er auch noch Milch produzieren!

Bereits in den 1970er-Jahren schrieb die feministische Wicca-Autorin Starhawk: »I'm a witch, by which I mean that I am somebody who believes that the Earth is sacred; and that women and women's bodies are an expression of that sacred being.« (Frei übersetzt: »Ich bin eine Hexe, womit ich meine, dass ich jemand bin, der glaubt, dass die Erde heilig ist und dass Frauen und Frauenkörper ein Ausdruck dieser Heiligkeit sind.«)[3] Die britische Autorin Lisa Lister bestätigt diese Ansicht in ihrem Buch *Love Your Lady Landscape*: »We are badasses who make magic with our pussies.«[4] (Frei übersetzt: »Wir sind knallhart und vollbringen mit unseren Muschis Magisches.«)

Wenn wir uns bewusst machen, wozu der Körper alles im Stande ist, grenzt das tatsächlich an Magie. Woher also der historische Sinneswandel?

Du ahnst es schon: Ihren schmutzigen Ruf bekam die Menstruation im Zuge des patriarchalen Takeovers, das mit dem Aufkommen des Christentums begann.

In der Bibel (Leviticus 15,19–30) heißt es, dass eine Frau, die ihre Periode hat, mit ihrer bloßen Berührung alles um sich herum verunreinigen würde.

Pam Grossman schreibt: »Ob es [die Menstruation] nun signalisiert, dass eine Frau nicht schwanger ist (tragisch!), oder ob es einfach als unsichere Substanz missverstanden wird, Menstruationstabus sind in allen Kulturen über die Jahrhunderte hinweg vorherrschend – und der Glaube, dass eine Frau, die ihre Periode hat, unrein oder labil ist, existiert heute noch.«[5]

Rhythm is a dancer. Im Eiertanz um die Menstruation

Unsere moderne Gesellschaft begreift den menstrualen Zyklus fälschlicherweise als passives Geschehen. Seine Existenz wird zwar anerkannt, die Tatsache, dass er zum Alltag gehört, jedoch komplett ignoriert; darüber schweigt man sich aus. Wie uns die gesamte Choreografie vom heranreifenden Ei, dem kunstvollen Eisprung und (bei ausbleibender Befruchtung) die komplette Reinigung der Gebärmutter durch die Menstruation zeigt, ist der Menstruationszyklus aber alles andere als passiv. Es handelt sich um ein äußerst dynamisches Geschehen. Tatsächlich ist es sogar so dynamisch, dass es ironischerweise beim Testen von Medikamenten, Diäten und Sportprogrammen sogar von Männern anerkannt wird.

Ja, richtig gelesen! Lange Zeit wurden Medikamente gar nicht an menstruierenden Menschen getestet. Diese könnten das Ergebnis ob ihrer Wandlungsfähigkeit schließlich *verfälschen.* Erst seit dem Jahr 2004 (!) werden in Deutschlands Pharmakonzernen gesetzlich empfohlene Medikamente, die Frauen verschrieben werden sollen, auch zuvor an diesen getestet.[6] Das heißt aber noch lange nicht, dass nun endlich alles gut ist. Zum einen ist es unter anderem noch immer so, dass mehr an Männern und männlichen Tieren geforscht wird (weil diese [die Tiere] angeblich »einfacher in der Handhabe« seien und weibliche Versuchstiere als »unberechenbar«[7] gelten), und zum anderen erscheinen auch außerhalb der Pharmaindustrie ständig neue Gesundheitstrends wie das Intervallfasten, das auf den männlichen Körper (oder den weiblichen Körper nach den Wechseljahren) ausgelegt ist und den Hormonhaushalt von menstruierenden Frauen extrem belasten kann. Kein Wunder, dass sie uns selten die gewünschten Resultate erbrachten: Sie stehen völlig konträr zum natürlichen, hormonellen Rhythmus.[8] Und was am allerschlimmsten ist: In den seltensten Fällen ist uns diese Tatsache wirklich bewusst, weshalb wir den Fehler bei uns und dem eigenen Körper suchen.

Im Biologieunterricht in der Schule wird der Menstruationszyklus als rein physiologischer Prozess abgehandelt. Die psychologischen und spirituellen Faktoren, die dabei eine Rolle spielen, werden nahezu komplett verschwiegen. Dabei wäre es durchaus erwähnenswert, welch eine Vielfalt von Talenten und Eigenschaften einer menstruierenden Person zur Verfügung stehen. Wenn du dir nur einmal überlegst, was auf der Welt alles einem zyklischen Rhythmus folgt: angefangen bei der Erde und ihren Jahreszeiten über die Tier- und Pflanzenwelt bis zu den Himmelskörpern, erkennst du schnell, warum das Patriarchat sein Bestes tut, menstruierenden Menschen zu verheimlichen, dass sie dank ihres natürlichen Rhythmus mit der Erde und dem Universum verbunden sind. Wir haben es hier nämlich mit einem ziemlich mächtigen Prozess zu tun, der starke Kräfte freisetzt.

The magic is real

Ist dir schon einmal aufgefallen, dass es in Teenagerfilmen oder -serien wie *Chilling Adventures of Sabrina*, *Bibi Blocksberg* oder *Der Hexenclub* häufig darum geht, dass junge Mädchen ihre magischen Fähigkeiten erkunden und mit ihnen experimentieren? Vieles geht am Anfang noch schief, einige haben das Glück, von erwachsenen Hexen oder Lehrerinnen in ihre Kräfte eingeweiht zu werden, andere haben ein ambivalentes Verhältnis zu ihrer noch schwer kontrollierbaren Magie. Und sie alle wünschen sich hin und wieder, ein ganz normaler Teenie zu sein, weil sie die neue Kraft überfordert. Diese Überforderung und Verunsicherung wird dadurch verstärkt, dass sie permanent von Männern, Nichthexen und Pantoffelhelden wie Bernhard Blocksberg dazu ermahnt werden, ihre Kräfte zu unterdrücken, um ja nicht aufzufallen (oder ihnen gefährlich zu werden).

Wenn wir etwas genauer hinschauen, wird es auf einmal klar wie eine Kristallkugel, dass das Bild der erwachenden Magie ein Sinnbild für das Einsetzen des Menstruationszyklus ist. Die natürlichen Potenziale und Stärken, die er mit sich bringt, müssen zunächst verstanden und dann ausgelebt werden. Leider haben Männer oft kein großes Interesse daran, dieses Potenzial zu erkennen oder in ihrem Umfeld zu unterstützen.

Die erwachenden Zauberkräfte der Hexe können zudem auch als Sinnbild für ihre erwachende Sexualität und Lust gesehen werden. In diesem Fall kann die Hexe zwar für Menschen jeglichen Geschlechts stehen, doch besonders für junge Frauen ist sexuelle Lust noch immer ein Tabuthema.

Viele popkulturelle und historische Darstellungen zeigen die Hexe als manipulativen Vamp. Sie verführt und verhext Männer gegen ihren Willen, um das zu bekommen, was sie will (wie schon Medea in der Argonautensage oder die Sirenen in der griechischen Mythologie). Viel zu selten werden die Kraft und die Schönheit weiblicher Lust dargestellt als etwas Natürliches, als Lebensenergie und endloses Potenzial für Kreativität.

Alles eine Frage des Rhythmus: Wie der menschliche Körper tickt

Was genau macht den menstruierenden Körper denn nun so viel magischer als den nichtmenstruierenden? Schauen wir uns einmal an, was im Körper passiert.

Als Kinder folgen wir alle einem linearen Rhythmus. Alles steuert auf das Ziel hin, uns geistig und körperlich zu entwickeln und schließlich erwachsen zu werden. Bei Männern, beziehungsweise Menschen ohne Menarche (so wird die erste Menstruationsblutung genannt), geht es dann gewohnt linear weiter. Natürlich haben alle Menschen mal bessere und mal schlechtere Tage, aber generell sind die Leistungsfähigkeit, Gehirnchemie und körperlichen Abläufe bei Männern an jedem Tag gleich.

Die Ernährungsexpertin Alisa Vitti erklärt, wie sich der männliche Hormonzyklus über den Tag verändert. Morgens sind die Testosteron- und Cortisollevel am höchsten und machen den Mann fit, wach und effizient. Nachmittags sinkt der Testosteronspiegel, und es fällt dem Mann leichter, zu kommunizieren, zu networken oder zu daten. Abends sinkt das Testosteron dann so stark ab, dass er sensibel für seine Östrogeneinflüsse wird. Das heißt, jetzt sind Gemütlichkeit, Ruhe und Sich-Einkuscheln angesagt.[9]

Fällt dir was auf? Ja, genau, so ein männlicher Hormonzyklus ist perfekt auf unseren klassischen Alltag ausgerichtet – oder ist es umgekehrt? Man nennt diesen 24-Stunden-Rhythmus auch den Biorhythmus.

Frauen oder Menschen mit Menstruationszyklus ticken ab der Menarche aber nicht mehr *nur* nach dem Biorhythmus, sondern folgen einer *infradianen Rhythmik*. Das ist ein Rhythmus, der mehr als vierundzwanzig Stunden umfasst. Kein Wunder also, dass so viele von uns Schwierigkeiten haben, unserem natürlichen Rhythmus zu folgen: Wir haben nämlich gleich zwei innere Uhren. Die eine ist unsere 24-Stunden-Sonnenuhr, die wir alle in uns tragen. Die andere (Special Deal nur für Menstruierende) folgt dem Mond und seinen Gezeiten. Man könnte auch sagen: Wir haben ein halbes Planetarium im Bauch.

Neben der Leistungsfähigkeit verändert sich im Laufe eines Menstruationszyklus auch die Gehirnchemie, und zwar deutlich: Ganze fünfundzwanzig Prozent Abweichung sind hier möglich![10] Wir haben im Kapitel über die Manifestation bereits gesehen, dass unser Gehirn und dessen Veränderungen für einen Großteil unserer Magie zuständig sind. Überleg dir also mal, wie krass es ist, dass es sich bei menstruierenden Personen automatisch verwandelt und neue Fähigkeiten aktiviert.

Hinzu kommen körperliche Veränderungen wie der Wandel der Vaginaltemperatur, des Körpergewichts, der Vitaminkonzentration, der Gewebestruktur der Brüste, des Herzschlags und der Konsistenz des vaginalen Ausflusses. Damit einher geht auch eine Veränderung der kreativen und schöpferischen Energien, der Kommunikations- und Konzentrationsfähigkeit sowie des Organisationstalents. Ja, im Prinzip wandelt sich die ganze Persönlichkeit. Kein Wunder, dass Hexen solche Meisterinnen der Verwandlung sind!

Willkommen im Club: Einführung in den Mondrhythmus

Als menstruierende Person fällt dir mit deiner ersten Menstruation ein gut verschnürtes Paket mit absoluten Superkräften und einer ordentlichen Portion Wandlungsfähigkeit in den Schoß, angesichts derer so manch männlicher Superheld erblassen würde. Doch Superkräfte sind leider nur dann super, wenn wir von ihnen wissen und erkennen, wie wir sie nutzen können. Die meisten von uns ordnen das Paket wohl eher als weiteren lästigen Ballast ein, als Makel und Schwäche, die es zu verstecken gilt. Wir lassen das Paket gut verschnürt in der letzten Ecke verstauben und hoffen, dass es niemand findet.

Aber warum?

Aus Angst, die Büchse der Pandora zu öffnen. Denn nach allem, was die Menschheit während der letzten dreitausend Jahre über Menstruation gelernt hat, kann dies kaum ein nett gemeintes Geschenk sein. Anstatt einer feierlichen Einweihung in den Club der Leute, die nach den Rhythmen von Sonne *und* Mond ticken, gratuliert uns die Gesellschaft lieber mit überteuerten Hygieneprodukten, die noch immer mit blauem Gel beworben werden, weil Periodenblut ja so »eklig« ist! Heimlichkeit, Scham, Schwäche und Kontrollverlust gehen mit dieser Erfahrung einher.

Resultate dieser erlernten Haltung sind oft verstärkte Schmerzen und ein generelles Unwohlsein, weil wir aus unserem kindlichen Rhythmus rausgekickt wurden, ohne ein sinnvolles Briefing für den neuen Rhythmus bekommen zu haben. Viele von uns leiden still, weil es offenbar so ist, dass man an der Ursache nichts ändern kann. So ist die erste Menstruation für viele ein eher traumatisches Erlebnis und in den folgenden Jahrzehnten eine Zeit, in der sie sich ein paar Tage im Monat ausgeliefert, ohnmächtig und schlapp fühlen.

»Schmerzen, so schlimm wie Wehen«

Auch für Hannah war weder ihre erste *Mondzeit* noch die vielen darauffolgenden Zyklen ein feierliches oder gar heiliges Erlebnis. Eher im Gegenteil. Sie begann, von Monat zu Monat mehr unter ihren heftigen körperliche Beschwerden und Stimmungsschwankungen zu leiden, fühlte sich machtlos und aus ihrem natürlichen Rhythmus gerissen, weil ihre Menstruation mit Schmerzen, Übergeben und Zusammenbrüchen ablief. Was für ein fieser Fluch!

Ärzt*innen rieten ihr zur Pille, die sie aus Angst vor ihrem eigenen Körper und seinen Schmerzen mehr als zehn Jahre lang schluckte. Als sie die Hormone aufgrund der psychischen und körperlichen Nebenwirkungen schließlich absetzte, wurden ihre Schmerzen jedoch wieder so stark, dass Hannah sie nur aushalten konnte, wenn sie alle fünf Stunden einen Cocktail aus Schmerztabletten zu sich nahm. War die eine Blutung vorbei, fürchtete sie schon die nächste, doch kein*e Ärzt*in konnte etwas Auffälliges feststellen, bis sie schließlich einen Onlineartikel entdeckte, in dem es hieß, dass Regelschmerzen sich so stark wie Wehen anfühlen, wenn man unter Endometriose leidet.

Bei Endometriose wuchern Zellen, die der Gebärmutterschleimhaut (Endometrium) sehr ähnlich sind, an Orten außerhalb der Gebärmutter.

»Meistens im kleinen Becken – an den Eierstöcken, den Eileitern, der Blase, den Harnleitern, am Darm oder am Bauchfell. Seltener siedeln sich Endometriosezellen auch in anderen Körperteilen an – zum Beispiel im Zwerchfell, in der Lunge oder sogar im Auge«, erklärt die Autorin und ehemalige Obfrau der Endometriose Vereinigung Austria, Rita Hofmeister.[11] Genau wie die Zellen der Gebärmutterschleimhaut bluten auch die Endometriosezellen bei der Menstruation, doch ihr Blut kann nirgendwo abfließen, und so entstehen häufig Verklebungen an den sogenannten Endometrioseherden. Dies führt zu sehr starken Schmerzen während der Menstruation.

Als Hannah das las, wusste sie: Das musste es sein!

Nachdem sie ihre Vermutung in den sozialen Medien teilte, meldeten sich gleich mehrere Frauen bei ihr, bei denen die Diagnose bereits (nach langer Recherche) gestellt worden war. Wie konnte es sein, dass es so viele Betroffene gab, aber bislang keine*r ihrer Ärzt*innen auf die Idee gekommen war, dass Hannah Endometriose haben könnte? Tatsächlich müssen Menschen mit Endometriose im Durchschnitt 10,6 Jahre leiden und drei verschiedene Ärzt*innen aufsuchen, ehe sie ihre Diagnose erhalten.[12]

Verwundert und überwältigt davon, nach so langer Zeit endlich eine Antwort auf die Frage zu erhalten, was mit ihr nicht stimmte, ließ Hannah sich nach einer Bauchspiegelung von Marie aus einer Fachklinik abholen. Eine Bauchspiegelung ist ein minimalinvasiver chirurgischer Eingriff, bei dem die Endometriose eindeutig diagnostiziert und im besten Fall direkt einige der Zellherde beseitigt werden können. Bei Hannah befand sich ein solcher Endometrioseherd direkt an der linken Darmwand und konnte durch die Operation entfernt werden.

Endometriose gehört zu den häufigsten Gründen für Unfruchtbarkeit bei Frauen und gilt schulmedizinisch bis heute als unheilbar.[13] Doch trotz dieser frustrierenden Perspektive war Hannah in gewisser Weise erleichtert, denn nun hatte sie endlich eine Fährte und konnte ihren Körper besser verstehen. On- und offline traf sie auf immer mehr Frauen, die sie in die Geheimnisse des Menstruationszyklus einweihten. Schließlich stieß sie auf die Geschichten von Frauen, die machtvoll und stark im Einklang mit ihrer zyklischen Natur lebten – darunter auch Miranda Gray, Alisa Vitti und Lisa Lister, denen du in diesem Buch an der ein oder anderen Stelle begegnen wirst. Sie zeigten ihr neue Identifikationsmöglichkeiten, die sie in ihrer Erziehung und der Gesellschaft bislang vermisst hatte.

So schmerzhaft wie die Wucherung der blutenden Schleimhaut klingt (und ist), so gibt es kaum ein treffenderes Bild für verletzte Weiblichkeit. Sie zeigt die starke Kraft und Quelle, die der Gebärmutter innewohnt, und wie sie im Verborgenen wuchern muss, da sie keinen passenden Raum in unserer Gesellschaft hat. Diese Krankheit, von der jede zehnte Frau betroffen ist, ist ein Symbol dafür, wie wichtig es ist, unseren weiblichen Rhythmus zu verstehen und zu leben, um diese Kräfte sinnvoll einzusetzen.

Körpermagie: Den eigenen Zyklus verstehen

Eine ordentliche Einweihung in den eigenen Rhythmus bedeutet radikale Selbstermächtigung. Es ist also mal wieder nicht sonderlich überraschend, dass das kein wichtiger Bestandteil unserer patriarchal geprägten Gesellschaft ist. Doch die Stimmen der menstruierenden Superheldinnen werden lauter. Lisa Lister hat beispielsweise ein jährliches Ritual geschaffen, bei dem Frauen aus aller Welt teilnehmen können, um ihre Menarche noch einmal nachzufeiern und als empowerndes Erlebnis wahrzunehmen und sich so einen Teil ihrer Kraft zurückzuerobern.

Nur wenn wir unseren Zyklus verstehen und die Veränderungen in unserem Körper akzeptieren, vielleicht sogar wertschätzen, kann es uns gelingen, unserer eigenen Natur treu zu bleiben. Warum es eine schlechte Idee ist, gegen die zyklische Natur von Dingen anzukämpfen, erleben wir, wenn wir unser Klima betrachten oder uns anschauen, wie viele Frauen unter monatlichen Schmerzen leiden.

Bitte einmal Mond rot-weiß!

Wir halten fest: Es gibt den Himmelskörper Mond (unsere Muse), der uns in bestimmten Phasen empowert, entspannt oder auch mal nervös macht. So weit, so gut. Als Clubmitglied der Menstruierenden hast du on top noch deinen kleinen Mond im Bauch. Auf dich wirken also zwei Mondzyklen ein.

Jeder der beiden Monde hat zwei besonders relevante Phasen: den Neumond und den Vollmond. Alle nichtmenstruierenden Personen können sich demnach auf zwei energetisch relevante Ereignisse im Monat einstellen. Alle Menstruierenden bekommen doppelt so viele. In Mondmathe bedeutet das: Wenn der Vollmond am Himmel mit deinem Vollmond im Bauch (aka Eisprung) zusammenfällt, verdoppelt sich deine Vollmondenergie. Wenn dein Menstruationszyklus und der Mondzyklus synchron verlaufen, nennt man das einen *weißen Mondzyklus.* Dieser Zyklus steht für kreative Schöpferkraft, Fruchtbarkeit und Mütterlichkeit. Du bist bei Vollmond und während deines Eisprungs besonders fruchtbar. Das gilt nicht nur körperlich, sondern auch, was deine Ideen angeht. Und so verdoppelt sich die Kraft des Mondes für dich in jeder der Mondphasen, weil deine körpereigene Monduhr im Einklang mit dem Universum tickt.

Es gibt aber auch den rebellischen **roten Mondzyklus**, bei dem du zu Vollmond blutest und zu Neumond deinen Eisprung hast. Dieser Zyklus wird den weisen Frauen, Hexen und spirituellen Lehrerinnen zugeordnet, die ihre eigene Mondenergie (angeblich) anstatt in die Erzeugung eines Kindes oder in materielle Projekte lieber in ihr spirituelles Wachstum stecken.

Funfact: Während Hannah dieses Kapitel schreibt, ist Vollmond und der erste Tag ihrer Blutung.

Lori Haberkorn schreibt in ihrem Buch *Die goldene Magie der Mondin,* dass ein Wechsel im eigenen Zyklus hin zum roten Zyklus oft mit der Verstärkung oder Entdeckung der eigenen Sexualität, mit Genuss und Leidenschaft einhergeht.[14]

Beides nicht schlecht, oder? Welcher Mondtyp bist du?

Da der Menstruationszyklus selten so regelmäßig wie der Mondzyklus ist, kann sich das Timing immer wieder verändern. Außerdem gibt es natürlich auch eine Vielzahl an Personen, die weder mit dem Vollmond noch mit dem Neumond menstruieren. Oft ändert sich das aber, wenn du damit beginnst, den Kontakt zum Mond und seinen Phasen zu suchen.

Hannah beobachtet ihren Zyklus und den des Mondes seit einigen Jahren sehr intensiv und konnte für sich feststellen, dass sie häufig in

Zeiten, in denen sie vermehrt Texte für die Öffentlichkeit schreibt oder Workshops gibt, einen roten Mondzyklus hat. In Phasen, in denen sie weniger arbeitet und nicht unterrichtet, weist sie hingegen einen weißen Mondzyklus auf.

Just a Phase. Von Mondphasen und Menstruationsphasen

Genug gefachsimpelt! Lass uns nun das Päckchen öffnen und einen Blick in den Himmel sowie auf den weiblichen Körper richten. Neben Neu- und Vollmond betrachten wir auch die beiden Übergangsphasen des zunehmenden und abnehmenden Mondes, die der Mond und der Körper in einem Monat durchlaufen.

Mit dem Mond zu arbeiten bedeutet nicht, dass du nicht auch zu anderen Zeitpunkten im Monat Dinge verändern oder neue Projekte angehen kannst, es heißt nur, dass die Energie zu dieser Zeit besonders unterstützend wirkt. Die verschiedenen Energien im Laufe des Mondzyklus dienen dir dabei als kosmische Assistentinnen.

Mondphase am Himmel: Zunehmender Mond

Superkraft: *High Performer Power*

Der zunehmende Mond ist eine Phase voller Energie. In dieser Zeit gewinnt der Mond an Kraft, er erscheint heller und ist damit auch für dich die beste Zeit, um neugierig zu sein und rauszugehen. In dieser Phase können tolle neue Begegnungen und Möglichkeiten entstehen. Jetzt kannst du aktiv werden, an deinen Plänen arbeiten und dich mit anderen connecten. In dieser Phase gibt's kein »Abwarten und Teetrinken«. Der Mond ist voller Macher*innen-Energie, und die kannst du wunderbar für dich nutzen.

Wenn du auf deine Stimmung in den verschiedenen Mondphasen achtest, wirst du vermutlich auch bemerken, dass du in dieser Phase besonders im Flow bist, dich gut und stark fühlst und recht zufrieden mit dir bist. Das liegt daran, dass unsere moderne Leistungsgesellschaft in ihrer linearen Ausrichtung, in der es um Effizienz, Leistung und Wachstum geht, wie für diese Phase gemacht ist. Doch genau das ist auch der Knackpunkt. Wenn wir am Beispiel des Mondes den Menstruationszyklus betrachten, ist hier nur eine der vier Phasen für die Maßstäbe der linearen Leistungsgesellschaft gemacht. Die anderen drei Phasen sind es nicht, wodurch es oft zu Frustration, Stress und (Selbst-)Ausbeutung kommt, besonders im Arbeitsumfeld.

Mondphase in dir: Follikelphase

Wir befinden uns nun im inneren Frühling oder in der sogenannten Follikelphase. In deinem Zyklus sind das die Tage zwischen dem Ende deiner Menstruation und deinem kommenden Eisprung, also in etwa Zyklustag sechs bis elf oder fünfzehn. Diese Phase ist die dynamische der vier Zyklusphasen, in der sich deine natürlichen Kräfte wie Neugier, Verspieltheit, Tatendrang, Fantasie, Enthusiasmus, Motivation, Durchsetzungsvermögen und Lust entfalten oder verstärken. Der Hormonspiegel steigt an, und Östrogen, Serotonin und Dopamin sorgen für eine ausgeglichene Laune sowie einen Motivationsboost. Durch den Anstieg des Testosteronspiegels steigt die Libido der meisten Frauen in dieser Zyklusphase, wodurch sie sich frisch und abenteuerlustig fühlen. Dates, Partys, Networking-Veranstaltungen und Leistungssport: *Go for it*!

Weiblicher Archetyp: Jungfrau

Wenn wir nun noch einmal an die weiblichen Archetypen von Jungfrau, Mutter und Matrone denken, die den Mondphasen zugeordnet werden, dann erkennen wir in der Neumondphase und Follikelphase den Archetyp der Jungfrau. Diese wird leider durch die patriarchalische Brille noch immer häufig als *keusche* Jungfrau verstanden, die sich durch ihr Verhältnis zum Mann definiert. Sie gilt als unschuldig, da sie noch keinen Sex mit einem Mann hatte. Logisch: Für Sex sollten wir Frauen uns schämen, danke, liebes Patriarchat.

Aber genug mit dem Schwachsinn: Eine Jungfrau ist in Wahrheit einfach eine Frau, die nur sich selbst gehört. Mit all ihrer Lust, Sexualität, Kreativität und Unabhängigkeit. Sie ist ein vollkommenes Wesen, eigenständig und selbstbewusst.

Die griechische Göttin Artemis gilt als Sinnbild für diesen starken weiblichen Archetyp, mit dem wir uns in dieser Phase des Mond- und/oder Menstruationszyklus verbinden können. Sie ist keinesfalls Anhängerin des Zölibats, sie hat nur nicht das Bedürfnis, eine Ehe bzw. ernsthafte Partner*innenschaft einzugehen oder Kinder zu bekommen. Das macht sie aber noch lange nicht prüde! In vielen Erzählungen trägt sie einen Phallus als Anhänger um den Hals und genießt ihren Körper sowie ihre Sexualität in vollen Zügen.

Journaling Prompts für diese Mond- und Zyklusphase:

- Wie fühle ich mich gerade in meinem Körper?
- Wann fühle ich mich am meisten im Flow?
- Was bedeutet Erfolg für mich?
- Wie kann ich selbst mehr Raum in meinem eigenen Leben einnehmen?
- Worin bin ich richtig gut?
- Was wünsche ich mir für den neuen Zyklus?

- Was möchte ich unbedingt mal ausprobieren?
- In welches Ziel oder Projekt soll meine/die lunare Macher*innen-Energie fließen?

Kristall für diese Mond- und Zyklusphase:

Amazonit. Er unterstützt Neuanfänge, schenkt Mut und Selbstvertrauen, um neue Ideen anzustoßen.

Mondphase am Himmel: Vollmond

Superkraft: Magnetische Anziehungskraft

Der Vollmond bildet den Höhepunkt des Mondzyklus. Du bist in deinem alltäglichen Gewusel oben am Berggipfel angekommen und darfst kurz mal innehalten, verschnaufen und die Aussicht genießen. Jetzt ist der Zeitpunkt, um die Erfolge der ersten Mondhälfte zu feiern und stolz auf dich zu sein. Der Vollmond schenkt dir die passende Energie, um zu reflektieren, wofür du dankbar bist. (Das kann auch so was scheinbar Banales sein wie: Ich bin dankbar dafür, dass es mir gerade okay geht.)

Für Hexen ist der Vollmond ein besonderer Zeitpunkt im Monat. »Wie oben, so unten« besagt ein wichtiges Prinzip der Alchemie, und so bietet sich die strahlende Magie des Vollmonds an, um auch die eigene Kraft im irdischen Körper zu dieser Zeit zu feiern.

In den meisten Jahren gibt es zwölf Vollmonde. Sie alle haben einen (oder mehrere) Namen. Die Namen können von Kultur zu Kultur unterschiedlich sein, da sie sich immer auf die lokalen Naturbeobachtungen bezogen, die beispielsweise auf der Nord- und Südhalbkugel sehr unterschiedlich sind.

Es kann Kalenderjahre geben, in denen es dreizehn Vollmonde gibt. Der zusätzliche Vollmond wird dann als *Blue Moon* bezeichnet.[15]

Übersicht über die Vollmonde und ihre besonderen Energien:

Januar – Wolfsmond (auch Wintermond oder Eismond genannt)

Der Wolf steht für Ausdauer, Mut und Verbundenheit. Jetzt ist Zeit, über das vergangene Jahr zu reflektieren: Was möchtest du im neuen Jahr loslassen? Worauf bist du stolz? Starte ein *Moon Journal* oder einen Zykluskalender, und lerne deine wahre Kraft noch besser kennen.

Februar – Schneemond (auch Sturmmond oder Hungermond genannt)

Zeit, dem Winter zu danken, sich von ihm zu verabschieden und sich auf den Frühling vorzubereiten. Jetzt ist ein guter Moment für Frühjahrsputz, um den Desktop zu organisieren oder die Steuerdokumente zusammenzusammeln.

März – Wurmmond (auch Lenzmond genannt)

Ja, der berüchtigte Lenz ist da, und es ist Zeit, die Erde und dich für Veränderung und Wachstum vorzubereiten. Pflanze zu diesem Vollmond neue Kräuter oder andere Pflanzen, und säe auch im übertragenen Sinn die Samen für deine neuen Projekte.

April – Rosa Mond (auch Ostermond genannt)

Zeit, deine Pläne für das Jahr auf den Punkt zu bringen und deine Ideen voranzutreiben. Dieser Vollmond bietet sich also für große

Manifestationen an. Und auch wenn der rosa Mond nicht nach den Frühlingsgefühlen benannt wurde, ist er (wie wir finden) ein optimaler Zeitpunkt, um Liebe und (wenn du willst) Partner*innenschaft in dein Leben zu rufen.

Mai – Wonnemond (auch Blumenmond genannt)

In der Walpurgisnacht tanzen Hexen in den Mai hinein. Zeit, das Leben zu feiern und die Schönheit zu genießen. Zieh dein Powerkleid an, schmeiß eine Party, und schenk dir selbst einen riesigen Strauß Blumen.

Juni – Erdbeermond (auch Honigmond oder Rosenmond genannt)

Zeit für die Liebe! Gönn dir Momente der Self-Love, indem du dir (oder vielleicht auch mal deinen Liebsten) etwas Besonderes kochst, Zeit in der Natur verbringst und auf deine inneren Bedürfnisse achtest. Erdbeertorte zum Beispiel.

Juli – Heumond (auch Bockmond genannt)

Du hast gerade einfach keinen Bock? Auf nichts? Kein Problem, denn jetzt ist Zeit für Entspannung und Ruhe. Der Heumond/Bockmond bietet sich an, um einen Blick auf deine Finanzen aka deinen Wohlstand zu werfen. Wie wär's mit einer Journalingsession, in der du dir vor Augen führst, was du hast, oder mit einer Manifestation, um zu visualisieren, was du brauchst? Kassensturz mit Ausblick sozusagen. Gern mit einem Bockbier. Okay, das war ein Bockwitz zu viel …

August – Erntemond (auch Störmond genannt)

Jetzt ist es Zeit zum Sammeln. Der Erntemond eignet sich hervorragend, um einzusammeln und aufzubewahren, was der Sommer uns geschenkt hat. Unternimm eine Kräuterwanderung und sammle Kräuter für die Rauhnächte, oder triff dich mit Gleichgesinnten für ein empowerndes Ritual, das euch verbindet. Wie wär's mit Nackt-/Nachtbaden?

September – Herbstmond (auch Maismond genannt)

Zeit der Ernte und Dankbarkeit. Was ist aus deiner Intention und deinen Samen aus dem Frühling geworden? Dieser Vollmond eignet sich, um das Leben zu feiern und gemeinsam mit deinen Liebsten das Essen zu teilen. Wie wäre ein großes Picknick?

Oktober – Weinmond (auch Jagdmond genannt)

Zeit für Wertschätzung und Verehrung der Ahn*innen. Durch mehr Introspektion kannst du mit deinen Ahn*innen und ihren Themen in Verbindung treten. Das hilft, um alte, transgenerationale Themen und Schmerzen langsam loszulassen. Schreib zum Beispiel einen Brief an deine verstorbene Oma und teile ihr mit, was du ihr anvertrauen und zurückgeben willst. Oder frag deine Eltern, was sie dir über deine Vorfahren erzählen können. Du kennst sicher noch nicht alle Storys.

November – Nebelmond (auch Bibermond genannt)

Vorbereitung auf den Winter. Nun ist es an der Zeit zu rekapitulieren, wie du dich in den letzten elf Monaten weiterentwickelt hast, was du gelernt hast und wofür du dankbar bist. Du kannst dir auch bereits Gedanken machen, wie du die Rauhnächte in diesem Jahr gestalten oder worauf du im nächsten Jahr den Fokus legen möchtest.

Dezember – Kalter Mond (auch Julmond genannt)

Zeit, Geschenke zu machen. Jetzt geht es darum, das Jahr abzuschließen und den letzten Vollmond des Jahres zu feiern – mit Geschenken für dich selbst und für alle, die dich auf deiner Reise begleiten. Du könntest zu diesem Vollmond Postkarten an Menschen schreiben, die für dich in diesem Jahr eine wichtige Rolle gespielt haben, oder auch an dich selbst.

Mondphase in dir: Eisprung

Genug mit den Vollmonden am Himmel; betrachten wir nun wieder den Vollmond in deinem Bauch. Ebenso wie der Anblick des Vollmonds uns in seinen Bann zieht, wirkst auch du in der Zyklusphase deines Eisprungs auf andere besonders anziehend. Wir sprechen hier in etwa von Zyklustag elf bis neunzehn. Deine Superkraft in dieser Phase ist eine magnetische Anziehungskraft. Außerdem werden deine natürlichen Kräfte wie Optimismus, Charme, Verantwortungsgefühl, Diplomatie, Spaß und Dankbarkeit angeknipst. Wenn du einen Workshop geplant hast, eine Präsentation halten oder irgendwem dein aktuelles Projekt vorstellen willst: *Now is the time!*

Generell ist diese Phase für jegliche Art von wichtigen Gesprächen perfekt, denn sie ist deine expressive Phase. Du willst schon seit einiger Zeit mit deiner Chefin über mehr Gehalt verhandeln oder datest jemanden und brauchst Klarheit über euren Status? Lege dieses Gespräch am besten so, dass es mit deinem Eisprung zusammenfällt. Deine Kommunikationsfähigkeit ist jetzt auf ihrem Höhepunkt, denn dank des Peaks an Hormonen strahlst du förmlich. Deine Basaltemperatur klettert messbar höher. Gleichzeitig bist du besonders empathisch, weshalb sich andere Menschen in deiner Gegenwart besonders wohlfühlen.

Die Phase entspricht deinem inneren Sommer – und wer mag schon keinen Sommer? Eben.

Auch sexuell bist du, dank deiner Pheromone, jetzt besonders anziehend und deine Libido vermutlich auf dem Höhepunkt. Die Moon Mother und Autorin Miranda Gray beschreibt in ihrem Buch *Roter Mond*, dass die weibliche Sexualität den Samen der Inspiration weckt, und betont die Heiligkeit des sexuellen Akts, denn er bringe das »Göttliche in die Welt«.[16] Aber nicht heilig und göttlich in dem Sinne, dass nur katholische, verheiratete Eheleute ihn *schuldfrei* in Missionarsstellung haben dürfen, sondern heilig im Sinne von: »Deine Sexualität weckt die Energien, die den Samen der Inspiration säen.«[17] Kurz gesagt: Sex ist eine Ausdrucksform von alltäglicher Magie. Moderne Hexen wie Lori Haberkorn und Gabriela Herstik sprechen auch von sogenannter *Sex Magic*, das heißt im Prinzip, dass die ekstatische und kraftvolle Energie des Orgasmus genutzt wird, um Manifestationen oder Zaubersprüchen mehr magische Energie zu schenken.[18] Du brauchst dafür keine*n Partner*in, nur deine Visualisierung oder Intention, auf die du dich beim Höhepunkt konzentrierst. Probier's einfach mal aus, wenn du Lust hast.

Weiblicher Archetyp: Mutter

In dieser Zyklusphase bist du *Queen of the freakin' universe!* Das weibliche Rollenbild der Mutter zeichnet sich durch ihre Präsenz, Fürsorge, Empathie und bedingungslose Liebe aus. Doch anders als in christlichen und anderen patriarchalen Kontexten dargestellt, geht dieser Archetyp weit über die Aufopferung für Kind und Ehemann hinaus. Die Mutter kann auch unabhängig von ihrer Beziehung zu anderen definiert werden. Sie ist eine Frau, die die schöpferischen Energien ihres Zyklus nutzt, um neues Leben zu gebären und zu nähren. Natürlich kann das menschliches Leben sein, das sie durch ihre Vagina in die Welt bringt. Es können aber auch Babys im übertragenen Sinne sein wie Songs, Kunstwerke, ein eigenes Unternehmen oder ein Buchprojekt, das sie durch ihre Hände, Füße oder Stimme »gebärt«.

Unsere Freundin Anna Franz, Schauspielerin, Sängerin und Autorin, schreibt in ihrem Text *GESCHLECHT: WEIBLICH. ALTER: 37. KINDER: 0.* bei uns im *Almost Magazine:* »Mein Wert wird einmal nicht am Erfolg meiner Kinder, sondern an meinem eigenen gemessen. Ich möchte keine Kinder. In dieser Lebensentscheidung liegt meine größte Freiheit.« Damit inspiriert sie Frauen unserer Generation.[19]

Auch Pam Grossman sagt, dass ihr Wunsch, keine Kinder zu kriegen, einfach stärker ist als der, sie zu kriegen.[20] Sie nutzt ihre Fruchtbarkeit lieber, um inspirierende, kluge Bücher, Podcast-Episoden und Lehren der Hexenkunst in die Welt zu tragen.

Mutter-Göttinnen wie die griechische Erntegöttin Demeter oder die römische Liebesgöttin Venus werden mit vollen Brüsten und runden Bäuchen dargestellt: Sie stehen voll in ihrer Kraft. Ein Bild, dem die amerikanische Sängerin Beyoncé sehr nahe kommt. Mit ihren weiblichen Rundungen gilt sie als eine der schönsten Frauen der Welt. Sie widmet sich ihrer Familie als Mutter und Ehefrau genauso wie ihrer künstlerischen Karriere und zeigt sich stark, weiblich, verletzlich und kämpferisch zugleich.

Sobald wir unseren ersten Eisprung erleben, können wir als zyklische Wesen diese Beyoncé-Power allmonatlich für uns nutzen. Unabhängig davon, ob wir Kinder oder eine*n Partner*in haben, befinden wir uns bis zur Menopause in dieser magischen Energie, die je nach Zyklusphase verstärkt oder etwas abgeschwächt wird. Eine menstruierende Person, die einmal erkannt hat, dass die Macht, zu erschaffen und zu zerstören, dieselbe ist, wird zur Wandlerin zwischen den Welten.

Journaling Prompts für diese Mond- und Zyklusphase:

- Was bringt mich zum Strahlen?
- Was bedeutet Liebe für mich?
- Welchen Höhepunkt darf ich heute feiern?
- Worauf bin ich stolz?
- Was kann ich mir oder meiner Umwelt heute schenken?
- Wie kann ich mehr Liebe in mein Leben fließen lassen?
- Mit wem möchte ich mal wieder sprechen?
- In welche Situation oder welches Projekt soll meine/die lunare Anziehungskraft fließen?

Kristall für diese Mond- und Zyklusphase:

Bernstein bringt das Selbstbewusstsein zum Strahlen und dir Balance.

Mondphase am Himmel: Abnehmender Mond

Superkraft: Gefährliches Organisationstalent

Nimmt der Mond wieder ab, wird es Zeit, dich deiner Innenwelt zu widmen. Diese Phase des Mondzyklus ist deine Zeit, um zu reflektieren und evaluieren, wo du gerade stehst. Mach dich bereit, alles loszulassen, was dir diesen Monat nicht mehr dient. Dazu gehören auch Stress, Druck und Eile.

Loslassen ist ein Prozess, der vielen von uns schwerfällt, weil er nicht zur Höher-schneller-weiter-mehr-Mentalität unserer Gesellschaft passt. Doch wer Marie Kondo und ihre Aufräumlehre kennt, weiß, wie befreiend es sein kann, sich von Clutter zu verabschieden. Dazu zählt auch emotionaler Krempel und unnötige To-dos auf deinem Zettel. Nur wo wir Platz machen, ist auch Raum für Neues.

Mondphase in dir: Luteale Phase

Im Menstruationszyklus entspricht dieser Zeitraum der lutealen oder prämenstruellen Phase, in der sich das Entspannungshormon Progesteron im Körper ausbreitet, das dich sensibler, intuitiver und emotionaler macht. Die Phase setzt nach dem Eisprung ein und dauert bis zum ersten Tag deiner Blutung. Sie umfasst einen Zeitraum von zehn bis sechzehn Tagen, in etwa Tag dreizehn bis achtundzwanzig deines Zyklus. Mit einem kritischen Blick für Details gelingt es dir in dieser

Phase oft besser, Dinge abzuarbeiten, abzuschließen und Sachen zu ordnen. Jetzt hast du endlich mal die Motivation, um Steuerbelege zu sortieren oder Schubladen auszumisten.

Das mag etwas langweilig klingen, aber sieh es mal so: Du weißt jetzt genau, was dich stört, was du willst und was verändert werden muss. Das macht dich bisweilen impulsiv und etwas gefährlich, denn es fällt dir leichter, das zu nehmen, was du willst, oder auch mal laut NEIN zu sagen.

Neben unserem fantastischen Organisationstalent haben wir in dieser Zyklusphase auch einen verstärkten *No-Bullshit*-Radar. Das liegt daran, dass sich unsere Energie mehr und mehr nach innen richtet und wir unsere Intention sowie unsere Prioritäten besser wahrnehmen können.

Diese Phase ist die kreative Phase in deinem Monatszyklus. Du kannst deine nach innen gerichtete Energie optimal nutzen, um Altes loszulassen, spielerisch zu werden und neue Ideen und Ausdrucksformen zu dir kommen zu lassen. Wann hast du das letzte Mal gemalt, gebastelt oder dich exzentrisch geschminkt?

Außerdem eignet sich diese Zyklusphase dazu, wichtige Entscheidungen zu treffen und dich verstärkt mit deiner spirituellen Seite zu beschäftigen. Intuitiv und lösungsorientiert, wie du gerade bist, kannst du vielleicht plötzlich mehr mit der Aussage einer Tarot- oder Orakelkarte oder deinem Horoskop anfangen. Probiere es mal aus!

Körperlich ist die prämenstruelle Phase wichtig, um deinen Energiehaushalt über den Monat auszubalancieren. Da Stress in dieser Phase PMS-Symptome (Prämenstruelles Syndrom) fördern kann, ist es besonders ratsam, Selfcare ganz oben auf deine Liste zu schreiben. So wie wir nachts schlafen, um tagsüber fit zu sein, fordert der Menstruationszyklus alle Personen, die ihm unterliegen, auf, die zweite Hälfte des Monats ruhiger anzugehen, um dann in der ersten Hälfte wieder aktiv sein zu können, ohne auszubrennen.

In inneren Jahreszeiten entspricht diese Phase deinem Herbst. In der Natur bringt der Herbst die Ruhe mit sich: Die Vögel ziehen davon, die Bäume lassen ihre Blätter fallen, und die Tiere, die Winterruhe halten, treffen ihre letzten Vorbereitungen.

Überhaupt könnte man Menschen ohne Menstruationszyklus ganz vereinfacht mit Tieren vergleichen, die keine Winterruhe halten. Natürlich müssen auch sie regelmäßig schlafen und ruhen, um fit und gesund zu bleiben, aber sie folgen ja eben *nur* dem 24-Stunden-Rhythmus. Tiere, die Winterruhe halten, folgen von Natur aus zusätzlich dem Jahreszeitenrhythmus, der es vorsieht, dass sie einmal im Jahr noch länger ruhen. Bei menstruierenden Menschen ist es so ähnlich: Sie unterliegen dem Menstruationszyklus, in dem sie zu Zeiten der Menstruation und der prämenstruellen Phase ebenfalls mehr Ruhe benötigen, um Balance herzustellen und ihrer Natur treu zu bleiben. Im Gegensatz zu den Tieren haben wir Menschen das aber vergessen. Und da unsere Gesellschaft sich voll nach den aktiveren Zyklusphasen ausrichtet, fällt es uns oft schwer, diesen Rhythmus zu akzeptieren und zu leben.

Oberflächlicher Smalltalk und Belanglosigkeiten interessieren uns zu dieser Zeit meist weniger. Wir finden Befriedigung in tiefen Gesprächen, guten Büchern und stiller Meditation. Versuchen wir aber, wie in der Follikelphase zu leben, kann es zu Diskrepanzen kommen, die uns frustrieren.

Durch diese häufig erlebte Frustration und Gereiztheit ist das Bild entstanden, dass Frauen, die unter PMS leiden, irrationale Zicken sind. Dieser Eindruck entsteht aber nur dann, wenn wir aus unserem Rhythmus gerissen werden – das fühlt sich unangenehm und frustrierend an. Ein Eichhörnchen, das du von seiner Winterruhe abhältst, wird – egal wie süß es sonst ist – vermutlich auch auf Dauer ungehalten werden.

Unsere moderne Gesellschaft hält uns, bildlich gesprochen, Monat für Monat von unserer Winterruhe ab. Kein Wunder also, dass wir uns aus dem Rhythmus gebracht fühlen! Häufig geben wir unserem Körper – bewusst oder unbewusst – die Schuld dafür, da er einfach nicht so will, wie wir wollen.

Was viele Frauen, die die Pille nehmen, nicht wissen: Die künstlichen Hormone gaukeln dem Körper vor, stets in der lutealen Zyklusphase zu sein – und das oft über Jahre hinweg. Wenn man sich das mal bewusst macht, ist es wenig verwunderlich, dass die Einnahme der Pille auf Dauer zu Depressionen führen kann. Viele Frauen, die sie nehmen, beklagen, sich in ihrem Körper nicht mehr wohlzufühlen. Kein Wunder: Sie führen einen permanenten Kampf gegen ihren Körper, um in der Gesellschaft mithalten zu können, die auf die gegenteilige Phase (Follikelphase) ausgerichtet ist.

Weiblicher Archetyp: Zauberin

Wenn wir uns noch einmal die Archetypen anschauen, stellt diese Phase den Übergang zwischen der Mutter und der Matrone dar. Diese wird oft als Zauberin dargestellt. Dass Frauen in der prämenstruellen Phase ihre Sexualität ausleben konnten, ohne schwanger zu werden, da der Eisprung vorbei war, schien manch einem genauso bedrohlich wie Frauen, die die Menopause erreichten und nicht mehr bluteten. Deshalb wurden sie oft als gefährliche Frauen, Hexen oder Zauberinnen dargestellt.

Das Bild der Femme fatale beschreibt die Energie dieser Phase sehr passend. Sie ist eine Frau, die vollkommen in ihrer Kraft steht, die ihre körperlichen Bedürfnisse kennt und weiß, wie sie mit ihrer Energie haushalten muss. Eine Frau, die ihre Lust auslebt, um Freude zu empfinden, und nicht, um ihr Gegenüber zu befriedigen. Eine, die ihre Melancholie als Quelle der Inspiration annimmt, genau wie ihre Strahlkraft in anderen Phasen.

Dies ist die perfekte Phase für Man-Repeller-Looks, wie wir sie gern nennen – also Outfits, die der klassische Male Gaze[21] vielleicht nicht attraktiv findet, gleichgesinnte Schwestern aber feiern. Wie so ein Outfit aussieht? So, wie DU willst! Dunkel, verrucht, hexig, punkig oder irgendwie quirky – ganz wie du magst, mit der passenden *Don't mess with me*-Attitüde.

Dieser Archetyp wird beispielsweise durch die griechische Göttin Hekate repräsentiert, die für die Unterwelt, Nacht und Magie steht. (Auf ihre Kraft stützen sich übrigens auch die Hexen in *Chilling Adventures of Sabrina*, nachdem ihre männlichen Anführer aus dem Rennen sind.)

Journaling Prompts für diese Mond- und Zyklusphase:

- Wann und wie spüre ich meine kreierende Kraft?
- Was möchte ich loslassen?
- Was bedeutet Magie für mich?
- Wie lebe ich meine Kreativität aus?
- Wie stärke ich meine Intuition?
- Welcher Bereich in meinem Leben braucht gerade Aufmerksamkeit?
- Wofür bin ich heute dankbar?
- In welchen Lebensbereich oder in welches Projekt soll meine/die lunare Ordnung schaffende Energie fließen?

Kristall für diese Mond- und Zyklusphase:

Karneol hilft dir, Ordnung in deinem Kopf und in deiner Gefühlswelt zu schaffen.

Mondphase am Himmel: Neumond

Superkraft: Röntgenblick für die Wahrheit

Zu Neumond ist der Mond am Himmel nicht sichtbar, und es ist besonders dunkel draußen. Der dunkle Mond steht für Rückzug und Neubeginn. Neumondenergie bietet daher die optimale Grundlage, um deine Intentionen für den kommenden Mondzyklus zu setzen. Es ist außerdem der perfekte Zeitpunkt, um auf deine Intuition zu hören und frische Ideen zu dir kommen zu lassen. Wenn du etwas in deinem Leben verändern möchtest oder ein Ziel hast, das du erreichen möchtest, macht es Sinn, in dieser Mondphase den Samen für dieses Projekt zu säen. Die Ausführung folgt dann in der nächsten Phase des zunehmenden Mondes.

In dieser Mondphase legst du mental und emotional den Grundstein für die nächsten Wochen. Vielleicht möchtest du auch eine neue Routine beginnen, wie z. B. morgens ein paar Seiten zu schreiben, täglich mit einer App oder in deinem Journal deinen Menstruationszyklus zu tracken oder dir dein Tageshoroskop durchzulesen. Die Chancen, dass du dabeibleibst, sind höher, wenn du dein Vorhaben mit der frischen Vollmondenergie beginnst.

Mondphase in dir: Menstruation

Vergleichst du den Zyklus des Mondes nun mit dem der Menstruation, so entspricht der Neumond der Phase der Monatsblutung. Auch sie ist eine Zeit der Ruhe und des Rückzugs. In dieser Phase fühlst du dich vermutlich nicht unbedingt leuchtend und glänzend, sondern versteckst dich lieber in deinem Jogginganzug, als dass du dich in dein glitzerndes Partyoutfit wirfst.

Auch wenn man es von außen vielleicht nicht sieht, so hast du in der Phase deines inneren Winters ziemlich coole Superkräfte. Diese Phase ist die der Reflexion. Deine natürlichen Kräfte wie Akzeptanz, Bewusstseinserweiterung, Vergebung und Intimität verstärken sich. Wenn du diese innere Neumondphase zum Manifestieren nutzen möchtest, schreibe auf, was du manifestieren möchtest, mach den *No-Bullshit*-Check mit deiner Manifestationsliste, und halte nach passenden Manifestationsvorbildern Ausschau.

Während sich dein Körper natürlich reinigt, erinnert er dich daran, dass Verwandlung die einzige Konstante im Leben ist und nichts jemals wirklich stillsteht. Durch dein körperliches Erleben des Blutens kannst du dich leichter emotional und spirituell mit der Natur und anderen Menstruierenden verbinden, indem du dir klarmachst, wie viel Verwandlungskraft ihr teilt. Anstatt zu denken: *Oh nee, ich hab schon wieder meine Tage!*, kannst du dir vorstellen, dass du in den Zyklen deines Lebens und deiner Entwicklung wieder ein Level weiter bist, denn ein Zyklus bedeutet nicht, dass wir uns ständig nur im Kreis drehen und von vorne beginnen – ganz im Gegenteil: Wir bewegen uns in einer Aufwärtsspirale Kreis für Kreis weiter nach oben. Vielleicht hast du das Guggenheim Museum in New York vor Augen oder die Kuppel vom Reichstagsgebäude in Berlin? Genau so geht es auch für dich immer höher hinaus. Deine Menstruation ist der »rote Faden«, der sich dabei durch dein Leben zieht.

Eine weitere Superkraft in der Phase deiner Menstruation ist dein Röntgenblick für die Wahrheit. Zu dieser Zeit gelingt es deinen beiden Gehirnhälften am besten, miteinander zu kommunizieren.[22] Das bedeutet, dass Gefühle und Verstand gemeinsam Situationen betrachten und analysieren können. In den anderen Phasen des Zyklus tendieren wir stärker dazu, die Dinge entweder rational und logisch oder intuitiv und emotional zu betrachten. Während der Periode entsteht dagegen ein Gleichgewicht. Es ist fast so, als würde für diese fünf bis sieben Tage ein Schleier gelüftet. Du bekommst hier die Chance, den vorherigen Monat zu betrachten und deinen Kurs mit deiner Intention bewusst zu korrigieren. Nicht nur auf körperlicher Ebene kann in dieser Phase also eine Reinigung entstehen, sondern auch mental. Nutze die Zeit zur Regeneration und Innenschau: Sie ist mit großem kreativen und spirituellen Potenzial verbunden.

Vielleicht fragst du dich jetzt, ob es wirklich so eine gute Idee ist, zu dieser Zeit über wichtige Themen in deinem Leben nachzudenken. Schließlich befindest du dich hormonell eher im Ausnahmezustand und fühlst dich möglicherweise besonders grumpy, ernst oder traurig. Dir selbst, also deinen Gedanken und Gefühlen, in dieser Phase zu vertrauen, erfordert einiges an Zeit und Übung. Wenn wir während der Menstruation in uns hineinfühlen, kommen oft alle möglichen Emotionen hoch, die wir im Laufe des Monats (oder der Jahre) ignoriert haben. Deswegen reagieren wir überdurchschnittlich emotional. Hier können Ruhe, Meditation und Journaling helfen, diesen Stau an Emotionen und Gedanken aufzulösen. Schreib also einfach mal alles auf, und betrachte deine Notizen in Ruhe über die kommenden Monate hinweg, um zu sehen, ob sich daraus Dinge ergeben, die du ändern möchtest. Manches entschärft sich auch schon dadurch, dass du es aufgeschrieben hast.

Wenn es dir schwerfällt, dir in dieser Phase mal eine Auszeit zu nehmen, mach dir immer wieder bewusst, dass das Menstruieren allein schon eine aktive Tätigkeit ist, die deinem Körper einiges an Kraft und Energie abverlangt. Du bist innerlich total produktiv, deswegen kannst du es äußerlich mal ruhiger angehen lassen.

In ihrem Buch *In the FLO* gibt Alisa Vitti unter anderem Tipps für Sport in den verschiedenen Zyklusphasen, und neben Yoga Nidra (aka der Schlaf der Yogis) stehen jetzt sogar auch Nickerchen auf dem Trainingsplan.

Vielleicht geht es dir ähnlich wie uns, dass du dich beim Menstruieren nicht gerade umwerfend und wie die Göttin höchstpersönlich fühlst – und das ist auch absolut legitim. Oft wird empfohlen, dich in den fünf bis sieben Tagen deiner Menstruation wie eine Königin zu behandeln, doch wir verstehen komplett, wenn du dich nicht danach fühlst. Falls es dich beruhigt: Wir finden, Trash-TV mit einer Pizza, die Wärmflasche auf dem Bauch, kann auch wunderbar dekadent sein. Vielleicht fängst du also mal mit so einem »Prinzessin auf der Erbse«-Nachmittag an?

Lass uns aber dennoch kurz auf deine Göttinnenpower zurückkommen: Dein Periodenblut ist (entgegen aller Behauptungen der Werbeindustrie) ziemlich magisch. Es ist durch die Zellen der Gebärmutterschleimhaut beispielsweise ein super Dünger für deine Pflanzen – verdünne es dafür mit etwas Wasser und gieße es in die Pflanzenerde. Es wird sogar gesagt, dass das Trinken von Menstruationsblut verjüngend wirkt. (Das haben wir bislang aber nicht ausprobiert, da wir Altern eigentlich ganz cool finden.) Bei manchen Hexen ist das Menstruationsblut auch Teil ihrer Zutaten bei Zaubersprüchen und -tränken, und in eigenen Hexenkreisen heißt es, dass du einen Mann für immer an dich binden kannst, indem er von deinem Menstruationsblut trinkt. Aber auch hier fragen wir uns: Wollen wir das wirklich?

Wie viel an diesen magischen Eigenschaften dran ist, kannst du für dich selbst ausprobieren – oder auch nicht. Wir persönlich mögen schlicht die Idee, dass dein Blut mehr als ein lästiger Grund ist, um überteuerte Hygieneprodukte zu kaufen.

Weiblicher Archetyp: Matrone

Wenn wir die Zeit bis zur Menarche mit dem Archetyp der Jungfrau vergleichen, entsprechen die menstruierenden Jahre dem Archetyp der Mutter. Die Zauberin oder weise Frau ist Sinnbild für die Wechseljahre, bis diese abgeschlossen sind und die Frau das letzte Stadium erreicht: das der alten Weisen oder Matrone. In manchen Kulturen glaubte man, dass Frauen in den Wechseljahren ihr Menstruationsblut absorbierten und dadurch neue Kraft und Energie gewannen, die sie zum Hexen einsetzten. (Totaler Schwachsinn, natürlich! Wobei …)

Göttinnen, die diese Aspekte von Tod und Wiedergeburt repräsentieren, sind unter anderem die Hindugöttin Kali und die ägyptische Göttin Isis.

Journaling Prompts für diese Mond- und Zyklusphase:

- Wie hat sich mein Körper in den letzten vier Wochen verändert?
- Was möchte ich heute abschließen oder sterben lassen?
- Was bedeutet Veränderung für mich?
- Wo fühle ich mich nicht gesehen oder im Widerstand?
- Wie kann ich meine Grenzen besser wahren, wie meine Energie besser einteilen?
- Was sind meine Schattenseiten?
- Wer möchte ich im neuen Zyklus sein?
- In welchen Lebensbereich oder in welches Projekt soll meine/die lunare erneuernde Energie fließen?

Kristall für diese Mond- und Zyklusphase:

Mondstein unterstützt dich in Phasen des Wandels und hilft dir dabei, deinem Bauchgefühl zu vertrauen.

Kapitel 6: *Smoking hot.* Wie wir uns mit Räucherritualen in den Rauhnächten von bösen Geistern verabschieden

Hannah: Glaubst du eigentlich an Geister und Dämonen?
Marie: Wenn du die Sorgengeister meinst, die nachts durch meine Gedanken spuken, ja. Wie wird man die los?

So wie es empowernd sein kann, uns allmonatlich mit unserem natürlichen Rhythmus zu verbinden, kann es uns genauso helfen, uns auf den Jahresrhythmus einzulassen. Viele moderne Hexen, die die Erde als Ausdruck weiblicher Urkraft verehren, orientieren sich deshalb an den Jahreskreisfesten der keltischen und germanischen Tradition.

Die zwölf Rauhnächte mit ihren Ritualen und Bräuchen stammen ebenfalls aus dieser vorchristlichen Tradition. Aber was genau sind die Rauhnächte?

Die zwölf Nächte zwischen den Jahren laden traditionell zur Reflexion des Jahres und zum Rückzug ein. Für manche beginnen die Rauhnächte mit der Wintersonnenwende am 21. Dezember, andere setzen den Startpunkt in der Nacht vom 24. oder 25. Dezember – da gibt es verschiedene Ansichten. Ganz grob können wir sie also zwischen dem 21. Dezember und 6. Januar verorten. Hannah, die seit einigen Jahren die Rauhnächte mit Ritualen feiert, beginnt in der Nacht vom 24. auf den 25. Dezember, was den pragmatischen Grund hat, dass sie um Weihnachten herum weniger arbeiten muss und sich in diesen ruhigen Tagen in Meditationen statt in E-Mails vertiefen kann (und will). Egal, wann du nun anfängst, die zwölf Nächte liegen immer zwischen den Jahren, und zwar zwischen dem Sonnen- und dem Mondjahr. Seit

1582 richten wir uns nach dem gregorianischen Kalender, der sich auf den Lauf der Sonne bezieht: 365 Tage im Jahr, wobei unsere zwölf Monate in der Regel 30 oder 31 Tage haben. Betrachtet man im Vergleich dazu das Mondjahr, hat dieses nur 354 Tage, da ein Mondzyklus mit 29,53 Tagen berechnet wird. Diese zwölf Differenznächte liegen somit außerhalb von Zeit und Raum, was sie zu einer besonders magischen Zeit macht.

Es heißt, dass in dieser Zeit alle irdischen Gesetze an Gültigkeit verlieren und sich die spirituelle Welt mit der menschlichen natürlich zu vermischen scheint. Verschiedenen Überlieferungen zufolge glaubte man einst, dass in dieser Zeit der nordische Gott Odin mit einem wilden Gefolge aus Geistern und Verstorbenen durch den Himmel galoppiert. Das Böllern an Silvester ist noch ein Überbleibsel dieser Vorstellungen, da es böse Geister und Dämonen vertreiben soll.

Genauso sind Symbole wie der Fliegenpilz oder das Hufeisen Erinnerungen an Odins achtbeiniges Pferd Sleipnir, dessen Speichel den Pilz magisch machte. Beide Glückssymbole finden wir noch heute als Neujahrsglücksbringer. Auch beim Wachsgießen handelt es sich um eine Silvestertradition aus den alten Rauhnachtsbräuchen. Traditionell wurde in diesen Nächten nämlich orakelt und geräuchert, um Zeichen und Vorhersagen aus der Welt der Geister für das neue Jahr zu gewinnen und sich vor unerwünschten Geistern zu schützen.

Die zwölf Nächte werden häufig auch *Losnächte* genannt, weil sie als Omen für die kommenden zwölf Monate des neuen Jahres stehen sollen. Jede Nacht entspricht dabei einem Monat des neuen Jahres.

Es ist nicht eindeutig belegt, woher der Name Rauhnächte kommt, die häufigste Vermutung ist allerdings, dass er vom Wort Rauch stammt, wegen der Räucherei, die auch heute noch ein wichtiges Element in der Rauhnachtzeremonie darstellt.

Loslassen und böse Geister vertreiben

Heute glauben wir vermutlich nicht mehr, dass wir um die Jahreswende herum böse Geister vertreiben müssen, um Haus und Hof zu schützen, und auch unsere Fragen beim Orakeln fürs neue Jahr drehen sich wahrscheinlich weniger um die Ernte. Doch auch die moderne Zeit kennt Dämonen, mit denen wir uns im Alltag herumschlagen, und wir alle haben persönliche Wünsche und Fragen, die uns auf dem Herzen brennen. Unsere bösen Geister sind heute vielleicht eher Stress, Energieräuber oder peinliche Situationen, die sich (besonders gern vorm Einschlafen) vor unserem inneren Auge abspielen. Möglicherweise sind es auch die Gedanken an Ex-Beziehungen, die wir noch nicht vollständig loslassen wollen. Sicher sind dir auch schon deine inneren Kritikerin*innen oder Perfektionist*innen begegnet, ganz zu schweigen vom berühmt-berüchtigten inneren Schweinehund, der uns gern daran hindert, aktiv zu werden. Auch diesen Dämonen geht es mit mehr Ruhe, Journaling und Räucherritualen in den Rauhnächten an den Kragen, auf dass sie uns hoffentlich im neuen Jahr nicht wieder beehren.

Vielleicht hast du bereits ein eigenes Jahresendritual entwickelt, mit dem du dich vom alten Jahr verabschiedest? Marie schreibt gern zwischen den Jahren einen kleinen Jahresrückblick, um zu rekapitulieren, was sie alles in den letzten zwölf Monaten erlebt, gelernt und geschafft hat, welche Freund*innenschaften sie geknüpft hat und worauf sie besonders stolz ist.

Es heißt zudem, man solle vor den Rauhnächten am besten Geliehenes zurückgeben, offene Rechnungen bezahlen und sich mit anderen vertragen, um die letzten verbleibenden Tage des Jahres in Ruhe zu verbringen. Diese Idee gefällt uns sehr, denn auf diese Weise räumen wir einmal auf und machen Inventur – wie die Baumärkte und Supermärkte, in denen Hannah sich früher zum Jahresanfang immer etwas dazuverdient hat. Deine innere Inventur hilft dir dabei, Altes loszulassen. So entsteht Raum für neue Ideen.

Übung: *It's getting hot in here.* Feuerritual und dreizehn Wünsche

Wenn du Altes loslassen willst, stell für die Rauhnächte eine Schale an deinen Kraftort, und leg Zettel mit den Namen deiner Geister und Dämonen hinein. Dabei kann es sich um Dinge, Menschen, Verhaltensmuster oder Glaubenssätze handeln, von denen du dich verabschieden willst. Wenn dir spontan nichts einfällt, was du loswerden willst, können Journaling und Meditation bei der Frage »Was will ich loslassen?« helfen.

Du kannst dir diese Frage auch einzeln für die verschiedenen Lebensbereiche stellen, die du bereits in deiner Tabelle im Manifestationskapitel betrachtet hast: Beruf & Berufung, Familie & Freund*innenschaften, Liebe & Partner*innenschaft und Gesundheit & Wohlergehen. Diese Zettel kannst du dann in einem Feuerritual am offenen Fenster oder (noch besser) auf dem Balkon, im Garten oder in der Natur in einer feuerfesten Schale verbrennen. Zu sehen, wie unsere Altlasten in Flammen aufgehen und sich im wahrsten Sinne des Wortes in Rauch auflösen, ist ein befreiendes und selbstermächtigendes Gefühl.

Du kannst auch eine zweite Schale an deinem Kraftort bereithalten, in der du deine Wünsche fürs neue Jahr sammelst. Der Rauhnachtsbrauch der *13 Wünsche* ist ein recht junger Brauch, der seinen Ursprung nicht in der germanischen oder keltischen Tradition hat, heute aber von vielen modernen Hexen und Rauhnachtspraktizierenden genutzt wird. Hierzu schreibst du zu Beginn der Rauhnächte dreizehn Wünsche für das neue Jahr auf. Anschließend ziehst du jede Nacht intuitiv einen Zettel, verbrennst ihn und gibst den Wunsch somit ans Universum. Da jede Rauhnacht für einen der kommenden Monate steht, soll der Wunsch jeweils in dem Monat der entsprechenden Nacht in Erfüllung gehen. Der Wunsch der ersten Nacht geht also im Januar in Erfüllung, der der zweiten im Februar und so weiter. Am Ende der zwölf Nächte hast du dann noch deinen dreizehnten Wunsch übrig, den du dir im kommenden Jahr selbst erfüllen sollst.

Wir haben diesen Brauch im letzten Jahr gemeinsam mit unserer Mutter und unseren Partnern durchgeführt. Als Hannah beim Abendessen davon berichtete, wollten plötzlich alle mitmachen. Nach einiger Grübelei schrieben wir unsere Wünsche auf und versammelten uns anschließend auf der Terrasse, um die Notizzettelchen anzuzünden und die Asche im Blumenbeet unserer Mutter zu vergraben.

Übrigens formulierst du Wünsche am besten positiv und im Präsens. Sie sollten vom Herzen und nicht vom Ego kommen. Da das manchmal nicht ganz einfach zu unterscheiden ist, kannst du immer noch mal checken, ob die Erfüllung deiner Wünsche nur für dich gut wäre oder ob auch andere davon profitieren würden – so, wie du es mit den Punkten auf deiner Manifestationswunschliste gemacht hast.

Natürlich geht es bei deinen Wünschen um dich, denn du kannst nicht für andere wünschen. Ein Wunsch kann also beispielsweise lauten: »Ich trage zum Umweltschutz bei«, statt: »Die Klimakrise endet«, »Ich bin gesund und stark«, statt: »Ich will nicht mehr so grumpy sein, weil mein Rücken wehtut.« Da jeder der Wünsche der sein könnte, den du ganz am Ende ziehst, um ihn dir selbst zu erfüllen, sollten sie alle realistisch sein.

Außerdem solltest du sie dir besser alle in deinem Journal notieren – eine Sache, die Marie in ihrer Begeisterung für das Abfackeln ihrer Wünsche leider vergaß. Nun erinnert sie sich bedauerlicherweise nicht mehr genau daran, was sie sich eigentlich gewünscht hat, geschweige denn, welcher Wunsch in welchem Monat in Erfüllung gehen sollte. Als ihr dieses kleine, aber entscheidende Detail auffiel, erklärte sie: »Dann lass ich mich eben überraschen«. Ihren dreizehnten Wunsch: »Ich werde entspannter und lerne loszulassen«, hat sie sich mit dieser Einstellung immerhin schon selbst erfüllt.

Fragen ans Universum

Du kannst deine Visionen, Wünsche und Pläne fürs neue Jahr auch in einem Visionboard festhalten, wie wir es schon im Manifestationskapitel thematisiert haben. Die Tage um den Jahreswechsel sind dafür optimal geeignet.

Bei uns beiden ist das Visionboard in den ersten Januartagen zur festen Tradition geworden. Hannah sammelt dafür meist schon ab Anfang Dezember passende Bilder auf einem geheimen Pinterestboard und druckt sie dann um Weihnachten herum aus, Marie hingegen durchforstet auf den letzten Drücker ihre alten Zeitschriften nach passenden Motiven. Je nachdem, wie verkatert wir nach der Silvesterparty sind, machen wir es uns dann am 1. oder 2. Januar gemütlich, schneiden aus, kleben auf und hören dabei einen Podcast zum Jahreshoroskop.

Wenn du dir nicht so sicher bist, wohin die Reise für dich im neuen Jahr gehen soll, oder du auf der Suche nach Inspiration bist, ist es auch hilfreich, in den Rauhnächten ein Traumtagebuch zu führen. Durch verstärktes Journaling und Meditation kannst du dich in dieser Zeit bewusst mit deiner Intuition beschäftigen und alle Fragen stellen, bei denen du gerade nicht weiterkommst. Das können Fragen sein wie: »Was soll ich beruflich machen?«, falls du wie so viele deinen Job zum Jahresende gekündigt hast, oder: »Worauf soll ich mich im neuen Jahr konzentrieren?«, wenn du tausend Ideen hast und nicht weißt, wo du anfangen sollst.

Du stellst diese Fragen an deine Seele/das Universum/die dreifaltige Göttin/Gott/deine Spirit Guides/dein Unterbewusstsein/dein Higher Self/deine Intuition/deinen sechsten Sinn/dein Bauchgefühl oder wie auch immer du diese subtile Quelle für dich persönlich nennen möchtest, indem du sie in dein Journal schreibst, dich in der Meditation auf sie konzentrierst oder sie vor dem Schlafengehen laut aussprichst. Oft kommen die Antworten direkt beim Journaling, wie du es beim automatischen Schreiben vielleicht bereits erlebt hast. Manchmal tauchen sie aber auch in Form eines Traums, durch einen Song im Autoradio, ein Meme auf Instagram oder auf andere subtile, aber klare Art in deinem Alltag auf – vielleicht sogar einfach als »Geistes«-Blitz.

Du kannst natürlich das ganze Jahr über mithilfe dieser Technik Fragen stellen und richtungsweisende Antworten erhalten, wie du es bereits im dritten Kapitel gelernt hast. Aber in den Rauhnächten funktioniert es unserer Erfahrung nach am besten, was wahrscheinlich daran liegt, dass wir in den Tagen zwischen den Jahren besonders entspannt sind. Vielleicht hat es aber auch damit zu tun, dass sich die Welt der Naturgeister und der Ahn*innen an diesen Tagen mit unserer Welt vermischt. *Who knows?* So oder so ist die Rauhnachtzeremonie eine wahrhaft magische Angelegenheit.

Ein stiller Akt der Rebellion: Das Ritual

Wenn du das Internet nach Ritualen für die Rauhnächte durchsuchst, wirst du unzählige Anleitungen finden. Bei den meisten geht es um die Verbindung zur Zeit: zu Vergangenheit, Gegenwart und Zukunft, die sich in diesen Nächten zu vermischen scheinen. Die wichtigste Zutat bei jedem Ritual ist (mal wieder) deine Intention.

»Rituals don't mean anything on their own, separate from any context; it's the intention that makes a series of arbitrary actions powerful«,[1] (frei übersetzt: »Rituale bedeuten, für sich genommen, ohne jeden Kontext nichts. Es ist die Intention, die eine Reihe beliebiger Handlungen machtvoll macht«), schreibt die feministische Autorin Katie West treffend in ihrem Essayband.

Deswegen ist es bei deinen Ritualen immer wichtig, dass sie sich für dich empowernd und magisch anfühlen. Piepegal, was andere denken oder irgendwelche Anleitungen sagen.

Die Rituale, die wir dir hier vorstellen, warten also nur darauf, von dir neu interpretiert und weiterentwickelt zu werden. Ohne eine klare Absicht ist ein Ritual nur eine unbedeutende Handlung oder Abfolge von Handlungen. Erst durch deine Absicht dahinter wird sie zum kraftvollen Ritual.

»The act of deliberately choosing to apply significance to our actions and to cultivate a deeper meaning to them is powerful. We can use ritual to gain control that requires no one else's permission or approval«[2], (frei übersetzt: »Die Entscheidung, bestimmten Handlungen bewusst Bedeutung und einen tieferen Sinn zu geben, ist machtvoll. Wir können Rituale nutzen, um Kontrolle zu erlangen, für die wir keinerlei Erlaubnis oder Bestätigung benötigen«), fügt Katie West hinzu.

Rituale helfen uns dabei, uns zu strukturieren, und schenken uns dadurch ein Gefühl von Ruhe und Sicherheit. Sie können ein stiller Akt der Rebellion oder ein Versprechen an uns selbst sein, in jedem Fall verbinden sie uns mit unserer eigenen Kraft.

Du hast mit Sicherheit eigene Rituale, die dir dieses Gefühl geben – spiritueller Art oder nicht. Vielleicht trinkst du morgens, wie Marie, im Schlafanzug am Küchenfenster deinen Kaffee. Oder du hältst kurz inne, wenn du auf das Foto deiner verstorbenen Oma schaust, und lächelst ihr zu. Rituale haben in der Regel die Kraft, uns bewusst in den Moment zu bringen, und lassen uns – Achtung: Buzzword – achtsam sein.

Kreativität und Ästhetik helfen uns dabei, Banales in Besonderes zu verwandeln. Also sei ruhig kreativ bei deiner Umsetzung, und beziehe all deine Sinne mit ein. Ein Ritual, bei dem du dich mit deinem Körper verbindest, könnte beispielsweise so aussehen, dass du genussvoll dunkle Schokolade isst oder ein Glas Rotwein trinkst, dabei nackt in deinen schönsten Schuhen die Blumen gießt und dich auf deine Absicht konzentrierst, deinen Körper so natürlich und alltäglich zu betrachten und anzunehmen, wie er gerade wachsen will. Deine magischen Rituale im Alltag können so kreativ, sinnlich, quirky, praktisch oder faul sein wie du selbst.

Weibliche Archetypen für die Rauhnächte

Wenn du dich noch stärker mit deiner inneren Kraft und unserer spirituellen Verbindung zur Natur auseinandersetzen möchtest, kannst du die zwölf Rauhnächte auch wunderbar nutzen, um dich mit den zwölf weiblichen Archetypen zu verbinden. Auf diese Idee stieß Hannah vor ein paar Jahren durch Sandra Waldermann-Scherhaks Buch *Rauhnacht-Rituale für Frauen*. Die Autorin widmet sich in jeder der zwölf Nächte einem weiblichen Archetyp (unter anderen mal wieder der Jungfrau, Mutter und der alten Weisen). Selbst wenn wir uns selbst noch so gut kennen, sind wir häufig nicht im Kontakt mit all unseren Facetten, da wir im Alltag meist auf die gleichen zurückgreifen, die uns bei unserer Arbeit, in unserer Rolle als Schwester, Chef*in, Partner*in, Mutter oder Sonstigem unterstützen – und auch ein Stück weit von unserem Gegenüber erwartet werden.

Als wir gemeinsam die schwedische Serie *Liebe und Anarchie* mit Ida Engvoll sahen, waren wir beide total begeistert von der *Lilith-Energie*, die die Protagonistin Sofie Rydman ausstrahlt. Sofie muss im Alltag vielen verschiedenen Rollen nachkommen: Sie arbeitet als ambitionierte Beraterin in einem Stockholmer Buchverlag, gleichzeitig ist sie Ehefrau und zweifache Mutter. Im Lauf der Serie erinnert sie sich jedoch an eine Facette, die sie über die Jahre verdrängt hat: die der wilden Frau. Als sie dem jungen IT-Experten Max Järvi begegnet, beginnt zwischen den beiden ein unerwarteter, spielerischer Flirt, bei dem die beiden sich abwechselnd auffordern, Dinge zu tun, die den etablierten sozialen Normen widersprechen. Als Zuschauerinnen konnten wir regelrecht beobachten, wie Sofie mehr und mehr in ihre natürliche Kraft zurückfindet, und applaudierten, als sie (Achtung: Spoiler!!) am Ende der Serie – nur mit Bademantel bekleidet – ihrem spießigen, dominanten Ehemann entfloh. Storys wie diese helfen dabei, uns daran zu erinnern, dass nicht andere darüber bestimmen, wer wir sind und was wir wollen.

Gerade in den Nächten zwischen den Jahren, in denen wir Energien fürs neue Jahr bündeln wollen, kann es besonders bestärken, die Verbindung zu unseren verschiedenen Facetten bewusst zu spüren. Hierfür kannst du dir Filme oder Serien anschauen, dich in die Welt der Bücher zurückziehen, im Internet recherchieren, Dokumentationen über starke Frauen anschauen, zu ihren Songs tanzen oder sie unter der Dusche schmettern.

Unsere Beispiele orientieren sich an einigen der klassischen Archetypen und verkörpern Eigenschaften, die wir persönlich sehr inspirierend finden.

Für die folgende Übung brauchst du zunächst mal wieder nichts Weiteres als dein Journal und einen Stift. Um tiefer einzusteigen, ist ein Laptop zum Recherchieren nützlich. Konzentriere dich aber vor allem auf dich und deine Gedanken. Es soll hier immer noch um Innenschau und Ruhe gehen, nicht darum, dass du dich in den unendlichen Weiten des Internets verlierst. Und dann schau, welche Kraft und Inspiration du Nacht für Nacht zwischen den Jahren in dir aufnehmen kannst, um gestärkt durchs neue Jahr zu gehen.

Übung: Die 12 Frauen

Nacht 1: Orakel für den Januar

Archetyp: die Wolfsfrau
Muse: Kate Bush
Buchempfehlung: *Die Wolfsfrau* von Clarissa Pinkola Estés
Journaling Prompts:

- Wann habe ich mich im letzten Jahr/überhaupt mal so richtig frei gefühlt?
- Was bedeutet Freiheit für mich?
- Wofür will ich mich nie wieder entschuldigen?
- Fühle ich mich unabhängig?
- Welche Frau/Femme repräsentiert für mich den Archetyp der wilden Frau?
- Von welchen ihrer Eigenschaften möchte ich mich inspirieren lassen?

Nacht 2: Orakel für den Februar

Archetyp: die Kämpferin
Muse: Yoko Ono
Songempfehlung: *Survivor* von Destiny's Child
Journaling Prompts:

- Wofür kämpfe ich?
- Wann habe ich das letzte Mal gekämpft, und wann bin ich geflohen?

- Achte und verteidige ich meine eigenen Grenzen?
- Wann fühle ich mich stark und unbesiegbar?
- Welche Frau/Femme repräsentiert für mich den Archetyp der Kämpferin?
- Von welchen ihrer Eigenschaften möchte ich mich inspirieren lassen?

Nacht 3: Orakel für den März

Archetyp: die Künstlerin
Muse: Patti Smith
Filmempfehlung: *Jenseits des Sichtbaren*
Journaling Prompts:
- Wie drücke ich meine Kreativität aus?
- Wie habe ich mich als Kind beim Basteln gefühlt?
- Was bedeutet Kunst für mich?
- Nehme ich mir genug Zeit, um kreativ zu sein?
- Wo in meinem Körper nehme ich Kreativität wahr?
- Welche Frau/Femme repräsentiert für mich den Archetyp der Künstlerin?
- Von welchen ihrer Eigenschaften möchte ich mich inspirieren lassen?

Nacht 4: Orakel für den April

Archetyp: die Jungfrau
Muse: Astrid Lindgren
Buch-/Filmempfehlung: *Pippi Langstrumpf*
Journaling Prompts:
- Was hat mir als Kind Spaß gemacht?
- Was bedeutet Spielen für mich?

- Welche Kindheitsträume habe ich mir erfüllt/will ich mir noch erfüllen?
- Wie kann ich mir selbst am meisten Lust und Spaß bereiten?
- Welche Frau/Femme repräsentiert für mich den Archetyp der Jungfrau?
- Von welchen ihrer Eigenschaften möchte ich mich inspirieren lassen?

Nacht 5: Orakel für den Mai

Archetyp: die Verbündete
Muse: Emma Watson
Serienempfehlung: *Broad City*
Journaling Prompts:
- Wie fühle ich mich, wenn ich von anderen Frauen/Femmes umgeben bin?
- Was kann ich anderen Frauen/Femmes geben?
- Wie schließe ich Freund*innenschaften?
- Bin ich mir selbst ein*e gute*r Freund*in? Bin ich ein*e Ally?
- Welche Frau/Femme repräsentiert für mich den Archetyp der Verbündeten?
- Von welchen ihrer Eigenschaften möchte ich mich inspirieren lassen?

Nacht 6: Orakel für den Juni

Archetyp: die Mutter
Muse: Beyoncé
Buchempfehlung: *In the FLO* von Alisa Vitti
Journaling Prompts:
- Bin ich mir selbst eine gute Mutter?
- Wann habe ich mich selbst das letzte Mal richtig umsorgt?
- Fühle ich mich mit meinem Zyklus verbunden?
- Was habe ich schon in die Welt gebracht?
- Welche Frau/Femme repräsentiert für mich den Archetyp der Mutter?
- Von welchen ihrer Eigenschaften möchte ich mich inspirieren lassen?

Nacht 7: Orakel für den Juli

Archetyp: die Elfe
Muse: Björk
Buch-/Filmempfehlung: *Alice in Wonderland*
Journaling Prompts:
- Was bedeutet Magie für mich?
- Wie fühlt sich eine spirituelle Verbindung an?
- Hatte ich ein spirituelles/übernatürliches Erlebnis im letzten Jahr?
- Was wünsche ich mir von ganzem Herzen?
- Welche Frau/Femme repräsentiert für mich den Archetyp der Elfe?
- Von welchen ihrer Eigenschaften möchte ich mich inspirieren lassen?

Nacht 8: Orakel für den August

Archetyp: die Königin
Muse: Vivienne Westwood
Buchempfehlung: *Sister Outsider* von Audre Lorde
Journaling Prompts:

- Was macht mich besonders?
- Welchen Raum beanspruche ich für mich?
- Erlaube ich mir, im Mittelpunkt zu stehen?
- Welche Frau/Femme repräsentiert für mich den Archetyp der Königin?
- Von welchen ihrer Eigenschaften möchte ich mich inspirieren lassen?

Nacht 9: Orakel für den September

Archetyp: die Wandlerin
Muse: Madonna
Songempfehlung: *I'm A Bitch I'm A Lover* von Alanis Morissette
Journaling Prompts:

- Kann ich gut loslassen?
- Wie gehe ich mit Veränderung um?
- Was war meine größte Transformation im letzten Jahr?
- Was möchte ich im nächsten Jahr verändern?
- Welche Facette von mir möchte ich noch stärker ausleben?
- Welche Frau/Femme repräsentiert für mich den Archetyp der Wandlerin?
- Von welchen ihrer Eigenschaften möchte ich mich inspirieren lassen?

Nacht 10: Orakel für den Oktober

Archetyp: die Hexe
Muse: Stevie Nicks
Serienempfehlung: *Chilling Adventures of Sabrina*
Journaling Prompts:

- Wer oder was raubt meine Energie?
- Wann fühle ich mich in meinem Element?
- Was versucht mein Körper mir zu sagen?
- Wie kann ich mich für andere einsetzen?
- Welche Frau/Femme repräsentiert für mich den Archetyp der Hexe?
- Von welchen ihrer Eigenschaften möchte ich mich inspirieren lassen?

Nacht 11: Orakel für den November

Archetyp: die Verführerin/Femme Fatale
Muse: Dita Von Teese
Serienempfehlung: Liebe und Anarchie
Journaling Prompts:

- Was bereitet mir Lust?
- Welche Emotionen versuche ich zu unterdrücken?
- Was war mein schönstes sexuelles Erlebnis im letzten Jahr?
- Was würde ich gern mal ausprobieren?
- Wie fühle ich mich, wenn ich flirte?
- Wo kann ich mich noch von Scham befreien?
- Welche Frau/Femme repräsentiert für mich den Archetyp der Femme fatale?
- Von welchen ihrer Eigenschaften möchte ich mich inspirieren lassen?

Nacht 12: Orakel für den Dezember

Archetyp: die Matrone
Muse: Iris Apfel
Doku-Empfehlung: *Iris*
Journaling Prompts:

- Höre ich auf meine Intuition und innere Weisheit?
- Zu welchen Themen werde ich um Rat gefragt?
- Auf welche Erfahrungen aus dem letzten Jahr bin ich besonders stolz?
- Vertraue ich auf mein Bauchgefühl, oder frage ich lieber andere nach ihrer Meinung?
- Welche Frau/Femme repräsentiert für mich den Archetyp der alten Weisen?
- Von welchen ihrer Eigenschaften möchte ich mich inspirieren lassen?

Geisterstunde, Geisterrunde: Orakeln in den Rauhnächten

Ob ein Blick in die Kristallkugel, den Kaffeesatz oder auf das erstarrte Klümpchen beim Wachsgießen, es gibt beim Wahrsagen und Orakeln die verschiedensten Bräuche. Doch eines haben alle gemeinsam: Es geht darum, in einer subtilen Symbolsprache Antworten zu erhalten, die gedeutet werden können. Symbole sprechen, genau wie Träume und Rituale, in erster Linie unser Unterbewusstsein und nicht unseren Verstand an. Das bedeutet, dass sich Orakelpraktiken dafür eignen, mit unserem Unterbewusstsein/unserem Bauchgefühl/unserer Intention in Kontakt zu kommen.

Das Wort Orakel stammt vom lateinischen Wort *oraculum* und bedeutet so viel wie »Götterspruch«, abgeleitet von *orare*, was »sprechen« oder »beten« bedeutet. Sicher hast du schon mal vom Orakel von Delphi gehört. Der Überlieferung nach begab sich Pythia[3], die Orakelpriesterin im antiken Griechenland, in Trance und empfing Antworten auf die Fragen ihrer Kundschaft (hauptsächlich Herrscher und Kriegsherren, die etwas zu ihren Kriegsstrategien wissen wollten), nachdem sie ein paar Rituale gemacht hatte – vorzugsweise trank sie aus der heiligen Quelle Kassiotis. Ob sie tatsächlich Antworten aus der Götterwelt wahrsagte oder als kluge Frau unter dieser Tarnung einfach ihre eigene Wahrheit ausformulierte, können wir nicht wissen. *Wahrsagen* bedeutet im Prinzip nur, etwas in Existenz zu sprechen. So wie du beginnst, etwas zu manifestieren, sobald du für dich einmal klar aufgeschrieben oder ausgesprochen hast, was du dir von Herzen herbeisehnst. Wenn das Orakel von Delphi den Herrschern beispielsweise voraussagte, dass sie in einer Schlacht siegen würden, boostete das logischerweise ihr Selbstvertrauen, ihren Kampfgeist und ihre Motivation, was dieses Ergebnis gleich viel wahrscheinlicher machte.

Um für dich und andere in den Rauhnächten zu orakeln, musst du dir ebenso wenig sicher sein, ob du glaubst, dass das Universum dir die richtigen Karten präsentiert, deine Intuition dich leitet oder alles bloß Zufall ist. Wichtig ist in erster Linie, dass du auf dein Bauchgefühl hörst und Zeichen so interpretiert, wie es sich für dich intuitiv stimmig anfühlt. Das heißt, wenn du an Silvester den seltsamen Klumpen Wachs in der Wasserschale betrachtest und deine erste spontane Interpretation ist, dass er wie ein Notenschlüssel aussieht (und das vermutlich heißt, dass du mehr Musik machen wirst), kann es gut sein, dass sich dein Herzenswunsch, Gitarre spielen zu lernen, meldet und du ihm endlich mal zuhörst. Das Symbol sagt: Schluss mit Ausreden wie: »Ich habe keine Zeit für Gitarrenunterricht«, oder: »Ich bin nicht musikalisch genug.«

Ein super Tool, um dir (an Silvester oder im Alltag) über deine Herzenswünsche klar zu werden und dir selbst einen kleinen Schubser zu verpassen, sind Orakel- oder Tarotkarten. Zur Entstehung der Tarotkarten gibt es unterschiedliche Ansichten. Eine der verbreitetsten besagt, dass ihr Name sich von den Kartenspielen *Taraux* und *Tarocchi* ableitet, die Anfang des 16. Jahrhunderts in Frankreich und Italien sehr beliebt waren. Andere vermuten, dass ihre Geschichte noch weiter zurückreicht. Feststeht, dass bis heute immer wieder neue Tarotdecks und andere Orakelkarten hinzukommen.

Die Tarotexpertin und Autorin Noemi Christoph erklärt, dass Tarotkarten, im Gegensatz zu Orakel- oder Affirmationskarten, immer gleich aufgebaut sind.[4] Dabei folgen sie der gleichen Reihenfolge, Anzahl und Bedeutung an Karten, die man als kleine und große *Arkana* bezeichnet. Die 78 Karten eines Tarotdecks erzählen stets die gleiche Geschichte. Einige ihrer Motive, wie der Teufel oder der Tod, sind auf den ersten Blick vielleicht etwas unheimlich und abschreckend, stehen symbolisch aber oft für positive Dinge wie Veränderungen im Leben. Orakelkarten hingegen können alles Mögliche abbilden: Es gibt sie mit Tiermotiven, Engeln, Künstler*innen, Liebespaaren der Popkultur und vielem mehr.

Hannah arbeitet besonders gern mit einem illustrierten Tierorakeldeck, das verschiedene Tiere den vier Elementen zuteilt und unterschiedliche Botschaften veranschaulicht, die zu den Tieren passen. Marie zieht gern von einem Deck, das den Namen *The Literary Witches* trägt und, ähnlich wie in unserer Übung mit den zwölf Archetypen, die Stärken verschiedener Autorinnen wie Virginia Woolf oder Toni Morrison vorstellt.

Tarot- und Orakelkarten sind perfekte Werkzeuge, um uns mit unserer Intuition zu verbinden. Oft nehmen wir uns im Alltag zu selten Zeit, um in unsere Innenwelt einzutreten. Das Kartenziehen ist nicht nur eine Erinnerung daran, uns einen bewussten Moment Zeit zu nehmen, es aktiviert auch die Verbindung zwischen unserem Verstand und unserer Intuition/unserem Unterbewusstsein mit nur einem Handschlag: dem des Karteziehens.

»Jede Karte, die du ziehst, löst etwas in dir aus. Dadurch weckt sie deine innere Stimme und zeigt dir, ob das, was sie verbildlicht, mit deinem Inneren räsoniert oder du es ablehnst«, erklärt Noemi Christoph in ihrem Buch *Tarot für Dich* und ermutigt uns, diese Reaktionen gewissenhaft zu beobachten und so unserer Seele immer wieder den Spiegel vorzuhalten.

Egal, ob du mit Tiermotiven, Göttinnen, Archetypen oder Tarotkarten arbeitest, wir haben zwei mögliche Anwendungen, wie du sie in den Rauhnächten für dich nutzen kannst: die Monatskarte und den Neujahrs-Spread.

Die andere Art der Monatskarte

Nein, hier geht es nicht um deine Monatskarte für die öffentlichen Verkehrsmittel. In unserem Fall ziehst du in jeder Rauhnacht eine Karte aus deinem Kartendeck, die für den jeweiligen Monat im neuen Jahr steht, also in der ersten Nacht die Karte für Januar, in der zweiten Nacht die für Februar und so weiter.

Mische die Karten in deinen Händen, bis du das Gefühl hast, dass sie bereit sind. Fächere sie verdeckt auf, und bewege deine dominante Hand langsam über ihnen. Dabei stellst du eine Frage wie: »Was erwartet mich im Monat Januar?«, oder: »Was ist im April wichtig für mich zu wissen?«

Wenn du intuitiv weißt, dass es Zeit zum Zugreifen ist, mach es, und dreh die Karte um. Wie sich der richtige Zeitpunkt oder die richtige Karte anfühlt, ist von Person zu Person verschieden. Hannah merkt es an einem leichten Kribbeln in ihren Fingern, wenn sie die richtige Karte berührt. Bei Marie fliegen die Augen immer wieder zurück zu einer Karte, an der ihr Blick hängen bleibt.

Notiere dir die Karte in deinem Journal, und schreib gern deine Interpretation dazu, damit du sie nicht vergisst. Im Laufe des Jahres oder in deiner nächsten Jahresrückschau kannst du schauen, ob das, was die Karte prophezeit hat, auf irgendeine Weise eingetroffen ist.

Hannah dachte einmal, dass ihre Karten »kaputt« sein müssten, weil sie mit ihren Interpretationen so gar nichts anfangen konnte, und nahm sich fest vor, im nächsten Jahr eine andere Art von Orakel zu befragen – oder es einfach ganz zu lassen. Als sie dann aber im Laufe des Jahres in ihrem Journal zurückblätterte, machten alle Nachrichten auf einmal komplett Sinn. Es braucht also manchmal etwas Zeit und Abstand, um die Botschaften richtig einzuordnen.

Du kannst aber auch etwas aktiver mit den Rauhnachtkarten arbeiten und sie nutzen, um dir jeweils einen bestimmten Fokus für die kommenden Monate zu setzen. Diesen rufst du dir dann am besten zu Beginn des Monats mithilfe deines Journals noch einmal in Erinnerung, oder du reflektierst zum Ende jedes Monats, inwiefern die Interpretation der Karte mit deinen Erfahrungen übereingestimmt hat.

Neujahrs-Spread

Beim Neujahrs-Spread gehst du ähnlich vor wie bei der Monatskarte, nur dass du diesmal nacheinander drei Karten ziehst, nicht bloß eine. Unter einem Spread versteht man das Legemuster, in dem die Karten angeordnet werden.

Bei der ersten Karte fragst du so etwas wie: »Was habe ich im letzten Jahr gelernt?«, bei der zweiten: »Was erwartet mich im neuen Jahr?«, und bei der dritten: »Was wird mir dabei helfen?«.

Hannah legt uns dieses Spread seit ein paar Jahren am Silvesterabend, und oft ist der eine oder die andere dabei frustriert, wenn die Karten ein neues Jahr als brotlose*r Künstler*in voraussagen. Doch in den meisten Fällen haben sie die Energien der Jahre gut getroffen. Besonders die dritte Karte gefällt uns beiden sehr gut, weil sie uns daran erinnert, dass wir jederzeit Unterstützung erhalten können: von unserer Intuition, dem Universum, Freund*innen oder aus anderen magischen Quellen.

Smoke it out. Die Kunst des Räucherns

Unsere Vorfahr*innen räucherten in der magischen Zeit zwischen den Jahren ihre Ställe und Häuser aus, um unerwünschte Geister mit dem Rauch hinauszubefördern und gleichzeitig eine Schutzbarriere vor neuen Eindringlingen aufzubauen. Die Rauchsäule, die von der Erde zum Himmel aufstieg, wurde auch als Kommunikationstool zu den Gött*innen genutzt, um sicherzugehen, dass Gebete und Wünsche direkt ankamen.

Im Alltag diente das Räuchern verschiedenen Zwecken. So wurde damals beispielsweise viel in Räumen geräuchert, in denen Kranke kuriert wurden. Nach deren Genesung stand der Rauch für den Neuanfang.

Zudem wurden und werden Räucherzeremonien gern genutzt,

um sich inspirieren zu lassen und auf andere Gedanken zu kommen, da Gerüche stark mit Erinnerungen und Emotionen verbunden sind.

Und sicher hast du auch schon einmal bei einem Umzug versucht, den Geruch deiner Vormieter*innen loszuwerden, um die neue Umgebung für deine Anwesenheit freizumachen und die Atmosphäre zu filtern.

Entsprechend kannst du den Rauch auch symbolisch und energetisch nutzen, um dicke Luft zu beseitigen. Indem du Kräuter, Hölzer und Harze verbrennst, befreist du mit dem Rauch die Luft von alten Energien. Der Rauch nimmt die dicke Luft in sich auf und transportiert sie aus dem geöffneten Fenster.

So wie wir auch bei den Kristallen eine physische und eine energetische Reinigung vorgenommen haben, ist das Räuchern die energetische Art deines Wohnungsputzes. Indem du entweder deine Aura oder deine gesamte Wohnung ausräucherst, kannst du deinem Wunsch, Altes loszulassen, energetisch und symbolisch auf die Sprünge helfen.

Du kannst so oft räuchern, wie du willst, und das nicht nur in den Rauhnächten, sondern über das ganze Jahr verteilt. Wir empfehlen, mindestens einmal in den Rauhnächten ganz bewusst die komplette Wohnung zu räuchern. Geh danach in eine Meditation oder Journaling-Session (neben der noch rauchenden Schale), und lass dich ordentlich benebeln. Das ist ein ähnliches Gefühl, wie in eine Dampfsauna zu gehen und sich voll und ganz auf den eigenen Körper und die eigene Wahrnehmung zu konzentrieren.

Bleibt nur noch die Frage:

Womit räuchern?

Es gibt viele verschiedene Kräuter und andere Substanzen, die sich zum Räuchern eignen. Besonders beliebt ist heutzutage das Räuchern mit Palo Santo oder weißem Salbei. An dieser Stelle wollen wir allerdings darauf hinweisen, dass es sich in beiden Fällen um Elemente handelt, die weder unserer Kultur noch unserer Region entspringen. Palo Santo, auch heiliges Holz genannt, hat seinen Namen von dem Baum, von dem es stammt, und kommt im Schamanismus seit Generationen zur Heilung und Reinigung von Energien zum Einsatz. Der Baum wächst in Mittel- und Südamerika (vor allem in Mexiko, Ecuador und Peru) und steht in den meisten Ländern unter Naturschutz. Aufgrund der wachsenden Nachfrage kommt es jedoch vermehrt zu illegalen Abholzungen, weshalb wir nicht dazu raten, mit Palo Santo zu räuchern.

Ganz ähnlich sieht es auch beim weißen Salbei aus, den es in immer mehr kommerziellen Onlineshops und Concept Stores zu kaufen gibt, weil die Blätter sich nicht nur zum Räuchern, sondern auch als hübsches Deko-Accessoire eignen. Wir selbst haben peinlicherweise erst relativ spät mitbekommen, dass weißer Salbei nichts mit dem Salbei zu tun hat, den wir auf unserem Balkon gepflanzt haben. Weißer Salbei stammt aus dem Südwesten der USA (sowie dem Nordwesten Mexikos) und wird daher, genau wie das heilige Holz, nach Deutschland importiert. Das Räuchern mit weißem Salbei hat seinen Ursprung in den indigenen Communities. Wir sehen uns also in beiden Fällen mit dem Thema der Kulturellen Aneignung konfrontiert. Durch die zunehmende westliche Kommerzialisierung kam es in den letzten Jahren zu einer Versorgungsknappheit, von der in erster Linie die indigenen Gruppen betroffen sind, deren Tradition zuvor jahrelang von der US-Regierung unterbunden wurde. Und auch der ökologisch nachhaltige Anbau ist immer seltener gewährleistet.

Wir wollen hier gar nicht so sehr klugscheißen und auch nichts verbieten. Wenn du also mit Palo Santo oder weißem Salbei räuchern möchtest, schau am besten auf den Preis. Alles, was unter fünf Euro pro Bündel liegt, geht vermutlich nicht mit rechten Dingen zu. Und wir finden, Rituale, Bräuche und Traditionen sollten nicht auf Kosten derer gehen, die sie erschaffen haben.

Dass wir unsere eigenen Verhaltensweisen vergleichsweise leicht umlernen – oder besser gesagt: uns altes Wissen aus unserer Kultur in Erinnerung rufen – können, zeigt sich besonders deutlich, wenn es ums Räuchern mit Kräutern geht.

Hast du einen Balkon oder (du Glückspilz) sogar einen eigenen Garten? Dann kannst du hier ganz easy deine eigenen Kräuter zum Räuchern (oder Kochen) pflanzen und ernten. Falls du weder das eine noch das andere besitzt: auch kein Problem. Wir persönlich räuchern am liebsten mit Kräutern aus dem Berliner Umland, also regionalen Pflanzen, die wir in der Natur finden können. Allein oder mit Freund*innen kann es eine schöne Erfahrung sein, auf Kräuterwanderung zu gehen und sich (in kleinen Mengen) einen bunten Strauß zu pflücken. Hier kommen ein paar unserer Favoriten.

Kräuter für die Räuchermischungen

Salbei

Salbei ist ein uraltes Heilkraut, das von Römer*innen und Mönchen in ganz Europa verbreitet wurde. Medizinisch wird er eingesetzt, um das Wachstum einiger Bakterien zu hemmen oder Bauchschmerzen zu lindern. Wir beide mussten als Kinder immer mit Salbeitee gurgeln, wenn wir eine Erkältung hatten, und in den meisten Fällen ging es uns danach wirklich besser.

Genauso ist es, wenn wir mit Salbei räuchern: Er befreit unsere Lungen. Also schön tief einatmen!

Vorkommen: Wegränder, Gebüsch

Sammelzeit: Mai oder September (vor oder nach der Blüte)

Lavendel

Lavendel stammt aus dem Mittelmeerraum. Im Bereich der Heilmedizin wird er zum Beispiel zur Desinfektion genutzt. Wir erinnern uns noch gut an die mit Lavendelöl getränkten Wattepads, die unsere Oma auf unsere Mückenstiche presste.

Der Rauch von Lavendel hilft uns, in unsere Balance zu kommen und Ruhe zu finden. Entsprechend kann er bei Nervosität und Angststörungen zum Einsatz kommen.

Vorkommen: trockene, steinige Umgebung. Hier ist die Suche in der Natur für die meisten von uns nicht so einfach, daher finden wir ihn am ehesten im Blumenladen oder Gartencenter.

Sammelzeit: Juli bis August

Beifuß

Beifuß, auch als »Kraut der Göttinnen« oder »Mutter aller Pflanzen« (oder bei Hannah als »Oh nein! Heuschnupfen«) bekannt, ist in der Regel leicht zu finden, daher auch der Name: Bei(m) Fuß. In die Schuhe gestopft, hilft die Pflanze Wander*innen mit müden Füßen und eignet sich prima fürs abendliche Fußbad.

Wenn wir Beifuß räuchern, werden wir geschützt und gereinigt. Wir nutzen ihn daher gern, wenn wir einen Cut in unserem Leben setzen wollen, etwas loslassen oder verarbeiten möchten.

Vorkommen: Wegränder, Gebüsch

Sammelzeit: Juli bis August

Schafgarbe

Nicht nur Suppen können durch Schafgarbe besondere Würze erhalten, auch beim Bierbrauen kam das gute Kraut lange Zeit zum Einsatz.

Wenn wir es räuchern, stärken wir damit unsere Nerven und sind besonders offen, unserer Intuition zu folgen.

Vorkommen: trockene Wiesen, Wegränder

Sammelzeit: Juni bis September

Besonders beliebt beim Räuchern in den Rauhnächten sind Kräuterkombinationen aus Beifuß, Schafgarbe, Lavendel und Salbei, gemischt mit Rosmarin, Wacholderbeeren und Tannennadeln.

Übung: *Let it burn*

Und so geht's: Zum Räuchern brauchst du eine feuerfeste Schale (Hannah nimmt hier die dicke Steinschale ihres Mörsers), Räucherkohle, etwas zum Anzünden (also Streichhölzer oder ein Feuerzeug) und Räuchersand (oder normalen Sand, vom Spielplatz um die Ecke stibitzt). Außerdem benötigst du dein Räucherwerk, also Kräuter, Harze oder Hölzer, die du zerkleinerst und auf die glühenden Kohlen gibst. Es ist wichtig, dass du am Anfang deine Schale mit Sand füllst und dann erst die Kohle auflegst und anzündest, damit du dir nicht die Hände verbrennst – die Kohle wird echt heiß.

Nachdem du die Kohle entzündet hast, dauert es eine Weile, bis sie komplett durchgeglüht ist. Du erkennst es daran, dass sie sich gräulich färbt. Du kannst den Vorgang zwar etwas beschleunigen, indem du auf die Kohle pustest, generell ist hier aber Geduld angesagt. Die Zeit lässt sich super nutzen, um dir zu überlegen, was die Intention deiner heutigen Räucherung ist. Vielleicht schreibst du sie dir auf oder formulierst sie zu einer magischen Formel, die du beim Räuchern wiederholen kannst. Ein traditionelles Beispiel dafür wäre »Glück ins Haus, Unglück hinaus«, eine moderne Form *Bullshit out, sunshine in* oder *Do no harm, take no shit.*

Jetzt kannst du dein Räucherwerk auflegen. Dabei gilt: Weniger ist mehr. Falls dein Räucherwerk von der Kohle rutscht, kannst du es mit einer kleinen Zange oder Pinzette wieder drauflegen.

Geh dann mit der duftenden rauchenden Schale durch die ganze Wohnung, sodass der Rauch sich verteilt. Falls du mal auf einem deiner Spaziergänge eine Feder gefunden hast, kannst du mit dieser oder einem Fächer den Rauch noch besser verteilen. Ebenso gut tut's auch ein Magazin oder eine Zeitung.

Wenn du und deine Wohnung komplett eingenebelt seid und du deine Intention ausgesprochen hast, öffne alle Fenster weit und lasse den Rauch hinausziehen. Im Anschluss kannst du deine Räucherschale auf deinen Kraftort stellen und in Ruhe den Duft deiner Räuchermischung genießen.

Alternativ kannst du dir auch – wie Marie – deine eigenen Kräuterbündel binden, die du beim Räuchern in die Hand nimmst.

Übung: Kräuterbündel binden

Alles, was du dazu brauchst, ist eine Schnur (Flachs, das sogenannte Wurstgarn), die bei seitlich ausgestreckten Armen von einer Hand zur anderen reicht. Nimm sie dann doppelt, und mach an einem Ende eine Schlaufe, damit du dein Bündel später zum Trocknen aufhängen kannst.

Anschließend geht's ans Binden: Nimm die Kräuter deiner Wahl, und binde sie unten mit der Schnur fest zusammen. (Also dort, wo die Schlaufe ist.) Danach kannst du von unten nach oben weiterbinden, indem du die Schnur vorn und hinten überkreuzt. Das Schöne am Selbstbinden ist, dass du dir währenddessen schon mal deine Intention für das Räucherritual überlegen und das Bündel mit deinen Wünschen aufladen kannst. Wenn du oben angekommen bist, kannst du das Ende der Schnur abschneiden und das Bündel aufhängen.

Warte etwas mehr als eine Woche, bis du die Kräuter abhängst und zum Räuchern nutzt, damit sie auch wirklich trocken sind. Wenn du magst, kannst du zusätzlich kleine Blüten oder Nadeln (je nach Saison) in deine Kräutermischung integrieren.

Ob du nun an die Kraft des Räucherns glaubst oder nicht: Allein der Akt des bewussten Umgangs mit der Natur, die Beschäftigung mit der Heilwirkung von Pflanzen und das feierliche Ritual des Räucherns verleihen deinem Alltag eine besondere Magie und stärken deine Bindung – die zu dir selbst und die zur Umwelt.

Für deinen eigenen Schutz und den der Natur hier noch ein paar nützliche Tipps:

Safety first

Beim Miträuchern von Nadeln solltest du vorsichtig sein, weil es beim Entzünden zu größeren Flammen kommen könnte. Generell ist beim Umgang mit Feuer Vorsicht geboten. Mach daher immer ein Fenster auf (oder stell es auf Kipp), und halte etwas zum Löschen bereit.

Wenn du bei den Kräutern unsicher bist, ob sie sich eignen oder vielleicht sogar giftig sein können, solltest du vorher genau recherchieren. Bei ihrer Kräuterwanderung benutzt Marie gern eine App, die ihr beim Bestimmen der Pflanzen hilft (z. B. »Naturblick« oder »Picture This«). Aber es gibt auch viele tolle Bücher über Heilpflanzen sowie professionelle Kräuterführungen, denen du dich anschließen kannst.

Marie hat die Erfahrung gemacht, dass es besser ist, mit einigen wenigen Kräutern anzufangen und diese zunächst mal besser kennenzulernen, und auch Hannah mit ihren vielen Allergien rät dazu. So wie es mit allen guten Beziehungen ist, sollte man sich erst mal Zeit zum Beschnuppern geben.

Bei deinen Wegen kannst du allerdings etwas mehr freestylen. Die Chance, dass dein Beifuß nicht von einem Hund angepinkelt oder von Abgasen eingenebelt wurde, ist deutlich höher, wenn du tief in den Wald gehst oder auf wilden Wiesen Ausschau hältst. Auf diese Weise lernst du auch deine Umgebung gleich ein bisschen besser oder anders kennen.

Timing

Ein guter Zeitpunkt, um auf Entdeckungstour zu gehen, ist ein sonniger Vormittag, denn dann sind die Pflanzen am kräftigsten. Idealerweise hat es auch schon seit zwei Tagen nicht mehr geregnet. Um auf Nummer sicher zu gehen, also immer schön den Wetterbericht im Blick behalten.

Ehrenkodex

Wenn du bereits Erfahrungen als Kräuterhexe gesammelt hast, kennst du sicher den Ehrenkodex: Maximal ein Viertel der Pflanzen an einem Ort ernten, damit der Bestand nicht leidet. Weniger tut es in der Regel auch! Denk immer an die Insekten, die auf die Pflanzen angewiesen sind. *Sharing is caring.*

Kapitel 7: Kräuter to go. Mit ätherischen Ölen für jede Gefühlslage gewappnet

In unserem Räucher-Kapitel haben wir die Magie der Pflanzen bereits kennengelernt und gesehen, welche heilende Wirkung Kräuter haben und wie Düfte uns dabei unterstützen können, negative Gedanken und Energien loszuwerden. In diesem Kapitel machen wir das Ganze noch alltagstauglicher, indem wir uns die Arbeit mit ätherischen Ölen anschauen.

Fühlst du dich deinen Emotionen manchmal hilflos ausgeliefert und weißt nicht, wie du dich aus einem Stimmungstief, aus Motivationslosigkeit oder Momenten der reinen Frustration aus eigener Kraft hinausbefördern kannst? In Form von Roll-ons, Dämpfen oder Flüssigkeit können ätherische Öle unseren Gefühlen eine sanfte Wendung verleihen. Wenn das nicht Magie ist, dann wissen wir's auch nicht.

In ätherischen Ölen (auf Englisch: *essential oils*) finden wir komprimiert und hoch konzentriert die *Essenz* bestimmter Pflanzen. In dieser Form werden sie zu starken Tools, die wir auf ganz verschiedene Arten einsetzen können, um unsere Sinne zu schärfen und Klarheit über bestimmte Gefühle zu bekommen. In kleinen Fläschchen lassen sie sich überallhin mitnehmen und so auch für schnelle, empowernde Rituale unterwegs einsetzen.

Bestimmt hattest du auch schon einmal so eine Situation: Du sitzt nichts ahnend im Bus oder in der Bahn, als eine Frau einsteigt und sich auf den Platz neben dir setzt. Ihr Parfüm steigt dir in die Nase, und zack, bist du plötzlich in einer anderen Welt. Ihr Parfüm ist dasselbe, das deine Mutter immer trägt, und so fühlst du dich ihr plötzlich ganz nahe. Vielleicht ist es aber auch der Geruch eines Weichspülers oder eines Shampoos, dessen Duft eine Erinnerung heraufbeschwört. Marie geht es zum Beispiel immer so, wenn sie ein bestimmtes Vanilledeo riecht, dessen Geruch sie schlagartig in die Sportumkleide katapultiert, in der sie und ihre Freundinnen sich mit fünfzehn Jahren von oben bis unten eingesprüht haben.

Unser Geruchssinn ist durch und durch magisch, wenn man es so betrachtet. Durch den bewussten Einsatz von Düften können wir Erinnerungen hervorzaubern, die wir auf bewusster Ebene nicht abrufen können, und unsere Gefühle besser kennenlernen – auch die, vor denen wir uns vielleicht fürchten. Lass uns schauen, wie wir uns ihnen stellen und sie mit gepresster Pflanzenkraft verwandeln können.

Anwendung und Wirkung von ätherischen Ölen

Wie wir am Beispiel des Parfüms, Waschmittels oder Deos sehen, kann jegliche Art von Gerüchen Einfluss auf Körper und Emotionen nehmen, auch künstliche Aromen. Zur bewussten Arbeit eignen sich aber besonders naturreine ätherische Öle. Diese sind besonders stark in ihrer Wirkung und haben darüber hinaus heilende Eigenschaften.

Von diesen wusste auch unsere Mutter. Während einer Reise durch Australien, die wir machten, als wir Mädchen noch recht klein waren, behandelte sie unsere juckenden Mückenstiche und aufgeschlagenen Knie mit Teebaumöl. Bei Hannah löst der Geruch von Teebaumöl daher bis heute Assoziationen von Sonne, Reisen und Geborgenheit aus, während Marie sich sofort an ihr schmerzendes Knie erinnert. So unterschiedlich sind Geruchserinnerungen nun einmal. Dass sie sehr stark sind, lässt sich jedoch nicht bestreiten.

Reine ätherische Öle wirken auf drei Ebenen: körperlich, energetisch und emotional.

1. Körperliche Wirkung

Auf körperlicher Ebene können Öle Schmerzen lindern, die Wundheilung unterstützen und vieles mehr. So wirkt Lavendelöl beispielsweise super bei Schnitt- oder Brandwunden. Stell dir für den Fall der Fälle ein Fläschchen mit verdünntem Lavendelöl griffbereit in die Küche. Setz einen Roll-on-Aufsatz oben auf die Flasche, dann kannst du deine Wunde schnell und einfach behandeln.

Auch bei Kopfschmerzen sind Öle gute Ersthelfer. Du kennst sicher Tiger Balm, den man sich auf die Schläfen aufträgt. Darin enthalten ist Wintergrün, eine Pflanze, die krampflösend auf die Muskulatur wirkt und daher auch super bei Muskelkater hilft.

Ätherische Öle wie Weihrauch, Zitrone, Oregano, Teebaum, Nelke, Eukalyptus und Orange wirken hingegen antiviral, antibakteriell und antifungal.

Aus diesem Grund mischen wir uns Kombinationen wie diese auch gern in unsere Tees, zum Schutz vor Erkältungen, oder reiben uns im Winter die Fußsohlen mit Kräuterbalsam ein, der über Nacht unser Immunsystem stärkt.

2. Energetische Wirkung

Naturreine ätherische Öle werden schonend gewonnen, sodass die Vibration der Pflanze – oder ihr Geist, wenn man so will – erhalten bleibt. Auf diese Weise wirken sie ähnlich wie Bachblüten oder andere Blütenessenzen auf subtiler, feinstofflicher Ebene. Ähnlich wie Kristalle können also auch ätherische Öle dabei helfen, deine eigene energetische Schwingung zu erhöhen. Selbst wenn du ein Öl nur dazu einsetzt, einen körperlichen Effekt zu spüren, wirkt es automatisch auch immer energetisch und emotional auf dein System. Du erhältst also zwei Dinge in einem.

3. Emotionale Wirkung

Wie wir ja bereits erkannt haben, ist unser Geruchssinn ein starker und unmittelbarer Auslöser für Gefühle und Erinnerungen. Wenn wir einen Duft durch die Nase einatmen, übersetzen unsere Riechzellen die chemischen Signale des Dufts in elektrische Signale für unser Gehirn und senden diese an den Riechkolben. Von dort aus gelangen sie ins limbische System, also den Teil unseres Gehirns, in dem unsere Erinnerungen und Emotionen zu Hause sind. Durch diesen unmittelbaren Effekt können wir gezielt unsere Gefühle beeinflussen und beispielsweise an einem grauen Tag mit stimmungsaufhellenden Zitrusdüften bewusst neue Impulse setzen.

Was die emotionale Wirkung von ätherischen Ölen betrifft, können wir zwei Kategorien unterscheiden: Es gibt Düfte, die einen sofortigen Effekt haben, wenn wir sie riechen. Dazu gehören beispielsweise Sorten wie Pfefferminz- oder Zitrusöle, die in wenigen Minuten die Stimmung verändern. Aromen, die langsamer wirken, dafür aber oft tiefer dringen, sind beispielsweise Patschuli und Ylang Ylang.

Sie helfen uns dabei, alte Gedankenmuster und Gefühle an die Oberfläche zu bringen, was hilfreich sein kann, wenn wir alte Glaubenssätze oder verdrängte Emotionen heraufbeschwören wollen, um sie dauerhaft loszulassen.

Hannah:
Vor einigen Jahren reichte es meinem Körper mit all dem Stress, der sich als großer Stapel unerledigter Aufgaben auf meinem Schreibtisch bildlich abzeichnete. Diagnose: Burn-out. Meine Ärztin verordnete mir, zu Hause zu bleiben, mir etwas Gutes zu tun und erst mal wieder auf die Füße zu kommen, ehe ich das Modeunternehmen, in dem ich damals arbeitete, wieder betrat. Mir etwas Gutes tun – was könnte das sein? Da Stillsitzen und Däumchen drehen so gar nicht mein Ding ist, beschloss ich,

mich für einen Workshop anzumelden. Nach einigem Rumsurfen zum Thema Wellness fand ich im Netz das Angebot einer Frau, die mit Aromatherapie arbeitet.

Ich hatte vorher nicht viel mit Ölen zu tun gehabt, kannte sie nur aus unserer Kindheit als Arzneimittel bei Mückenstichen. Nie hätte ich gedacht, dass diese kleinen Fläschchen einmal solch einen großen emotionalen Eindruck auf mich machen würden! Doch tatsächlich lief ich damals, im wahrsten Sinne des Wortes, *high* vor Glück aus der Wohnung, in der der Ölworkshop stattfand. Angefixt von all den Emotionen, die das Schnuppern an verschiedenen Fläschchen in mir ausgelöst hatte, besorgte ich mir schließlich meine eigenen Duftmischungen. Ich begann, mehr und mehr mit ihnen herumzuexperimentieren – und krempelte damit nach und nach mein Leben um. So wie die Gummibärenbande oder Asterix in den Cartoons meiner Kindheit hatte ich auf einmal kleine Fläschchen mit magischen Flüssigkeiten zur Hand, die mich in allen möglichen Alltagssituationen begleiteten und mir dabei halfen, trübe Gedanken, Unsicherheiten und diese lähmende Antriebslosigkeit zu besiegen.

An regnerischen Tagen, an denen ich mich sonst deprimiert und leer gefühlt hatte, roch ich nun an frischen Zitrusdüften, die meine Laune in Sekunden anhoben. Endlich fand ich die Kraft und Motivation, einen Spaziergang zu machen, zum Yoga zu gehen oder meine Freundinnen anzurufen. An Tagen, an denen mich die Angst vor meiner beruflichen Zukunft zermürbte, schenkten mir wiederum holzige Düfte mehr Gelassenheit.

Natürlich waren es nicht allein die Öle, die mein Leben in eine andere Richtung lenkten. Doch ihre Impulse und ihre Wirkung auf meine Gefühle und Gedanken halfen mir, wieder handlungsfähig zu werden und die Dinge selbst in die Hand zu nehmen. Sie waren meine Art der Hilfe zur Selbsthilfe.

Emotionen kennenlernen und verwandeln

Bis zu ihrem Erlebnis beim Öl-Workshop hatte Hannah ihre Emotionen vor allem in zwei Kategorien unterschieden: *gut* und *schlecht*. Durch die regelmäßige Arbeit mit Ölen fühlte sie sich aber mit einem Mal wie eine Forscherin, die jedes aufkommende Gefühl, das durch die unterschiedlichen Gerüche verstärkt oder hervorgelockt wurde, genau unter die Lupe nahm. Sie besorgte sich Bücher, mit deren Hilfe sie herausfand, welche Emotionen welchen Düften zugeordnet werden können, und experimentierte so lange, bis sie auf Grundlage ihrer eigenen Erfahrungen einen Geruchskompass für ihre Emotionen zusammengestellt hatte. Dabei sollten die Düfte ihr helfen, die gewünschten Emotionen herbeizuführen oder unerwünschte Gefühle anzunehmen und langsam zu transformieren.

Sie war so begeistert von ihren kleinen und großen Durchbrüchen auf ihrer Entdeckungstour, dass sie schon bald ihre Ergebnisse mit anderen teilte und Freund*innen oder Familienmitgliedern ihre Duftfläschchen unter die Nase hielt.

Marie, der die kleinen Duftmischungen, die Hannah ihr bei emotionalen und körperlichen Beschwerden mischte, halfen, schlug schließlich vor, sie solle ihr gesammeltes Wissen in Workshops mit anderen teilen. Gesagt, getan. In Yogastudios, Designateliers, im eigenen Wohnzimmer oder bei Teamworkshops für große Unternehmen erklärt Hannah seither immer mehr Menschen, welche emotionale Wirkung die Arbeit mit ätherischen Ölen auf sie hat und wie jede*r von uns sie in den eigenen Alltag integrieren kann. Mal geht es um Düfte für eine gesunde Work-Life-Balance, dann wieder um empowernde Öle für die Liebe oder die besten Öle beim Mondritual, je nachdem, wer gerade Rat sucht.

Du siehst also schon: Egal, in welchem Bereich deines Lebens du dich empowern möchtest, emotionalen Support brauchst oder deine Gefühle erforschen möchtest, es gibt immer ein geeignetes Öl!

Für den Anfang kannst du dich bei der aktiven Arbeit mit jedem Öl an diesem simplen Drei-Schritte-Ritual orientieren:

Schritt 1: Das Gefühl identifizieren

Ein Gefühl konkret zu beschreiben ist manchmal gar nicht so einfach. Hannah dachte beispielsweise lange, dass sie automatisch traurig ist, wenn sie weint. Doch als sie einmal, in Tränen aufgelöst, auf ihrem Bett saß und einen Moment innehielt, beschloss sie, genauer in sich hineinzuhorchen und zu fragen: *Warum weine ich eigentlich gerade?* Sie notierte die Frage in ihrem Journal und schrieb einfach drauflos. Dabei roch sie immer wieder an ein paar der Öle, die sie zur Hand hatte, um herauszufinden, welcher Duft ihr in diesem Moment guttat.

Sie erkannte, dass es der von Basilikum war – eine Pflanze, deren heilender Duft bei Erschöpfung, Überforderung und Ausgebranntsein hilft. Das traf es perfekt.

Zum Vergleich roch sie vorsichtshalber auch an jenen Ölen, die bei Trauer helfen sollen: Ylang Ylang, Rose und Pfefferminze. Doch diese sprachen sie in jenem Moment so gar nicht an. Sie war nicht traurig, sondern endlos erschöpft.

Durch das aktive Verbinden von Situationen und Gerüchen in Kombination mit bewusstem Riechen, Nachspüren und Aufschreiben lassen sich aufkommende Gefühle leichter entschlüsseln. Tatsächlich waren Überforderung und Wut bei Hannah die häufigsten Gründe für ihre Tränen. Wenn du dein akutes Gefühl einmal identifiziert hast, kannst du zum nächsten Schritt übergehen: der Annahme dieses Gefühls.

Schritt 2: Das Gefühl annehmen

Dieser Schritt ist der wichtigste, denn wenn du ein Gefühl benennen kannst und dir erlaubst, es eine Zeit lang wirklich zu fühlen, kann es sich durch deinen Körper bewegen und ihn so auch wieder verlassen. Das Ignorieren und Verdrängen von Gefühlen macht sie dagegen auf Dauer äußerst unangenehm und unberechenbar.

Schau also genau nach, um was es sich handelt: Frustration, Neid, Unsicherheit, *who is it?!* Dieser Schritt ist, als würdest du Emotionsvokabeln lernen.

Gut, jetzt kannst du das Gefühl benennen. Aber weißt du auch, an welcher Stelle in deinem Körper du es verorten kannst?

Mithilfe der regelmäßigen Notizen in deinem Journal wirst du schon bald herausfinden, in welchen Situationen welches Gefühl am häufigsten auftritt und wo du es spürst. Dieses Wissen ist sehr wertvoll, denn es macht dich stark und handlungsfähig. So kannst du bereits antizipieren, wenn das Gefühl kommt, und dich darauf gefasst machen, ohne von einer Gefühlswelle überrollt zu werden.

Wenn du einmal weißt, mit wem du es zu tun hast, kannst du das Gefühl auch gezielt im Kontext einer Therapie besprechen, es in deinem Journal festhalten, es bei deiner Badesession oder in einer geführten Meditation betrachten und Vorbereitungen treffen, wenn die nächste Welle anrollt.

Für jedes »Giftgefühl« gibt es auch eine Art Gegengift. Gib einfach mal bei Pinterest ein: »*Diffuser blend for …*«, und du wirst sehen, welche Duftmischung dir auf deinem Weg behilflich ist.

Unsere angenehmen Gefühle wollen wir hingegen natürlich nicht loswerden, sondern so lange wie möglich behalten. Auch hier hilft es, dir bewusst zu machen, was du gerade fühlst. Liebe? Vorfreude? Zufriedenheit? Du kannst diese Gefühle mit dem passenden Duft zusätzlich verstärken, verlängern oder sogar konservieren. Wie das geht, zeigen wir dir im dritten Schritt.

Schritt 3: Das Gefühl beeinflussen

Um ein Gefühl, das dir guttut, auf Knopfdruck abrufbar zu machen, können wir mit Geruchskonditionierung arbeiten. Hierfür erschaffen wir uns eine maßgeschneiderte Geruchserinnerung.

In welchen Momenten fühlst du dich besonders gut? Uns beiden geht es immer besonders gut, wenn wir ein Projekt abgeschlossen, eine Rechnung geschrieben oder einen Text fertiggestellt haben. Um dieses Glücksgefühl als Geruch zu fixieren, riechen wir dabei jedes Mal am selben Geruch.

Probiere es selbst mal aus. Du wirst sehen: Nach einigen Wochen wird deine Nase sich beim Erschnuppern des jeweiligen Dufts an deine kleinen Erfolge erinnern. Wenn es also Zeiten gibt, in denen du an dir zweifelst, kannst du dir das Fläschchen mit eben jenem Öl schnappen und tief einatmen. Du weißt vielleicht gerade nicht mehr, wie stark du bist, aber dein Körper wird sich daran erinnern.

Welchen Duft du für deine Erfolgsmomente wählst, ist dir überlassen. Im Folgenden findest du eine Übersicht möglicher Düfte, die wir persönlich für passend halten. Aber wie bei allem, was mit deiner eigenen Magie zu tun hat, funktioniert deine Auswahl am besten, wenn du dich von deiner Intuition leiten lässt. Das heißt im wahrsten Sinne des Wortes: immer der Nase nach.

Aber keine Sorge, du musst keine Tabelle auswendig lernen, um zu wissen, welcher Duft gut für dich ist. Die Faustregel lautet: Alle Düfte, die du gern riechst, tun dir gut und passen zu den emotionalen Themen, die gerade bei dir an der Reihe sind. Alle Düfte, die du eklig oder unangenehm findest, haben mit Themen oder Erinnerungen zu tun, die vielleicht irgendwann einmal – aber nicht in diesem Moment! – wichtig sind. Schau einfach, was jetzt gerade am meisten mit deiner Wahrnehmung und deinen Bedürfnissen resoniert.

Wenn du dich lustlos, niedergeschlagen oder frustriert fühlst, kannst du entscheiden, ob ein Zitrus- oder Minzduft das Richtige für dich ist – beide hellen die Stimmung auf – oder ob du dir lieber mit einem Trost spendenden Lavendel- oder Patschuliduft etwas Ruhe gönnst. Du entscheidest, wie du deine Gefühle mithilfe der Düfte verändern möchtest.

Generell ist es aber auch hier so, wie wir es im Manifestationskapitel bezüglich der Vibrationslevel unserer Emotionen analysiert haben: Es bringt nichts, dich zu zwingen, aus einer niedrigen Vibration schnell auf eine sehr hohe Frequenz zu kommen. Das stresst dich noch viel mehr. Schau deshalb, ob das Gefühl, das du mit deinem Duft erzielen möchtest, wenn du traurig bist, nicht vielleicht eher Trost ist als Freude.

Wenn Hannah sich in ihrer prämenstruellen Phase manchmal wie ein rohes Ei fühlt, entscheidet sie sich lieber für eine gemütliche Duftmischung aus Sandelholz, Weihrauch, Patschuli, Lavendel und Ylang Ylang, mit der sie sich – zusammen mit einer Wärmflasche und Schokolade – vor den Fernseher kuschelt und zum zwölften Mal die *Gilmore Girls* anschaut, anstatt sich mit einer Mischung aus Pfefferminze, Koriander, Zitronenmelisse und Mandarine zum Sport aufzuraffen. Kommt das niedergeschlagene Gefühl aber einfach vom grauen Wetter, so greift sie mittlerweile zu der Mischung, die sie von der Couch-Potato zum Sport-Ass befördert.

Unser Duftkompass hilft dir dabei, deine Emotionen zu erforschen und mit ihrer Veränderung herumzuexperimentieren.

Duftkompass

Hoch schwingende Emotionen – und Düfte, die sie hervorrufen und verstärken:

Liebe – Rose
Verbundenheit – Orangenblüte, Majoran
Dankbarkeit – Orangenschale, Narde
Freude – Mandarine
Sinnlichkeit – Jasmin
Leichtigkeit – Limette
Klarheit – Grüne Minze
Authentizität – Kumquat
Empowerment – Ingwer
Leidenschaft – Zimt
Sorglosigkeit – Eukalyptus
Zufriedenheit – Vetiver (Süßgras), Kamille
Sicherheit – Nelke
Zugehörigkeit – Zedernholz
Hoffnung – Zypresse
Vergebung – Bergamotte

Niedrig schwingende Emotionen und Düfte, die sie freilassen und transformieren:

Angst – Wacholderbeere, Lavendel
Neid – Zimt
Verlust – Eukalyptus, Pfefferminze
Trauer – Fichte, Ylang Ylang
Wut – Kardamom
Einsamkeit – Majoran, Zedernholz
Überforderung – Basilikum, Grüne Mandarine

Unsicherheit – Rosmarin
Kontrolle – Koriandersamen
Leere – Sandelholz
Niedergeschlagenheit – Zitronenmelisse
Frustration – Thymian
Enttäuschung – Weihrauch
Ungerechtigkeit – Ingwer, Fenchel
Verwirrung – Muskatellersalbei
Antriebslosigkeit – Dill, Zitronengras
Schmerz – Strohblume

Ätherische Öle und ihre Anwendungen im Alltag

Du siehst schon: Diese kleinen Fläschchen haben es in sich. Um die geballte Pflanzenkraft in deinem Alltag zu nutzen, gibt es drei Arten der Anwendung: topisch (äußerlich), innerlich und aromatisch.

Topische Anwendung

Bei der Anwendung von ätherischen Ölen gilt wie auch in allen anderen Bereichen: *safety first*. Denn die harmlos aussehenden Extrakte sind krass. Wie bereits erwähnt, lassen sich viele ätherische Öle auf der Haut anwenden, aber bitte niemals unverdünnt!

Generell lautet die Devise immer: Weniger ist mehr. Um einige Tropfen des ätherischen Öls auf der Haut zu verteilen, verwendest du am besten ein Trägeröl. Trägeröle dienen dazu, Hautreizungen zu vermeiden. Es sind fettige Öle, während ätherische Öle nicht fettig sind. Das kannst du testen, indem du einen Tropfen eines ätherischen Öls auf ein Blatt Papier gibst. Wenn die Flüssigkeit verdunstet ist, kann bei einem ätherischen Öl eine Verfärbung zurückbleiben, allerdings kein Fettfleck.

Als Trägeröle eignen sich fraktioniertes Kokosöl, Mandelöl, Jojobaöl, Sesamöl, Avocadoöl, Olivenöl oder Arganöl. Das Verdünnen schützt nicht nur deine Haut und deinen Geldbeutel, es macht dein ätherisches Öl auch länger haltbar auf der Haut, denn die größeren Moleküle des Trägeröls binden die feinen Moleküle des ätherischen Öls, wodurch das Aroma nicht so schnell verfliegt.

Wie viele Tropfen des ätherischen Öls du mit deinem Trägeröl vermischst, ist von Öl zu Öl unterschiedlich. Auf Pinterest findest du auch hierzu nützliche Tabellen für die Verdünnung, auch *Dilution* genannt.

Eine gute Stelle, um ätherische Öle aufzutragen, sind übrigens deine Fußsohlen. Die Haut ist hier recht unempfindlich, und über die Reflexzonen behandelst du gleich deinen ganzen Körper. Ansonsten bieten sich zum Auftragen deine Pulspunkte an, also alle Stellen am Körper, an denen du deinen Puls gut fühlst, wie hinter den Ohren oder an den Handgelenken. Wenn du ein ätherisches Öl konkret wegen Kopfschmerzen aufträgst, bieten sich die Schläfen an, bei Bauchschmerzen der Bauch, bei Halsschmerzen der Hals und so weiter. Sei vorsichtig bei sensiblen Hautstellen, und achte darauf, dass du ätherische Öle nie auf deine Schleimhäute bekommst. Das brennt!

Innerliche Anwendung

Auf manchen Etiketten steht, dass bestimmte ätherische Öle auch für den Verzehr geeignet sind. Das kann praktisch sein, wenn du dir zum Beispiel deine eigene Zahnpasta mischen möchtest oder deinen Getränken oder Speisen mehr Geschmack hinzufügen willst. Allerdings raten wir eher davon ab. Ein Tropfen von einem Pfefferminzöl ist in etwa so stark wie fünfundzwanzig Tassen Pfefferminztee, wodurch es schnell zur Überdosierung kommen kann.

Hast du auf deine Haut zu viel ätherisches Öl geschmiert und es brennt, lässt es sich schnell mit einem fettigen Öl wie Olivenöl abreiben. Bei der inneren Anwendung ist das nicht so einfach. Wenn du Öle innerlich anwenden möchtest, solltest du nur die verwenden, bei denen es als sicher ausgelobt ist.

Aromatische Anwendung

Mit der aromatischen Anwendung meinen wir, dass Öle eingeatmet werden. Das kannst du ganz einfach machen, indem du deine Nase direkt über ein Ölfläschchen hältst oder einen Tropfen in deine Handinnenfläche gibst und anschließend beide Hände aneinander reibst und daran riechst. Diese beiden Schnupperrituale kannst du immer und überall durchführen, um im Lauf des Tages deine Stimmung zu lenken, ein paarmal bewusst zu atmen und dich zu sammeln.

Wenn du nicht gerade unterwegs bist, kannst du die Öle alternativ auch diffusen.

Unsere Oma hatte eine dieser klassischen Duftlampen, in der ein paar Tropfen ätherisches Öl in Wasser über einem Teelicht erhitzt werden. Wir beide sind hiervon allerdings nicht so überzeugt, da die Hitze wertvolle Komponenten der Öle verbrennt und du so weniger von der Wirkung hast. Du kannst es dir so vorstellen, wie wenn du Gemüse kochst: Das Essen ist immer noch gesund, aber viele der Vitamine und Nährstoffe gehen bei der Hitze leider verloren.

Du kannst auch Wattepads, ein Stück Stoff oder poröse Lavasteine mit ein paar Tropfen eines ätherischen Öls beträufeln und in dein Zimmer legen. Diese Technik ist sehr subtil und eignet sich besonders für sensible Nasen wie die von Hunden oder Babys.

Wir beide sind große Fans von elektrischen Ultraschalldiffusern (Verneblern), bei denen du ein paar Tropfen des ätherischen Öls in Wasser gibst und diese Mischung dann ganz fein in die Luft gewirbelt wird. Durch das Diffusen kannst du nicht nur einen angenehmen Duft um dich herum verbreiten, der sich auf deine Gefühle auswirkt, sondern auch Schadstoffe, Viren und Bakterien in der Luft reduzieren und das Raumklima verbessern.

In einer kleinen Wohnung lassen sich durch das einfache Austauschen deiner Ölmischung im Diffuser im Handumdrehen verschiedene Bereiche schaffen. Tagsüber während der Arbeit im Homeoffice eignet sich eine frische Zitrusmischung, die dir dabei hilft, dich zu konzentrieren, und dich wach werden lässt. Wenn du dann abends zum gemütlichen Teil des Tages übergehst, kann hingegen eine Lavendelmischung beim Entspannen helfen.

Als Marie noch als Angestellte bei einem großen Verlag arbeitete, beschloss sie eines Tages, ihren Diffuser mit ins Büro zu bringen, das sie sich mit zwei ihrer Kolleginnen aus der Presseabteilung teilte. Nachdem die beiden an der Duftmischung geschnuppert und ihr »Go« gegeben hatten, begann sie die Düfte im Raum zu vernebeln. Die Stimmung verwandelte sich schlagartig. Alle drei waren besser gelaunt, entspannter und freundlicher zueinander. Und so hieß es alle paar Stunden von der einen oder der anderen Kollegin: »Wie wär's mit 'ner Runde Zitrone oder Eukalyptus?«

Die gute Laune machte sich auch beim restlichen Team bemerkbar: Wer eine kleine Pause machen und einmal durchatmen wollte, kam von nun an in ihr Büro. Sogar für die Autor*innen, die hin und wieder vorbeikamen, bot die kleine Wellnessoase einen gewissen Unterhaltungswert. Schließlich schafften sich nach und nach die anderen Kolleginnen ebenfalls Diffuser an, da sich nicht nur die Luft in den kleinen Räumen, sondern auch die Ideen und Gespräche darin spürbar verbesserten.

Für Marie war dieser Effekt einer der größten Beweise für die magische Wirkung ätherischer Öle.

Qualitätscheck

Unabhängig davon, ob du deine ätherischen Öle nun topisch, innerlich oder aromatisch anwenden möchtest, ist die Qualität wichtig. Um die heilende Kraft der Pflanzen zu nutzen, sollte es sich bei deinen Ölen um naturreine ätherische Öle handeln. Darunter verstehen wir Öle, die frei von künstlich hergestellten Komponenten sind. Diese Öle sind im Verkauf als »100 Prozent naturreine ätherische Öle« ausgezeichnet, bei manchen ist zusätzlich vermerkt, dass sie eine Bioqualität vorweisen.

Bio ist wie bei Lebensmitteln immer gut, allerdings ist das mit dem

Bio-Label so eine Sache. Die Beantragung eines Bio-Siegels ist sehr kostspielig und je nach Ernteland der Pflanze mitunter sogar eine korrupte Angelegenheit. Viele kleinere Marken bieten Öle in Bioqualität an, die allerdings als solche nicht ausgelobt ist. Es lohnt sich hier immer, etwas Zeit in die persönliche Recherche zu stecken, um die Öle zu finden, die für dich am besten sind.

Wir haben beide die Erfahrung gemacht, dass uns der Duft eines Öls von einer Firma Kopfschmerzen bereitet, während der gleiche Duft einer anderen Firma uns von diesen befreit. Die Chemie zwischen dir und dem Duft muss einfach stimmen.

Vor ein paar Jahren war die Auswahl an qualitativ hochwertigen Ölen noch sehr begrenzt, und man konnte sich eigentlich nur zwischen ein paar alteingesessenen Marken aus dem Reformhaus oder Biomarkt und großen amerikanischen Playern entscheiden. Doch mittlerweile gibt es viele kleine und mittelständische Hersteller von ätherischen Ölen, die ihre Inhaltsstoffe regional gewinnen und in guter Qualität anbieten. Und es kommen ständig neue dazu!

Bei den meisten Anbietern von ätherischen Ölen kannst du zwischen den reinen Ölen einer Pflanze und fertigen Mischungen wählen. Probiere aus, was dir lieber ist. Mit einzelnen Ölen kannst du dir wunderbar deine eigenen Mischungen kreieren. Wenn dir aber eine Mischung schon perfekt ausgewogen erscheint, ist dies oft die einfachere und günstigere Option.

Einige Fertigmischungen werden, mit destilliertem Wasser oder Alkohol verdünnt, in Sprühflaschen verkauft, andere mit Trägerölen vermischt und zum sofortigen Gebrauch in Roll-on-Flaschen angeboten. Das macht sie in ihrer Anwendung sehr nützlich, sie sind jedoch auch nicht so lang haltbar.

Generell solltest du deine ätherischen Öle an einem dunklen, kühlen Ort lagern, damit du möglichst lange etwas von ihnen hast. Für den täglichen Gebrauch kannst du dir kleine Mengen oder Mischungen in Roll-on-Fläschchen füllen, um sie überallhin mitzunehmen und innerhalb weniger Monate aufzubrauchen.

Hier kommen ein paar unserer liebsten Mischungen und Alltagsrituale mit ätherischen Ölen:

Empowernde Ölrituale für den Alltag

Sonnenstrahlen to go für Morgenmuffel

Wenn du, wie wir beiden Morgenmuffel, auf der Suche nach einem Energieboost bist, der dich aus dem Bett holt, ist Bergamotte dein Öl. Es duftet elegant, belebend und macht – wie alle Zitrusöle – gute Laune. Auf emotionaler Ebene ist es das Öl der Selbstakzeptanz und eignet sich besonders für ewige Perfektionist*innen. Kein Wunder, dass das Öl bei Hannah ständig leer ist …

Für einen Frischekick mit integriertem Selbstvertrauen füllst du am besten zehn Tropfen Bergamottöl zusammen mit destilliertem Wasser in eine Sprühflasche und stellst sie dir auf den Nachttisch oder neben die Dusche. Wenn du morgens nicht aus dem Bett kommst, kannst du hier direkt schon einmal lossprühen. Ansonsten empfehlen wir dir, drei Pumpstöße in die Dusche zu sprühen, während das Wasser bereits läuft. Das Aroma breitet sich dann mit dem Wasserdampf aus, und du duschst förmlich in Sonnenstrahlen und Selbstakzeptanz.

Der Goodbye-PMS-Smiley

Dieses kleine Alltagsritual ist für Momente, in denen du dich, hormonell bedingt, grumpy oder überfordert fühlst oder mit leichten Menstruationsbeschwerden zu kämpfen hast. Befülle ein Roll-on-Fläschchen mit der folgenden Mischung:

12 Tropfen Muskatellersalbeiöl
10 Tropfen Lavendelöl
8 Tropfen Bergamottöl
6 Tropfen Fenchelöl
6 Tropfen Zedernholzöl
4 Tropfen Geranienöl
2 Tropfen Ylang-Ylang-Öl
2 Tropfen Majoranöl
1 Tropfen Jasminöl
1 Tropfen Zimtöl

Fülle alles mit Trägeröl auf, verschließe das Roll-on-Fläschchen, und schüttle die Mischung ordentlich durch. Jetzt zeichnest du zwei Punkte als Augen auf die Haut über deinen beiden Eierstöcken und verbindest sie mit einem Smiley-Lächeln über deinem Uterus. Anschließend massierst du die Mischung gründlich ein und grinst genauso breit wie der Smiley auf deinem Bauch.

Wenn du gezielt etwas gegen deine gereizte Stimmung tun willst, tupfe dir noch ein paar Tropfen deiner Ölmischung hinter die Ohren.

Dann nimm ein paar tiefe Atemzüge. In zwanzig Minuten solltest du dich schon stärker und entspannter fühlen.

Energieräuberfreie Zone

Oft haben wir das Gefühl, voll in unserer Kraft zu stehen, bis wir in eine überfüllte U-Bahn steigen und all unsere guten Vibes innerhalb weniger Minuten verpuffen. Damit das nicht mehr so oft passiert, erklären wir unsere Aura zur No-go-Zone für Energieräuber. Dafür mischst du dir in einem Roll-on-Fläschchen folgende Mischung:

10 bis 15 Tropfen Teebaumöl
1 bis 3 Tropfen Zitronenöl
1 bis 3 Tropfen Nelkenöl

Dann füllst du es mit Trägeröl auf, verschließt es, mischst es gut durch und steckst es griffbereit in deine Jacken- oder Handtasche.

Teebaumöl hilft dir dabei, energetische Grenzen zu schützen. Nelke unterstützt dich dabei, Grenzen aller Art zu wahren, und die Zitrone hilft dir, dich auf dich selbst zu konzentrieren. Alle drei Öle wirken außerdem desinfizierend.

Sobald du in der U-Bahn bist, nimmst du deine Ölmischung hervor und rollerst dir etwas in eine Handfläche. Dann reibst du die Handflächen aneinander und hältst sie dir vor die Nase. Stell dir dabei vor, wie nicht nur deine Handflächen Keime und Bakterien abschrecken, sondern der Duft deinen ganzen Körper wie eine Aura umhüllt. Du kannst dir diese Schutzschicht wie eine riesige grün-gelbe Seifenblase vorstellen, die dich ab jetzt von allen fremden Energien der Mitreisenden beschützt. Wenn du magst, schließe die Augen, konzentriere dich auf den Duft und atme tief durch.

Die »Bleib dir selbst treu«-Mischung für wichtige Verhandlungen

Diese Mischung ist zum einen besonders für ewige *People Pleaser* wie Hannah und zum anderen für Menschen, die Stille in Gesprächen nur schwer ertragen können und sich deswegen schnell um Kopf und Kragen reden. Hannah hat diese Mischung schon bei vielen Gehaltsverhandlungen, Therapiestunden und ersten Dates aufgetragen.

Hierfür mischst du dir am besten wieder alle Zutaten in einem Roll-on-Fläschchen zusammen, das du überallhin mitnehmen kannst. Dazu nimmst du:

8 Tropfen Lavendelöl
5 Tropfen Zedernholzöl
3 Tropfen Majoranöl
2 Tropfen Kamillenöl
1 Tropfen Ylang-Ylang-Öl
1 Tropfen Vetiveröl

Fülle auch hier das Fläschchen wieder mit einem Trägeröl auf, verschließe es gut, und schüttle es. Vor einem wichtigen Gespräch oder vor einer deiner Journaling-Sessions auf deinen Hals aufgetragen, hilft dir die Mischung dabei, authentisch und ehrlich zu bleiben und das zu sagen, was wirklich wichtig ist.

Eine von Hannahs Workshopteilnehmerinnen berichtete ihr, dass sie ein paar Tropfen der Mischung in die Badewanne gegeben habe. Dadurch hat sich endlich eine Situation geklärt, über der sie bereits zwei Jahre gegrübelt hatte!

Eine andere Teilnehmerin berichtete von neuen Selbsterkenntnissen während ihrer Journaling-Sessions, nachdem sie die Mischung ein paar Tage hintereinander zu Hause diffust hatte.

Probiere es einfach mal aus. Schaden kann es nicht!

Wie bei allen Ritualen sind sie dann am stärksten, wenn du sie selbst entwickelst. Um mit Duftkombinationen für Roll-ons oder Diffusermischungen zu experimentieren, ist – du ahnst es sicher schon – Pinterest eine echte Goldgrube der Inspiration. Außerdem kannst du dich an der unten stehenden Liste von Themen und den dazu passenden Ölen orientieren. Wie bei einer Zauberformel bietet es sich an, wenn du deine Duftmischungen – egal ob selbst zusammengestellt oder von einem bestehenden Rezept übernommen – als Rezept in dein Journal schreibst. Notiere dahinter, wie sie dir gefallen hat und was du gefühlt hast, vielleicht sogar, in welcher Zyklusphase du warst. So lernst du dich selbst besser kennen und entwickelst Formeln, die dir in Zukunft weiterhelfen.

Unsere All-time-Favorites im Alltag:

Geranie hilft bei Liebeskummer.
Patschuli oder Grapefruit unterstützen deine Body Positivity.
Jasmin fördert deine Sinnlichkeit.
Basilikum beruhigt bei Überforderung.
Weihrauch, Ylang Ylang und Lavendel spenden Trost.
Orangenblüte und Fichte fördern dein Commitment.
Lavendel, Vetiver und Zedernholz unterstützen einen ruhigeren Schlaf.
Rose verstärkt dein Gefühl der Selbstliebe.
Koriander hilft dir, deine Individualität zu erkennen.
Zedernholz ist das Öl für Introvertierte. Es hilft, dich in Gruppen wohler zu fühlen.
Orange steigert deine Kreativität.
Ylang Ylang unterstützt dich bei der Verbindung mit deinem inneren Kind.
Wacholderbeere hilft bei Journaling und Schattenarbeit. *Let's face it!*
Kamille hilft gegen Prokrastination.
Zypresse unterstützt Perfektionist*innen dabei, auch mal loszulassen.
Eukalyptus schenkt Hypochonder*innen mehr Vertrauen in den eigenen Körper.

Kampfer und Wintergrün sind wohltuend bei Muskelkater.
Eukalyptus, Zitrone, Teebaum und Pfefferminze lindern Heuschnupfensymptome.
Bergamotte und Fichte unterstützen dabei, Altes loszulassen und Entschuldigungen anzunehmen.
Sandelholz und Patschuli eignen sich gut bei der Meditation.

Und nun bist du mal wieder an der Reihe. Teste bei einem Öl-Workshop oder beim Einkauf in der Drogerie, wie du auf welche Gerüche reagierst. Fang mit zwei bis drei Ölen im Alltag an, und beobachte, wie sie dir mehr Kraft und Energie schenken und dir in emotionalen Notfällen zur Seite eilen. Immer schön der Nase nach!

Kapitel 8: *Better together.* Wie du dir Hilfe suchst und andere starke Frauen triffst

Je mehr Leute ihre übernatürlichen Wimpel schwenken, desto leichter finden wir einander und können sinnvolle Allianzen auf der Grundlage unserer gemeinsamen Werte und abweichenden Faszinationen bilden. Und je mehr Leute Hexen feiern, desto weniger werden sie vielleicht als böse angesehen.

– Pam Grossman

Du hast jetzt schon einige Übungen, Rituale und Praktiken kennengelernt, die dich im Alltag begleiten und stärken. Doch wir alle wissen auch: Gemeinsam sind wir noch stärker!

Es ist gut und wichtig, sich die eigene Stärke bewusst zu machen und sie im Alltag durch empowernde Rituale zu fördern. Das heißt aber nicht, dass wir uns nicht auch verletzlich zeigen dürfen. Ganz im Gegenteil: Wie du vielleicht auch schon in der ein oder anderen Übung bemerkt hast, kann unsere Verletzlichkeit zu einer unserer größten Stärken werden.

»Ich schaff das alles nicht.« Ein Satz, den wir beide ab und an am Telefon zur anderen sagen, wenn sich die To-dos häufen, Deadlines näher rücken oder wir durch schlechte Nachrichten wie Steuernachzahlungen und Liebeskummer unerwartet aus unserem Alltag gerissen werden.

»Dann lass es sein, und komm her. Wir finden schon eine Lösung«, erwidert dann die andere.

Wir beide haben das große Glück, nur fünf Minuten voneinander entfernt zu wohnen. Außerdem verstehen wir uns als Schwestern so gut, dass wir es nicht nur privat, sondern auch beruflich miteinander aushalten. Geteiltes Leid ist bei uns so gut wie immer halbes Leid, auch wenn es natürlich ab und an auch mal kracht. Das ist Schwesternschaft. Für uns ist es selbstverständlich, sich mit verrotzter Nase und unverständlichem Gebrabbel gegenüberzutreten und die Zeit (und Nerven) der anderen für uns in Anspruch zu nehmen. Wir sind füreinander zur Support-Person geworden – wobei die Betonung auf *geworden* liegt.

Obwohl Hannah schon im Alter von fünf Jahren für uns das Label »Schwesterfreundinnen« erfand, kennen auch wir das Gefühl nur zu gut, Konkurrentinnen zu sein. Hannah war immer der Liebling unserer Oma, Marie dagegen die ewige Zweite.

In einem ihrer Rundbriefe an die Verwandtschaft schreibt unsere Oma 1995 über uns Kinder: »Marie kann auch sehr fröhlich sein, ist es aber längst nicht immer. Sie hat das Handicap, *nur* die jüngere Schwester einer recht selbstbewussten und bestimmten älteren zu sein. Wenn sie nicht ganz untergehen will, bleibt ihr nichts anderes übrig, als auch mal negativ aufzufallen.«

Wie oft haben wir uns die Köpfe eingehauen oder (in Maries Fall) auch mal zugebissen! Unserer Mutter muss das ziemlich deutlich im Gedächtnis geblieben sein. Sie schüttelt noch heute den Kopf, wenn wir ihr von all den gemeinsamen Projekten erzählen, die wir beruflich und privat gemeinsam aushecken.

Doch genau das ist der springende Punkt: Inzwischen lebt jede von uns ihr eigenes Leben, ohne dass wir dabei um die Anerkennung und Bestätigung unserer Mutter (oder Oma) konkurrieren. Und auch wenn unserer Mutter das wahrscheinlich gar nicht so bewusst ist, hat sie uns diese Art der Schwesternschaft maßgeblich vorgelebt.

Als unsere Eltern sich trennten, zog sie mit uns Kindern in das Haus neben ihrer Schwester ein. Unsere Tante ist so etwas wie der Anker im Leben unserer Mutter (auch wenn sie das ihrer kleinen Schwester gegenüber vielleicht nicht zugeben würde). Jeden Tag gehen sie gemeinsam spazieren, sie helfen einander aus, wenn die andere Unterstützung braucht, oder veranstalten zusammen Feste für die Familie und Nachbar*innenschaft.

Auch ihre Freundinnen zählen zu den wichtigsten Menschen im Leben unserer Mutter, das war uns immer bewusst. Als wir klein waren, schloss unsere Mutter sich mit einer Gruppe befreundeter Frauen zusammen, um als Fotografinnen Reportagen für Familienmagazine zu bebildern. Wir Kinder durften dabei die verrücktesten Spiele ausprobieren, während die Frauen gemeinsam arbeiteten und sich die Kinderbetreuung gegenseitig abnahmen.

Und auch heute sind Mamas Freundinnen so etwas wie ihre Zweitfamilie. Mit ihnen teilt sie ihren Alltag und findet Rückhalt, jetzt, da wir beide aus dem Haus sind.

Man könnte also sagen: Unsere Mutter ist unser lebender Beweis für Schwesternschaft und Zusammenhalt unter Frauen!

Dass wir beide inzwischen so harmonisch miteinander leben und arbeiten können, hat allerdings auch viel mit der Art und Weise zu tun, wie wir miteinander kommunizieren – denn wir sind uns bei Weitem nicht in allem ähnlich und einig. Wir haben sehr unterschiedliche Arten, an Dinge heranzugehen, was sich auch während der Arbeit an diesem Buch deutlich zeigt. Während Hannah die Erfahrenere in Sachen Hexenkunst ist und gern voller Begeisterung ihre Erfahrungen schildert, hinterfragt Marie gern dreimal, ob wir hier nicht zu unvorbereitet an die Sache herangehen.

Dass die Zusammenarbeit dennoch so gut klappt, liegt an der klaren Aufgabenverteilung, die wir nach unseren jeweiligen Stärken vorgenommen haben. Was Hannah schreibt, wird von Marie strukturiert, was Marie schreibt, wird von Hannah durch persönliche Anekdoten aufgelockert. Wir loben die andere dankbar für ihr besonderes Talent (meist nicht ohne uns dabei auch über uns lustig zu machen) und sagen uns ehrlich ins Gesicht, wenn wir uns missverstanden fühlen.

In einem Interview wurden wir einmal gefragt, was wir an der jeweils anderen schätzen.

»Als Steinbock mit Aszendent Jungfrau ist Marie ehrgeizig, immer top informiert, super zuverlässig und eine perfektionistische Kritikerin auf die allerbeste Art und Weise aka beste Schwester und Partner in Crime, die man sich so wünschen könnte«, lautete Hannahs Antwort.

»Hannah ist meine Beschützerin, eine tolle Geschichtenerzählerin, die beste Begleitung bei langweiligen Veranstaltungen und die Person, die mich in Momenten der schieren Verzweiflung so sehr aufheitert, dass ich am Ende Tränen lache«, erwiderte Marie.[1]

Uns wären sicher auch Dinge eingefallen, die uns tierisch auf die Nerven gehen, aber danach hatte ja zum Glück niemand gefragt. Wenn man sich einmal auf die Stärken der anderen konzentriert, merkt man nämlich erst so richtig, was man aneinander hat und wie die Stärken der anderen die eigenen Schwächen ausgleichen – und umgekehrt.

Aber lässt sich diese Art von angeborener Schwesternschaft, wie wir sie aufgrund unserer Verwandtschaft und der positiven Entwicklung unserer Beziehung haben, auch auf andere Bereiche und Personen übertragen?

Support-Schwesternschaft

Was wir beide gern als Support-Schwesternschaft bezeichnen, nennen die drei Autorinnen des Buchs *Team F,* Julia Möhn, Wiebke Harms und Liske Jaax, »Lobschwesternschaft«.[2] Letztere begann eines Tages, gemeinsam mit einer Kollegin, eine feste Routine in ihrem Alltag zu etablieren, bei der sie gegenseitig die Erfolge der jeweils anderen feierten. Wenn eine von ihnen vor dem gesamten Team eine Idee pitchte, jubelten die anderen ihr laut zu oder bot ihre Mitarbeit am Projekt an.

Gerade Frauen haben in Unternehmen noch immer oft damit zu kämpfen, dass ihnen ihre männlichen Kollegen gern das Wort abschneiden oder Ideen klauen und als ihren Einfall ausgeben. Durch eine Lobschwesternschaft am Arbeitsplatz können diese Mechanismen durchbrochen werden. (Das bedeutet natürlich nicht, dass sich nicht auch männliche Kollegen auf die Seite der Frauen schlagen und diese bestärken sollten – im Gegenteil!)

Eine andere Methode, die Liske Jaax in ihrem Buch als Beispiel von gelebter Lobschwesternschaft vorstellt, machte auf Marie besonderen Eindruck. Die Übung funktioniert so, dass man mehreren Frauen in seinem Umfeld schreibt und sie fragt, was man (in ihren Augen) besonders gut kann. Die Reaktion, die man daraufhin erhält, solle einem Shitstorm gleichen, auf die beste Art und Weise, ist dort zu lesen. Man werde quasi durch einen *Storm of Love* belohnt.

Ohne lange darüber nachzudenken (und unter dem Deckmantel der »Recherche«), schrieb Marie zehn Frauen in ihrem Netzwerk und fragte, was sie gut könne. Dann wartete sie auf den »Sturm der Liebe«.

Was sie dabei nicht bedachte, war, dass diese Frage von den meisten in erster Linie mit klassischen Job Skills in Verbindung gebracht wird. Einige Frauen schrieben, dass Marie besonders gut schreiben und tolle Interviews führen könne, sich auf eine unaufgeregte Art und Weise mit neuen Leuten connecte und dank ihrer ruhigen Art immer eine gewisse Sicherheit ausstrahle. Jene Frauen, die noch nie mit Marie gearbeitet hatten, antworteten hingegen, sie habe ein besonderes Gespür für Stil und Ästhetik, was sich an ihrer Wohnung oder ihrem Kleidungsstil zeige. Sie könne sich Dinge besonders gut merken, lustige Geschichten erzählen, ihr Ding machen und in unangenehmen Situationen Rückgrat beweisen. (Sie erfuhr zudem, dass sie außerordentlich gut Hochdeutsch spricht und jeden einzelnen Buchstaben betont. (»Migräne, nicht Migreeene«!)

Es war lustig, rührend und spannend zu sehen, an welche Situationen die verschiedenen Frauen dachten und woran sie die verschiedenen Fähigkeiten festmachten. Das Absurdeste an der ganzen Sache war für Marie jedoch, dass sie einen Tag nach ihrem *Storm of Love* eine Nachricht von einer Bekannten erhielt, mit der sie schon länger keinen Kontakt gehabt hatte. Obwohl Marie von ihr keine Anerkennung eingefordert hatte, schrieb die Bekannte ihr: »Marie, ich wollte dir einfach mal sagen, wie cool ich dich finde. Was du alles schaffst, ich bin richtig stolz auf dich!«

Als Marie Hannah von diesem »Zufall« berichtete, lächelte diese nur breit und erklärte: »Na, das hast du doch so manifestiert, du Schlaumeier! Indem du dein Umfeld um positive Anerkennung gebeten hast.« Wo sie recht hatte …

Probiere es ruhig selbst einmal aus. Auch wenn es im ersten Moment seltsam sein mag, andere so direkt nach ihrer positiven Meinung über dich zu fragen, so ist das Gefühl, all diese Frauen auf seiner Seite zu wissen, die Überwindung allemal wert.

Marie bekam tatsächlich Antworten von allen zehn Frauen, und keine von ihnen hat über ihre Anfrage gelacht oder sie nicht gewissenhaft beantwortet. Sie alle haben sich einen Moment Zeit genommen und wirklich darüber nachgedacht, was sie an ihr schätzen. Um sich in weniger schönen Momenten an ihren Support und all ihre positiven Eigenschaften zu erinnern, notierte Marie alle Antworten in ihrem Journal.

Du siehst also: Für diese Art des Lobs und Austauschs braucht es keine Verwandtschaft. Was es braucht, sind Verbindungen zu Freundinnen und Mentorinnen, bei denen wir uns sicher und unterstützt fühlen, und eine Portion Mut, sich verletzlich und neugierig zu zeigen. Wenn wir sichtbar machen, dass wir einander brauchen und uns die Meinung unserer Freund*innen wichtig ist, verstärken sie unsere Kraft und geben uns Sicherheit, egal was gerade los ist.

Weißt du sofort, wer deine Support-Schwestern sind?

Übung: Das Support-Schwestern-System

Nimm dir dein Journal, und schreibe die Namen der Frauen untereinander, die du für deine Support-Schwestern hältst. Notiere dir im Anschluss rechts daneben das Jahr oder dein Alter, in dem du diese Personen kennengelernt hast. Führe den Zeitstrahl nach rechts fort und notiere dir verschiedene wichtige Momente, in denen deine Schwestern dich unterstützt haben. Das kann alles Mögliche sein.

Hannah hat auf ihrer Liste (neben Marie) verschiedene Freundinnen, die ihre Support-Schwestern sind. Nette stand mit ihr eine fürchterliche Mitfahrgelegenheit durch (auf der die beiden sich kennenlernten) und vermittelte ihr drei Jahre später einen Job. Schnetti ließ Hannah in ihrem WG-Zimmer unterkommen, obwohl sie sich gerade erst ein paar Wochen kannten). Nora half Hannah in ihren ersten Praktikumswochen dabei, einen Schnitt für ein Kleid zu konstruieren (was Hannah ohne sie nie geschafft hätte), und Malin saß in jeder ihrer Abschlussprüfungen im Publikum, um ihr bestärkend zuzunicken.

Diese Liste ließe sich noch lange fortführen, und sicher bringt sie dich auf Ideen, wer auf deiner Liste stehen soll. Notiere dir neben den besonderen Support-Momenten auch die Gefühle, die du mit deiner jeweiligen Support-Schwester verbindest. Wer gibt dir das Gefühl, geliebt, klug, kreativ oder abenteuerlustig zu sein, und wie entstehen diese Gefühle?

Vielleicht sagen dir die *Fünf Sprachen der Liebe* von Gary Chapman etwas? Hierbei handelt es sich um eine Theorie aus der Paartherapie. Sie geht davon aus, dass wir unsere Liebe und Wertschätzung unterschiedlich ausdrücken und auch unterschiedlich wahrnehmen. Das kann durch ausgesprochenes Lob und Anerkennung geschehen, aber auch durch Berührung, kleine Geschenke und Aufmerksamkeiten, durch fürsorgliche Dienstleistungen oder durch Unternehmungen und gemeinsame Quality Time. Natürlich hat jede Person nicht unbedingt nur eine bevorzugte Sprache, aber oft dominiert eine von ihnen.

Überlege dir, welcher Aspekt dir am wichtigsten ist und ob du einen Zusammenhang zu deinem Verständnis von Schwesternschaft herstellen kannst. Vielleicht stellst du fest, dass deine Liebe sich, wie bei Hannah, durch kleine Geschenke und Aufmerksamkeiten ausdrückt und dir deshalb deine Support-Schwestern ein gutes Gefühl geben, wenn ihr euch gegenseitig liebe Nachrichten, Karten oder Päckchen schickt und auf diese Weise eure Verbindung pflegt. Maries Sprache der Liebe hingegen besteht eher aus Lob und Anerkennung, weshalb ihr auch das Konzept der Lobschwesternschaft so zusagt.

Schwesternkompetenzen

Unsere zyklischen Superkräfte kommen meist im Paket mit guten Kommunikationsfähigkeiten und einer großen Portion Empathie daher. Das hilft uns dabei, psychologische Konzepte zu begreifen und zu erkennen, wie sie uns dabei helfen, uns selbst und andere besser zu verstehen.[3] Wie wir im Laufe dieses Buches gesehen haben, zählen zu diesen Konzepten beispielsweise die Psychologische Astrologie, die Kunst der Manifestation und die Aromatherapie zur Entschlüsselung von Emotionen. Indem wir uns mit diesen Themen auseinandersetzen, lernen wir unsere Bedürfnisse besser kennen und können sie anderen deutlicher kommunizieren. Gleichzeitig machen all diese Themen uns zu starken Verbündeten. Wir erkennen unser Gegenüber in seiner Ganzheit und akzeptieren einander.

Durch den patriarchalisch geprägten Aufbau unserer Gesellschaft stoßen wir Frauen häufig an unsere Grenzen, fühlen uns minderwertig oder nicht in unserer Kraft. Das führt dazu, dass wir besonders offen und neugierig sind, wenn es um Theorien geht, die unsere Lebensumstände erklären, uns Handlungsstrategien anbieten und das ganze Spektrum einer Person abbilden, anstatt sie auf ihre Leistung und ihren Status zu reduzieren.

Es ist also wenig verwunderlich, dass sich besonders Frauen, Femmes und andere Menschen, die zu marginalisierten Gruppen gehören, zu Praktiken der Hexenkunst hingezogen fühlen und aus ihnen Verständnis und Kraft schöpfen. Wenn wir unsere körperlichen Empfindungen, unseren Verstand und unsere Verbindung zu anderen Menschen und/oder etwas Größerem (Spiritualität) gemeinsam einsetzen, können wir Dinge verändern. Die Gemeinschaft kann uns ein Gefühl von Sinnhaftigkeit, Verständnis, Zugehörigkeit, Sicherheit, Freude und Vollkommenheit spüren lassen. Voraussetzungen dafür sind Empathie, ein reflektierter Umgang mit den eigenen Mustern und Emotionen, gewaltfreie Kommunikation, das Zulassen von Verletzlichkeit und Ehrlichkeit – Kompetenzen, die wir als Schwesternkompetenzen beschreiben.

Regena Thomashauer, die Autorin des Buches *Pussy* und Expertin auf dem Gebiet weiblicher Lust, glaubt daran, dass wir alle weiblichen Kompetenzen in uns entdecken und stärken können. Sie beschreibt Frauen als »die größte unerschlossene natürliche Ressource auf dem Planeten« und gründete deshalb *Mama Genas Schule der weiblichen*

Künste in New York.[4] Ziel ihres Curriculums ist es, Frauen mit der »göttlichen Quelle« ihrer Kraft zu verbinden und ihre »Energie im Fluss« zu halten.[5] Dabei liegt Regina Thomashauers Fokus besonders auf der Verbindung zur eigenen sexuellen Lust und dem eigenen Körper, aber auch auf Methoden, die dabei helfen, alle aufkommenden Emotionen zu fühlen und sie sich frei bewegen zu lassen. Die Gemeinschaft der Frauen untereinander, die sie »Göttliche Schwestern« nennt, ist hierbei eines ihrer stärksten Werkzeuge.

Eine ihrer Methoden, bei der du lernst, dich verletzlich zu machen und deinen Emotionen freien Lauf zu lassen, ist das sogenannte *Fluten*. Dabei verabredest du dich mit einer oder mehreren Freundinnen, um eure Gefühle aus euch herausströmen zu lassen. Zu lauter Musik schreit, weint und tanzt ihr, stampft oder schlagt auf Kissen ein, um alles rauszulassen.[6] Diese Übung erfordert Vertrauen und Verletzlichkeit und kann die Verbindung zwischen dir und deinen Support-Schwestern noch mehr stärken.

Inspiriert von den Methoden aus den Büchern *Pussy* und *Team F* sowie Übungen, die wir selbst durchgeführt haben, haben wir eine Support-Schwestern-Übung entwickelt, die du ganz einfach umsetzen kannst.

Übung: *Real Talk*

Verabrede dich mit deiner Support-Schwester zu einem Spaziergang, einem Anruf oder Video-Call; die Übung funktioniert aber auch über Voice-Messages oder Textnachrichten – ihr entscheidet, was sich für euch am stimmigsten anfühlt und am realistischsten umsetzbar ist. Du kannst diese Übung nur einmal oder immer wieder machen – ganz nach Bedarf. Wir empfehlen, sie über vier Wochen hinweg entweder jeden Tag oder jede Woche einmal zu praktizieren.

Beim Real Talk sprecht ihr jeweils über vier Themen, die wir gleich genauer betrachten werden. Zunächst spricht eine von euch zu allen

Themen, danach die andere. Es ist wichtig, dass ihr euch nicht gegenseitig unterbrecht oder kommentiert, was die andere sagt, sondern einfach nur zuhört. Wenn möglich, sollte euer Redeanteil nicht mehr als acht Minuten betragen.

Thema 1: Persönliche Erfolge

Eure persönlichen Erfolge sind das erste Thema, über das ihr sprecht. Hier orientieren wir uns an der Energie des zunehmenden Mondes. Erzähle deiner Support-Schwester von zwei Dingen, auf die du aktuell besonders stolz bist.

Womit bist zu zufrieden? Sprich es aus, und lobe dich selbst. Wenn es ein bisschen angeberisch klingt, ist das nicht schlimm.

Mit dieser Übung stärkst du deinen Selbstwert, indem du dir klarmachst, wie stark und toll du bist. Als Frauen werden wir meist so sozialisiert, dass wir bescheiden sein sollen, und so kommen wir selten in den Genuss, laut auszusprechen, was wir alles geschafft haben. Außerdem kannst du auf diesem Weg auch andere Support-Schwestern in ihrer Selbstwertentwicklung stärken, indem du zum lebenden Beweis von weiblicher Kraft wirst.

Thema 2: Anerkennung

Beim zweiten Thema geht es um gegenseitige Wertschätzung. Die Energie orientiert sich an der des Vollmonds. Berichte deiner Support-Schwester, was du an ihr schätzt. Lobe sie, mache ihr Komplimente, sprich deine Wertschätzung aus, und dusche sie in positivem Feedback.

Wertschätzung, Dankbarkeit und Respekt stärken den Selbstwert und erinnern uns daran, welche Stärke und Liebenswürdigkeit andere in uns sehen, wenn wir mal wieder kritisch mit uns selbst sind. Dir selbst klarzumachen, was du an deiner Freundin schätzt, hilft dir wiederum dabei, deine Empathie und Dankbarkeit zu stärken und dein Abundance-Mindset zu kräftigen.

Thema 3: Unzufriedenheiten und Wünsche

Liste deiner Support-Schwester zwei Dinge auf, mit denen du momentan eher unzufrieden bist und bei denen du dir Veränderung herbeisehnst. Hier geht es um die kritische Betrachtung und Übersicht deiner Wünsche, wie es deiner prämenstruellen Zyklusphase und der des abnehmenden Mondes entspricht.

Indem du deine Unzufriedenheiten und Wünsche laut aussprichst und dich verletzlich zeigst, werden die Dinge greifbar. Das hilft dir dabei, aktiv zu werden und sie zu verändern. Vielleicht kann dir deine Support-Schwester im Anschluss auch dabei helfen.

Thema 4: Emotionaler Wetterreport

Jetzt betrachtest du noch deine aktuelle Gefühlslage. Spüre in dich hinein, und teile offen und ehrlich mit deiner Support-Schwester, wie es dir aktuell geht. Was sind die dominierenden Gefühle? Berichte, was du wirklich spürst, und nicht, was du denkst, fühlen zu sollen.

Manchmal läuft alles objektiv super, und wir haben kaum Wünsche; trotzdem fühlen wir uns niedergeschlagen oder ängstlich. Das ist okay, und es tut gut, das auszusprechen, ohne Angst zu haben, dafür verurteilt zu werden (von uns selbst oder anderen).

Diese Übung hilft dir dabei, deine Emotionen konkret zu benennen und deine eigenen Bedürfnisse besser zu erkennen. Stell dir dabei die reinigende Neumondenergie vor.

Nachdem ihr beide gesprochen habt, könnt ihr einander fragen, ob ihr Feedback von der anderen wünscht, und euch anschließend beieinander bedanken.

Und, wie hat sich die Übung angefühlt? Wie wäre es, wenn du dieses Ritual oder eine regelmäßige Lobschwesternschaft in deine magische Selfcare-Routine integrierst und den Frauen in deinem Alltag sagst, wie toll du sie findest? Du kannst dir beispielsweise in deinen Kalender oder dein Smartphone feste Zeiten eintragen, zu denen du deine Lobeshymnen per Messenger, Sprachnachricht oder Postkarte verschickst. Im Gegenzug wirst du sicher eine ordentliche Portion Lob zurückbekommen, oder du kannst es selbstbewusst von anderen einfordern, indem du danach fragst.

Solidarische Schwesternschaft

Schwesternschaft bedeutet für uns nicht nur, dass wir uns eng mit Freund*innen verbinden, mit denen wir uns wohlfühlen und die uns ähnlich sind. Schwesternschaft bedeutet auch Toleranz und Respekt gegenüber anderen Frauen, die nicht zu unserem persönlichen Support-System gehören. Hier geht es um eine feministische, übergreifende Solidarität, die uns bisweilen mal aus unserer Komfortzone bringen kann, für eine empowernde Welt für alle Frauen und Femmes aber unerlässlich ist. In Abgrenzung zur Support-Schwesternschaft sprechen wir hier von einer solidarischen Schwesternschaft. Hierbei geht es besonders um die Frage, wie wir anderen helfen können, indem wir unsere Kraft mit für sie einsetzen.

»Wenn Feminismus nur eine bestimmte Gruppe von Frauen im Sinn hat, dann ist das nicht mein Feminismus«, sagt Hengameh Yaghoobifarah und stößt uns damit auf einen wichtigen Punkt, den wir vor lauter schwesterlicher Positivity im Alltag gern mal ausblenden.[7] Ja, Schwesternschaft bedeutet, sich selbst anderen anzuvertrauen und um Hilfe zu bitten, sie sollte aber auch bedeuten, dass wir genauso regelmäßig einen Schritt zurücktreten und anderen zuhören oder ihnen aktiv unsere Hilfe anbieten. Nimm es ernst, wenn andere von Erfahrungen sprechen, die du in deinem Alltag nicht machst, und lerne dazu. Frag nach, wie du deine Schwestern unterstützen kannst, was sie gerade brauchen. Vielleicht kannst du hier einen Teil deiner Magie übertragen? Oder noch besser: Vielleicht verstärkt sich deine eigene Magie sogar, indem du anderen hilfst?

Selfcare und die Sorge um andere müssen einander nicht ausschließen. Du hast sicher schon bemerkt, wie gut es sich anfühlt, wenn andere sich bei dir bedanken, weil du sie in einer schwierigen Lage aufgefangen hast, für ein paar Stunden auf ihre Kinder aufgepasst hast oder nach einem viel zu langen Arbeitstag etwas gekocht hast. Achte mal darauf, wie stark die Energie ist, wenn wir gemeinsam mit anderen demonstrieren gehen oder uns gemeinsam online füreinander stark machen, indem wir die Stories und Posts der anderen teilen, um mehr Aufmerksamkeit für ihr Anliegen zu generieren.

Es geht nicht darum, dass du *für* deine Schwestern sprichst. Du kannst sie noch mehr supporten, indem du ihnen das Mikro übergibst oder beispielsweise deinen rassistischen Verwandten erklärst, dass ihre Witze noch nie witzig waren.

Auch wenn Schwesternschaft und das englische *Sisterhood* (gerade im Bereich der Spiritualität) gern benutzte Wörter sind, kann es nicht schaden, sich ihre Bedeutung hin und wieder aktiv bewusst zu machen und sich zu fragen, inwiefern wir sie selbst leben und wie und wo sie uns vorgelebt wird. Wir finden: Genau wie die Hexen, die jahrhundertelang als »das Böse« porträtiert wurden, brauchen auch die Frauenbeziehungen in den Medien und in unserer alltäglichen Wahrnehmung einen neuen Anstrich.

Tavi Gevinson, die mit ihrem Blog *Rookie* als Jugendliche berühmt wurde, musste früh lernen, was es bedeutet, von anderen Frauen angefeindet zu werden. Sie ist der Meinung, dass viele Frauen ihr den Erfolg nicht gönnen, weil sie in dem Glauben erzogen wurden, dass es in jeder Szene, in jedem Bereich und in jeder Gruppe immer nur die *Eine* geben kann – die *eine* Lustige, die *eine* Kluge, das *eine* Mädchen, das cool und erfolgreich ist. Wir haben gelernt, ineinander die Konkurrentin zu sehen, nicht die Verbündete.

Tavi Gevinson nennt dieses Phänomen *Girl Hate*[8] – eine Erfahrung, die von der US-Autorin Bell Hooks bereits in den 1980er-Jahren in ihrem Essay *Sisterhood. Political Solidarity Between Women* als etwas beschrieben wurde, was uns von klein auf anerzogen wurde: »We are taught that women are natural enemies, that solidarity will never exist between us because we cannot, should not, and do not bond with one another.«[9] (Frei übersetzt: »Man lehrte uns, dass Frauen natürliche Feindinnen sind, dass Solidarität unter ihnen nie existieren wird, weil wir uns nicht miteinander verbinden können und sollen.«)

Und auch wir beobachten das Phänomen *Girl Hate* in unserem Alltag. Mal sind wir selbst diejenigen, die andere Frauen runtermachen, mal sind wir die Opfer, und dann wieder beobachten wir, was andere Frauen untereinander austragen.

Nach drei Jahren Modestudium in einer sehr kompetitiven und heterogenen Gruppe, die durch verschiedene Arbeitserfahrungen in genauso heterogen weiblichen/femme Teams noch bestätigt wurde, war Hannah am Ende ihrer Studienzeit von den toxisch-weiblichen Dynamiken in ihrem Umfeld so gefrustet und gleichzeitig fasziniert, dass sie ihre Abschlussarbeit der Untersuchung interfemininer Konflikte widmete. Natürlich spielen hier wieder einmal patriarchalische Strukturen eine wichtige Rolle, da die kompetitiven, schnelllebigen und linearen Unternehmensstrukturen in der Mode im absoluten Kontrast zu weiblichen Kompetenzen stehen: Mit jedem saisonalen Trend wird ein neues Idealbild geschaffen, das es zu erreichen gilt. Parallel läuft, unabhängig vom aktuellen Trend, noch das Streben nach Schönheit, Schlankheit und Ausdauer – Kriterien, die so präsent sind, dass der permanente Vergleich zwischen den Frauen niemals aufhört.

Auf dem Weg zu diesen vermeintlichen Zielen ist kein Raum für individuelle Stärken, andere Schönheitsideale, Ruhephasen oder die zyklische Natur. Weiblicher Ausdruck und Zyklizität werden, ebenso wie Individualität und Selbstausdruck, zwar durch saisonale Mode vorgetäuscht, sodass man denken könnte, dass die Branche dem weiblichen Prinzip der Zyklen folgt. Doch das ist ein Irrglaube, denn das Tempo bleibt permanent auf Highspeed, und die vermeintlich verschiedenen weiblichen Stile sind alle maßgeblich durch die tonangebenden männlichen Designer geprägt.

Die Aktivistin und Autorin Melodie Michelberger erklärt in ihrem Buch *Body Politics*, dass die Mustergrößen, die für Modenschauen und Fotoproduktionen genutzt werden, so klein ausfallen, da die männlichen Designer einen »Fetisch für sehr junge, sehr schmale Körper« haben – also Körper, die an pubertierende Jungen erinnern und nicht an die erwachsener Frauen.[10] (Da kann frau nur Komplexe kriegen.)

Es ist eine Branche voller Widersprüche, die es einem nicht so leicht macht, all ihre blockierenden und toxischen Elemente sofort zu durchdringen. Diese Verworrenheit und Ambivalenz fördert Unsicherheit, Bewertungen, Vergleiche und führt somit eher zu *Girl Hate* als zu Schwesternschaft.

Für Hannah stand fest: Es muss auch anders gehen. Als sie Marie vor ein paar Jahren ihre Idee schilderte, ein eigenes Magazin herauszubringen, das Verletzlichkeit und Zyklizität einen sicheren Rahmen gibt, wusste sie noch nicht, welche Wellen das einmal schlagen würde. Mittlerweile veröffentlichen wir jedes Jahr zur selben Zeit eine neue Ausgabe unseres Printmagazins *Almost*, bei dem Autor*innen und Künstler*innen weltweit mitwirken und ihre persönlichen Geschichten und Momentaufnahmen teilen. Hier kann jede*r, der*die möchte, emotional blankziehen und die eigenen verletzlichen Anteile im Kollektiv mit anderen zelebrieren, ohne für das eigene Anderssein verurteilt zu werden.

Diese *Emotional Nudity*, wie wir sie gern nennen, ist nicht nur Teil des Konzepts und Inhalts unseres Magazins, sondern ein wichtiger Bestandteil der Kommunikation unseres Frauenteams. Zu fünft arbeiten wir daran, unsere unterschiedlichen Stärken hervorzuheben und uns nicht so stark untereinander zu vergleichen. Keine von uns ist die Chefin, jede darf ein Wörtchen mitreden, wenn wichtige Entscheidungen getroffen werden, und doch hat immer eine, je nach Expertise, den Hut auf, wenn es um Bereiche wie Text oder Grafikdesign geht. Und wenn mal eine der anderen aus Frustration den Hut abreißt oder versehentlich den falschen aufsetzt, kommen wir im Kreis zusammen und erzählen der Reihe nach, was in uns vorgeht.

Marie musste dabei schon oft feststellen, dass die Arbeit im Team mit unterschiedlichen Frauen viel mit Geduld, Vertrauen und dem Aushalten anderer Meinungen zu tun hat. Zwar ist sie mit allen im Team befreundet (oder im Fall von Hannah verschwistert), doch auch in ihr poppt hin und wieder der Impuls auf, beweisen zu müssen, dass sie »die Beste« ist. Nicht ohne Grund scherzen wir regelmäßig, dass unsere Teamtreffen eine Art Selbsthilfegruppe für »Recovering Perfectionists« sind.

Im Übrigen kommt dieses Beharren auf der eigenen und das Abstreiten der Meinungen anderer Frauen sicher nicht von ungefähr. Ein Blick in die Medienlandschaft zeigt anschaulich, woher das Bedürfnis rührt, die Einzige zu sein.

Wenn Marie abends mit ihrem Freund überlegt, welche neue Serie sie sich gemeinsam anschauen, ist er oft frustriert, weil das Angebot selten ihren Ansprüchen genügt.

»Kommen da auch Frauen vor?«, fragte sie dann entsetzt, wenn er einen Trailer nach dem nächsten abspielt. Oder: »Fünf Typen und eine Frau – und alle sind *weiß?*«

Was hier so nervig ist, nennt die Schriftstellerin Katha Pollitt das »Schlumpfine-Prinzip«.[11] Ob die lustige Jess in *New Girl*, die als einzige Frau unter Männern lebt; Hermine in *Harry Potter*, die zwischen Harry und Ron mit ihrer Klugheit strahlt, oder die eine Frau mit den extravaganten Outfits in einer jeden Castingshow-Jury: Sie alle sind allein unter Männern wie Schlumpfine in Schlumpfhausen. Es gibt keine andere Schlumpfin, der sie sich anvertrauen kann, was jedoch nie thematisiert wird. Vielmehr wird Schlumpfine als stets vergnügt dargestellt, da sie schließlich die einzige – und damit unweigerlich schönste/tollste/beliebteste/klügste – Frau in Schlumpfhausen ist.

Ohnehin ist die gesamte Geschichte reichlich abgefuckt. Schlumpfine wird von dem bösen Zauberer Gargamel »erschaffen«, um Unruhe in das Leben der Schlümpfe zu bringen, und wird schließlich von Papa Schlumpf in die »gute« Schlumpfine verwandelt, die mit ihren blonden Haaren und Highheels an das perfekte sexy Mädchen von nebenan erinnert. Eine Geschichte, die sinnbildlich für die Unterdrückung weiblicher Kraft und Schwesternschaft steht – genau wie die Legende von Lilith, Adams erster Frau.

Exkurs »Lilith«:

Zur Figur der Lilith gibt es verschiedenen Überlieferungen. Eine davon besagt, dass Gott, als er die Welt und Adam schuf, für diesen eine ebenbürtige Frau ausgewählt hatte. Lilith war sogar einst eine Göttin, die er eigens für seinen tollen Adam vom Himmel auf die Erde geholt hatte, damit sie als vollkommener Counterpart an seiner Seite im Paradies leben würde.[12] Doch anstatt sich über seine gleichberechtigte Frau zu freuen, beschwerte Adam sich bei Gott, dass die wilde Lilith sich ihm nicht unterordnen wolle. Gott redete daraufhin ein ernstes Wörtchen mit Lilith, ob sie nicht bitte, bitte doch für ihren Mann kuschen könne. Doch Lilith sah das nicht ein. Sie war schließlich mal eine Göttin gewesen, hallo?! Also verließ sie Adam und floh in die Wüste. Lieber lebte sie allein, als sich von ihm im Paradies unterdrücken zu lassen.

Damit es kein zweites Mal Ärger im Paradies gab, formte Gott schließlich Adams neue Frau (Eva) direkt aus dessen Rippe. So war sie quasi ein Teil von ihm und ihm zwangsläufig unterworfen.

Diese Beziehung lief deutlich besser, wenn auch nicht perfekt, denn als Eva den Apfel vom Baum der Erkenntnis aß und so in das

Wissen um die weibliche Kraft und die zyklische Natur eingeweiht wurde, wollte sie dieses göttliche Wissen mit Adam teilen. Der wollte seinen Horizont jedoch offenbar nicht erweitern. Adam war wütend, weil Eva nicht auf die Männer gehört hatte, die sie davor bewahren wollten, selbst in ihre Kraft zu kommen. Wegen ihr mussten sie nun das Paradies verlassen, woraufhin sich Evas Schuld an alle nachfolgenden Generationen (von Frauen) weitervererbte.
Und Lilith? Klar, dass man sie auch nicht einfach in Ruhe lassen konnte, denn was für eine Gruselgeschichte (für die Männerwelt) wäre das hier, wenn diese starke Göttin unabhängig und zufrieden weitergelebt hätte? Eben. Also dichtete man Lilith an, dass sie sich mit dem Teufel verbündete. (Was wäre sie schon ohne Mann an ihrer Seite?) Mit dem zeugte sie dann unzählige Dämonentöchter, die man für so ziemlich alles verantwortlich machte: von männlicher Untreue bis hin zu feuchten Träumen. Es wird sogar gesagt, dass Lilith es war, die sich in eine Schlange verwandelte und Eva dazu anstiftete, den »sündhaften« Apfel zu pflücken.
Gönnte sie ihrer Konkurrentin Eva das Paradies etwa nicht, weil sie die einzige Frau weit und breit sein wollte? War das, was sich zwischen den beiden abspielte, *Girl Hate*? Wohl eher Schwesternschaft, würden wir sagen: Lilith zeigte Eva schließlich einen Weg aus der Unterdrückung, eine Einweihung in die zyklische Natur und die Kraft der Göttinnen.

Aber zurück zu unseren heutigen Dramen: Natürlich gibt es auch Serien, in denen die Frauencharaktere nicht von Männern erschaffen wurden und die von bestärkenden Frauenfreundschaften handeln, Serien wie *Girls* oder *Sex and the City* zum Beispiel, wobei es in deren Gesprächen leider immer vor allem um eines geht: Männer. Oder um Miranda Hobbes (Cynthia Nixon) in der Serie zu zitieren: »How does it happen that four such smart women have nothing to talk about but boyfriends?«[13] (Frei übersetzt: »Wie kann es sein, dass vier kluge Frauen über nichts anderes reden als über ihre Männer?«)

Was wir brauchen, sind Geschichten, die nicht nur Frauen abbilden, sondern auch von ihren eigenen Geschichten und den Verbindungen untereinander erzählen. Und wenn der Streaming-Anbieter sie noch zu selten hergibt, fangen wir halt in unserer eigenen Lebensserie an, sie zu schreiben!

Die Gemeinschaft als Konzept ist etwas, was Frauen schon seit Ewigkeiten verbindet, wenngleich sie vor lauter Konkurrenz im Einzelkampf-Business ein wenig in den Hintergrund gerückt ist oder durch »Networking« ersetzt wurde. Keine Frage: Feministische Events und Fortbildungen zu Karrierethemen sind super! Doch genauso wichtig ist es, dass wir auch einfach mal wir selbst sein können. Dass wir uns, ohne irgendjemanden oder irgendwas zu repräsentieren, zur Abwechslung auch mal schwach zeigen, um Rat bitten oder anderen zuhören können.

»Wenn wir eher nach einer Gemeinschaft als nach dem neuen Job, eher nach verwandten Seelen als nach neuen Managerinnen suchen, dann finden wir paradoxerweise oft genau das: neue Chancen. Weil wir ganz gesehen werden und einander als Individuen erkennen, anstatt uns gegenseitig einzusortieren und abzuchecken«, heißt es bei Julia Möhn, Wiebke Harms und Liske Jaax.

Hannah:
Vor ein paar Jahren schickte mir meine Freundin Lotti nachts ganz beschwingt eine Sprachnachricht: »Hannah, ich möchte dich verkuppeln! Ich habe durch eine Freundin heute Abend die wundervolle Freddi kennengelernt. Sie ist so mondbegeistert wie du und gründet gerade einen Frauenkreis in Berlin. Ich denke, ihr würdet euch super verstehen.«
Mit dieser Verkupplungsaktion lag Lotti goldrichtig. Schon eine Woche später saß ich in Freddis Wohnzimmer, und wir

redeten über ihr Vorhaben, Frauen in einem *Women Circle* zusammenzubringen. Einmal im Monat wollte sie Frauen in die Natur oder zu sich nach Hause einladen und dort gemeinsam eine Stunde Yoga machen. Danach würde eine von ihnen etwas zu einem vorbereiteten Thema mit den anderen teilen. Ich war sofort begeistert von der Idee und sagte zu, bei einem ihrer Circles über ätherische Öle zu sprechen.
Freddi und ich waren uns sehr ähnlich, doch an ihrem Frauenkreis nahmen die verschiedensten Frauen teil. Sie unterschieden sich in ihrer Herkunft, ihrem Alter, ihrer sexuellen Orientierung, der Berufswahl und in ihrer Erfahrenheit mit Yoga und Spiritualität. Und obwohl wir uns einander noch gar nicht vorgestellt hatten (und nur in Stille eine Stunde lang Yoga nebeneinander praktiziert hatten), war die Atmosphäre bereits sehr vertraut, als wir schließlich der ersten Rednerin lauschten. Wir saßen in einem Kreis auf dem Boden, in der Mitte standen Tee und Snacks, die nach und nach rumgereicht wurden. An dem Tag, als ich an der Reihe war, meine Geschichte und mein Wissen über ätherische Öle zu teilen, unterhielt ich mich anschließend länger mit einer Künstlerin, deren Schwester unter Depressionen litt. Sie fragte mich mehr zum Umgang mit meinen ehemaligen Panikattacken und welche Düfte und Impulse mir damals geholfen hatten. Sie gab zu, dass sie bislang immer versucht hatte, ihre Schwester aufzuheitern, wenn es ihr schlecht ging, anstatt ihr Trost zu spenden oder ihren Gefühlen eine Berechtigung zuzusprechen. Die Bedeutung und emotionale Wirkung der verschiedenen Öle und Gerüche half ihr zu verstehen, dass das Spektrum der menschlichen Emotionen weit größer und detaillierter ist (als gut und schlecht), und verlieh ihr den Mut, sich stärker mit dem Leiden ihrer Schwester zu befassen.

Und auch ich lernte, mich neuen und anderen Praktiken gegenüber zu öffnen. So sprach mich eine andere Teilnehmerin an und erzählte von ihrer spirituellen Praxis mit Engeln. Wäre das in einem anderen Kontext gewesen, ich hätte sie wahrscheinlich sofort in die »Okay, das ist selbst mir zu crazy«-Schublade gesteckt. Doch die schwesterliche Atmosphäre ließ mich ihr respektvoll und offen begegnen und meine eigene Engstirnigkeit hinterfragen.
Seit diesen Erfahrungen in Freddis *Women Circle* habe ich mich in mehr und mehr Frauenkreise gewagt. Während ich anfangs manchmal ein wenig Angst hatte, wir könnten alle viel zu verschieden sein, bekam ich schließlich mehr und mehr das Gefühl, dass die Gemeinsamkeiten zwischen uns Frauen überwiegen.

Die Magie des Kreises

Uns auf die Dinge zu konzentrieren, die wir mit anderen teilen, kann uns dabei helfen, solidarisch und tolerant miteinander umzugehen und einander besser zu verstehen, auch wenn es bedeutet, dass wir uns teilweise entblößt oder verletzlich fühlen. Unsere verwundete Weiblichkeit und unsere oft blockierte weibliche Kraft sind Dinge, die wir alle gemeinsam haben.

Indem wir gemeinsam mit anderen Frauen nach Lösungen für unsere Probleme suchen, richten wir den Fokus nicht darauf, als Einzelne schwach oder stark zu sein oder im Vergleich als die Bessere, Schönere oder Schlauere zu gelten, sondern auf die Unterstützung, die wir einander bieten können und die wir selbst aus dem Kreis bekommen. Im Übrigen lässt sich dieses Konzept der Schwesternschaft auch online praktizieren.

Pam Grossman beschreibt, dass die Besonderheit eines Coven, also eines Frauen- oder Hexenkreises, darin besteht, dass alle Personen innerhalb eines Kreises (physikalisch) gleich weit vom Mittelpunkt entfernt sind und sich auf diese Weise alle sehen/begegnen können.[14] Innerhalb eines Kreises sind alle gleich, und jede Meinung ist gleich wichtig, auch wenn es in manchen Fällen eine Art Leiter*in gibt, die den Raum zur Verfügung stellt oder Übungen anleitet.

Die Form des Kreises vermittelt ein Gefühl von Geborgenheit und Halt. Der Kreis symbolisiert: Niemand ist hier allein. Wer spricht und sich öffnet, beweist Mut und Stärke und darf sich im Kreis fallen lassen. Jede inspiriert durch ihre Offenheit wieder eine andere, die neben oder vor ihr sitzt. Das Magische an einem Frauenkreis ist die nicht vorhersehbare Entwicklung der Gespräche untereinander und die Verbindung, die entsteht, wenn es nicht nur *die eine* Frau, sondern eine Gemeinschaft von Frauen gibt, die ihre Gemeinsamkeiten wertschätzen und Unterschiede wertfrei anerkennen. Ein Frauenkreis kann uns also dabei helfen, in unsere weibliche Kraft zu kommen und Schwesternschaft zu kultivieren.

Überlege dir nun einmal, wie so ein Gemeinschaftstreffen aussehen würde, wenn du es selbst ausrichtest. Wen würdest du einladen, was könntet ihr gemeinsam unternehmen, und über welche Themen würdest du dich gern austauschen?

Übung: Veranstalte deinen eigenen Frauenkreis

Intention

Überlege dir zunächst, worin deine Intention für deinen ersten Frauenkreis besteht. Möchtest du den spirituellen, politischen oder intellektuellen Austausch zwischen Frauen fördern? Möchtest du einen Coven für moderne Hexen gründen, bei dem ihr eure Kräfte verstärkt und Rituale für die Gemeinschaft oder eure persönlichen Ziele abhaltet? Hier geht es darum, eine Vision und Motivation zu entwickeln.

Anlass

Die Themen oder der Anlass können für jeden Frauenkreis variieren, während deine Intention die gleiche bleibt. Soll der Anlass ein Jahreskreisfest sein, der nächste Vollmond oder die Rauhnächte? Vielleicht auch der Frauenkampftag, Umweltschutz, Zyklusgesundheit oder ein anderes Thema, das dir am Herzen liegt?

Ablauf

Überlege dir vorab einen Ablauf der Veranstaltung. Wie lange soll sie dauern? Unserer Erfahrung nach sind zwei bis drei Stunden ein guter Umfang, um sich kennenzulernen, Rituale abzuhalten und sich zu unterhalten.

Wie möchtest du den Kreis eröffnen? Vielleicht schließt ihr gemeinsam die Augen und du leitest durch eine Meditation, stellst dich dann vor und gibst ein paar Einblicke in das heutige Thema. Danach könnte eine kleine Vorstellungsrunde folgen, in der alle Teilnehmerinnen ihre Intention und ihren Bezug zum Anlass vorstellen.

Dann geht es in den Hauptteil über. Je nach Thema könnte hier eine Teilnehmerin etwas vorstellen, oder ihr macht ein gemeinsames Ritual wie eine Feuerzeremonie, eine Yoga- oder Tanzpraxis oder Übungen in kleineren Gruppen.

Für einen Frauenkreis zum Vollmond bieten sich beispielsweise Übungen zum Loslassen an. Dabei setzen sich je zwei Frauen einander gegenüber. Die erste der beiden hat fünf Minuten Zeit, um der anderen zu erzählen, was sie mit diesem Vollmond hinter sich lassen möchte. Wenn die fünf Minuten vorbei sind, läutest du eine Glocke und lässt die beiden tauschen. Das Gegenüber hört auch bei dieser Übung zu, ohne zu kommentieren oder zu beurteilen. Im Anschluss können alle auf einen Zettel schreiben, was sie loslassen wollen, und schließlich werden die Zettel gemeinsam verbrannt.

Danach könntest du Musik spielen, und alle tanzen sich locker. Oder ihr teilt eure Erfahrungen zum Abschluss im Kreis und meditiert noch gemeinsam. Du kannst deiner Kreativität hier freien Lauf lassen!

Deine Teilnehmerinnen

Überlege dir, wie viele Teilnehmerinnen bei deinem Frauenkreis Platz finden können. In einem klassischen Hexencoven sind es dreizehn. Wir finden allerdings, dass alles ab drei Personen ein Kreis sein kann. *(Three's a party!)* Möchtest du gezielt Teilnehmerinnen einladen, die du bereits kennst, oder postest du eine Einladung in deinem Social-Media-Profil mit der Bitte, sich bei dir zu melden, sodass du auch Plätze an Frauen vergeben kannst, die du bisher noch nicht persönlich kennst? Wenn du weitere Frauenkreise geplant hast, kannst du dir überlegen, ob du eine feste Gruppe etablieren möchtest oder immer neue Konstellationen erlaubst.

Location

Wo könnte dein Frauenkreis stattfinden? Wie wäre es in der Natur, in einem großen Park oder im Wald? Alternativ bietet sich sicher auch dein Wohnzimmer oder deine Küche an, oder aber du mietest einen Raum an, für den ihr zusammenlegen könnt. Oft kann man Gemeinderäume, Tanzstudios oder Yogaräume stundenweise günstig mieten.

Viel Spaß bei deinem Frauenkreis!

Ein paar Gedanken zum Abschluss

Now is the time
This is the hour,
Ours is the magic
Ours is the power.
– *The Craft, 1996*

Jetzt sind wir auch schon am Ende unserer gemeinsamen Reise und dieses Buches angelangt. Nimm dir gern die Zeit und rekapituliere, was du für dich mitgenommen hast, wo du noch Fragen hast und – durch Gespräche oder andere Bücher – wo du noch tiefer einsteigen willst. (Du findest hinten eine Liste mit unseren Empfehlungen.) Welche Übungen und Rituale sollen fester Bestandteil deines Alltags werden, und wie steht es um deine innere Kraft? Hat sich dein Selbstbewusstsein, deine Haltung, deine Gefühlslage oder irgendetwas anderes an dir verwandelt? Vielleicht hat sich auch deine Einstellung zu Magie und Spiritualität geändert?

Übung: Magische Reflexion

Nimm dir dein Journal zur Hand, und beantworte für dich die Fragen:

- Was ist Magie?
- Was macht mich zu einer Hexe?/Sehe ich mich als Hexe?
- Worin möchte ich stärker werden?

- Welche Kräfte habe ich, und was ist meine Superpower?
- Wie kann ich Schwesternschaft in meinem Alltag noch mehr fördern?

Du musst auf keine dieser Fragen eine endgültige Antwort finden. Beobachte einfach, wie du dich jetzt fühlst, genau wie am Anfang, als wir unsere magische Entdeckungsreise mit einer kleinen Journalsession begonnen haben. Fällt es dir noch schwer, bestimmte Themen aktiv in deinen Alltag zu integrieren, oder arbeitest du bereits aktiv mit der Kraft des Mondes, die dich in deinem Menstruationszyklus begleitet, mit Kristallen, Ritualen oder ätherischen Ölen?

Tatsächlich haben wir Frauen häufig einen intuitiveren Zugang zu Spiritualität, da wir bereits durch unseren Menstruationszyklus einen persönlichen Bezug zu einem natürlichen, größeren Rhythmus haben, der uns beeinflusst und unterstützt. Lisa Lister beschreibt ihre Spiritualität als den Glauben an »SHE«, eine weibliche, göttliche Urkraft, die sich durch ihre zyklische Kraft des Erschaffens und Zerstörens auszeichnet und alle weiblichen Archetypen in sich vereint, von der Hexe über die Göttin bis zur wilden Frau und Heilerin.[1] Aber ganz gleich, wie du das Spirituelle in dir und deinem Leben nennen möchtest – fest steht, dass es etwas ist, das sich mal stark und mal subtil, mal wild und mal sanft, mal unperfekt und mal vollkommen anfühlt.

Genauso ist es mit der Magie, die du selbst ausstrahlst oder in Verbindung mit anderen erzeugst und verstärkst. Sie kann sich mit den Emotionen und Erfahrungen anderer decken, muss es aber niemals. Genauso können wir beide uns darauf einigen, dass Freund*innenschaft und Liebe existieren, doch wie es sich anfühlt, ist für jede von uns individuell und hat verschiedene Spektren.

Mit den Techniken und Übungen, die wir in diesem Buch vorgestellt haben, gelingt es dir, deine eigenen Kompetenzen zu stärken und deine Verbindung zu dir selbst, zu deinen Schwestern und zu deiner alltäglichen Magie zu stärken.

Zum Abschluss noch ein letztes gemeinsames Ritual.

Abschlussritual:

Lass uns gemeinsam die Magie feiern, die in uns steckt. Zünde dazu an deinem Kraftort eine Kerze an. Falls du verschiedene Farben zur Auswahl hast, wähle die Farbe aus, die für dich in diesem Moment am besten deine Badass-Magic symbolisiert.

Mach dir deinen Lieblings- oder Powersong an (z. B. *Don't stop me now* von Queen), und tanze durch deine Wohnung. Spür deinen Körper, fühl, wie stark er ist und wie sich deine Emotionen und deine Energie durch ihn bewegen. Wenn du dich danach fühlst, schrei einmal ganz laut! So wie Ronja Räubertochter, die ihren Frühlingsschrei in den Wald brüllt.

Wenn der Song zu Ende ist, setzt du dich am besten noch einmal in Stille hin und erinnerst dich daran, was in den letzten Kapiteln besonders mit dir resoniert hat. Wenn du magst, schicke uns telepathisch (oder per Instagram oder E-Mail) dein Feedback und deine Erfahrungen, und dann verbinde dich mit deiner Intention für die kommende Zeit.

Danke, dass du uns dein Vertrauen geschenkt hast und dich darauf eingelassen hast, mehr Magie in deinen Alltag zu integrieren. Möge deine Badass-Energie immer mit dir sein!

Dank

Wir bedanken uns bei all den wunderbaren Menschen, die uns auf diesem Weg begleitet haben. Unser besonderer Dank gilt unserem Agenten Daniel Mursa, der an uns und unsere Idee geglaubt hat. Danke an unsere Lektorin Franziska Beyer, die sofort verstanden hat, worum es uns geht, und Beate De Salve für ihr sprachliches Feingefühl sowie dem gesamten Team von Lübbe Life. Außerdem bedanken wir uns bei Juliane Noßack für ihr Vertrauen und die vielen Spaziergänge. Danke an Svenja, Lori, Julia und Cloudy fürs Vorablesen und eure warmen Worte. Wir sagen Danke an Mira, die unsere Erwartungen an die Illustrationen übertroffen hat. Ein großes Dankeschön an Katja und Harriet für Fotos, auf denen wir beide mal die Augen geöffnet haben. Danke an Frank und Jérémy, die jetzt alles über Hexen wissen, danke an Nette, die von Anfang an dabei war, an unsere Guides und Inspirationsquellen und ganz besonders an all die magischen Frauen in unserem Leben, die uns täglich die Kraft von Sisterhood erleben lassen.

Quellen, Zitate, Fußnoten

Vorwort

Fußnoten:

1 Der Unterschied zwischen Esoterik und Spiritualität besteht darin, dass spirituelle Menschen (unabhängig von einer Religion oder Glaubensgemeinschaft) davon überzeugt sind, dass es noch etwas Größeres gibt, das außerhalb der bekannten Sinneswahrnehmung liegt. Esoterik geht noch einen Schritt weiter. Sie befasst sich mit einer Lebensanschauung, deren Einflüsse fernab der naturwissenschaftlichen Weltsicht liegen.

2 Menschen aller möglichen Körper, Geschlechtsidentitäten und Sexualitäten, die ihre Femininität selbst gewählt haben.

Kapitel 1: Magie ist, was du draus machst

Korbik, Julia (2019): Witch, please! // Die Hexe – eine feministische Ikone, die bis heute verfolgt wird

https://www.thisisjanewayne.com/news/2019/11/07/season-of-the-witch-witch-please/

Grossman, Pam (2019): Waking the Witch. Die Kraft der Neuen Weiblichkeit, Allegria – Ullstein Buchverlage

Adler, Margot (2006) [1979]: Drawing Down the Moon. Witches,

Druids, Goddess-Worshipers, and Other Pagans in America. (Revised ed.), Penguin Books

West, Katie/Elliott, Jasmine (2018): Becoming Dangerous. Witchy Femmes, Queer Conjurers and Magical Rebels, Weiser Books

Lorde, Audre (2017) [1988]: A Burst of Light and Other Essays, Mineola, Dover Publications

Gräfen, Svenja (2021): Radikale Selbstfürsorge. Jetzt! Eine feministische Perspektive, Eden Books

Gadsby, Hannah (2018): Nanette, Netflix

Fußnoten:

1 Im Englischen schreiben viele Hexen das Wort »Magick« deswegen mit »ck«, um es von der »Magic« der Stage Magicians klar abzugrenzen.

2 Vgl. Korbik, Julia: »Witch, Please!« in: This is Jane Wayne

3 Korbik, Julia: »Witch, Please!« in: This is Jane Wayne

4 Grossman, Pam: Waking the Witch, S. 40

5 Hänel legte daraufhin Verfassungsbeschwerde ein.

6 Adler, Margot: Drawing Down the Moon. Witches, Druids, Goddess-Worshipers and Other Pagans in America, S. 208

7 West, Katie: Becoming Dangerous, S. XV

8 Grossman, Pam: Waking the Witch, S. 17

9 Gadsby, Hannah: Nanette (Netflix)

10 Ein wahr gewordener Traum, auf den unsere Oma jedoch wohlgemerkt ein halbes Leben lang warten musste. Ehe das Zimmer zu ihrem Rückzugsort wurde, stand hier bis zum Auszug ihrer drei Kinder die Modelleisenbahn unseres Onkels.

11 Vgl. Cameron, Julia: Der Weg des Künstlers. Ein spiritueller Pfad zur Aktivierung unserer Kreativität, S. 32 ff.

12 Lorde, Audre: A Burst of Light and Other Essays, S. 130

13 Vgl. Gräfen, Svenja: Radikale Selbstfürsorge. Jetzt!, S. 28

14 Wir schreiben *weiß* (klein und kursiv), um zu zeigen, dass es sich

um eine soziale Kategorie handelt und nicht unbedingt die tatsächliche Hautfarbe beschreibt.

15 Als »cis« werden Menschen bezeichnet, die sich mit dem Geschlecht identifizieren, das ihnen bei der Geburt zugewiesen wurde.

Weitere Bücher:

Lister, Lisa (2017): Witch. Unleashed. Untamed. Unapologetic, Hay House UK

Chollet, Mona (2020): Hexen. Die unbesiegte Macht der Frauen, Nautilus Flugschrift

Herstik, Gabriela (2018): Craft. How to Be a Modern Witch, Ebury Press

Cameron, Julia (2009): Der Weg des Künstlers. Ein spiritueller Pfad zur Aktivierung unserer Kreativität, Knaur.Leben

Websites:

Coker, Maggie: Flower Talk
https://www.flowertalkofficial.com/

Kapitel 2: Kristallklar. Wie wir mit Heilsteinen unseren Zielen näher kommen

Zitate:

Dr. Swart, Tara (2019): The Source. Open Your Mind, Change Your Life, Penguin Random House

Rose, Shiva (2018): Whole Beauty. Daily Rituals and Natural Recipes for Lifelong Beauty and Wellness, Workman Publishing

Driessen, Tamara (2018): The Crystal Code. Balance Your Energy, Transform Your Life, Penguin Random House

Fußnoten:

1 Dr. Swart, Tara: The Source, S. 20
2 Vgl. Was ist ein Kristall? Wasistwas.de
3 Vgl. Danetzky, Christina: Kristall-Guide zum Manifestieren mit Tina Mia Weidmann von Witchlandia – Welche Bedeutung haben sie im Alltag und was müssen wir wissen, bevor wir Kristalle kaufen? Matchamornings
4 Sitzen mit übertrieben weit gespreizten Beinen. Ein Phänomen, das als typisch männlich gilt, daher *man-spreading.*
5 Ich ging in den 1990er-Jahren auf eine katholische Grundschule, wurde dort aber mit einigen wenigen Kindern separat evangelisch unterrichtet. Nur die Kirchengänge wurden gemeinsam unternommen.
6 Vgl. Knowles, Emma Lucy: The Power of Crystal Healing. Change Your Energy and Live a High-vibe Life, S. 11
7 Vgl. Driessen, Tamara: The Crystal Code, S. 94

Weiterführende Quellen & Tipps:

Bücher zu Heilsteinen:

Knowles, Emma Lucy (2018): The Power of Crystal Healing. Change Your Energy and Live a High-vibe Life, Penguin Random House

van Doren, Yulia (2017): Crystals. The Modern Guide to Crystal Healing, Quadrille Publishing

Rosenberger, Ulla (2014): Schutz durch die Kraft der Steine, Schirner Verlag

Dr. Peschek-Böhmer, Flora/Schreiber, Gisela (2016): Heilsteine von Amethyst bis Zirkon. Die wichtigsten Steine mit ihren therapeutischen Wirkungen und Anwendungen, Bassermann Verlag

Askinosie, Heather/Jandro, Timmi (2017): Crystal Muse. Everyday rituals to Tune in to the Real You, Hay House

Onlineartikel:

Tiemann, Carla Sophie (2018). Kristalle: High Vibes oder Humbug? FuckLuckyGoHappy.de, https://www.fuckluckygohappy.de/kristalle-high-vibes-oder-humbug/

Danetzky, Christina (2020). Kristall-Guide zum Manifestieren mit Tina Mia Weidmann von Witchlandia – welche Bedeutung haben sie im Alltag und was müssen wir wissen, bevor wir Kristalle kaufen? Matchamornings.de

https://matchamornings.de/wellnessjournal/kristalle-guide-witchlandia?rq=kristall

Was ist ein Kristall? Wasistwas.de https://www.wasistwas.de/archiv-natur-tiere-details/was-ist-ein-kristall.html

Podcasts:

Matcha Mornings (2020). Kristall-Guide zum Manifestieren mit Tina Mia Weidmann von Witchlandia. Welche Bedeutung haben sie im Alltag, und was müssen wir wissen, bevor wir Kristalle kaufen?

https://matchamornings.de/wellnessjournal/kristalle-guide-witchlandia?rq=tina

Kristalle nachhaltig kaufen:

Witchlandia (Köln & online) https://www.witchlandia.de/

Spiritual Babe (Berlin & online) https://www.spiritualbabe.shop/

Kapitel 3: Kleb dir deine Welt, wie sie dir gefällt?
Was Manifestation wirklich bringt

Zitate:

Dr. Swart, Tara (2019): The Source. Open Your Mind, Change Your Life, Penguin Random House

Haberkorn, Lori (2021): Die goldene Magie der Mondin. Wie du mit ihrer Kraft all deine Ziele erreichst, Allegria

Bernstein, Gabrielle (2019): Super Attractor. Methods for Manifesting a Life beyond Your Wildest Dreams, Hay House

Christoph, Noemi (2021): Tarot für Dich. Selfcare und Empowerment mit den »magischen« Karten, Königsfurt-Urania Verlag

Fußnoten:

1 Vgl. »The Source« (2002)

2 Vgl. Dr. Swart, Tara: The Source, S. 35

3 Haberkorn, Lori: Die goldene Magie der Mondin, S. 27

4 Dr. Swart, Tara: The Source, S. 19

5 *Schwarz* schreiben wir groß, da es keine Hautfarbe beschreibt, sondern eine politisch gewählte Selbstbezeichnung Schwarzer Menschen ist.

6 *People of Colour* ist eine Selbstbezeichnung von Menschen, die Erfahrung mit Rassismus gemacht haben, die nicht als *weiß*, deutsch und westlich wahrgenommen werden und sich auch selbst nicht so definieren.

7 LGBTQIA+ steht für Lesbian, Gay, Bisexual, Transsexual/Transgender, Queer, Intersexual, Asexual und alle, die sich der queeren Community zugehörig fühlen.

8 Bernstein, Gabrielle: Super Attractor, S. 148

9 Vgl. Phillips, Lacy: tobemagnetic.com /Expanded Podcast

10 Vgl. Haberkorn, Lori: Die goldene Magie der Mondin, S. 32
11 Vgl. Christoph, Noemi: Tarot für Dich, S. 19
12 Dr. Swart, Tara: The Source, S. 125
13 Dr. Swart, Tara: The Source, S. 56
14 Vgl. Bernstein, Gabrielle: Super Attractor. Methods for Manifesting a Life Beyond Your Wildest Dreams, S. 147, und Dr. Swart, Tara: The Source. Open Your Mind, Change Your Life, S. 44.

Weiterführende Quellen & Tipps:

Hill, Napoleon (2005): Think and Grow Rich. The Landmark Bestseller Now Revised and Updated for the 21st Century (Revised & enlarged Edition, Penguin LCC US

Peale, Norman Vincent (2003): The Power of Positive Thinking, Touchstone

Robbins, Tony (1992): Awaken the Giant Within. How to Take Immediate Control of Your Mental, Emotional, Physical and Financial Destiny!, Simon & Schuster

Byrne, Rhonda (2006): The Secret (10th Anniversary Edition), Atria Books/Beyond Words

Artikel:

Manson, Mark: »The Staggering Bullshit of ›The Secret‹«
https://markmanson.net/the-secret

Jennings, Rebecca (2020): »Shut up, I'm manifesting«
https://www.vox.com/the-goods/21524975/manifesting-does-it-really-work-meme

Kleine, Helena (2020): »Spiritual Bypassing: Selbstvermeidung statt Erleuchtung?«
https://www.fuckluckygohappy.de/spiritual-bypassing-selbstvermeidung-statt-erleuchtung/

Podcasts:

Expanded x Ep. 122: EXPLAINED Neural Manifestation https://tobemagnetic.com/expanded-podcast/2020/122
Beyond Belief: »The Law of Attraction & Privilege« https://open.spotify.com/episode/3HE2obqiprRNdiSnvlaLdK?si=bTJ9sSHlRJOG9rxck1_eAg
Fette Gedanken: »Was macht die Selbstliebe mit der Liebe?« https://open.spotify.com/episode/6MLahje7hQS1MdMZLcGSMZ

Websites:

Phillips, Lacy: To be Magnetic. https://tobemagnetic.com/
Oettingen, Gabriele: WOOP. https://woopmylife.org/en/home

Filme:

The Secret (Rhonda Byrne)

Instagram:

Charlotte Kuhrt: @charlottekuhrt
Corinna Rosella: @riseupgoodwitch

Kapitel 4: Lesen, was in den Sternen steht. Selbsterkenntnis und Empathie durch Astrologie

Zitate:

Gabriel, Maria Christina: Soul Reading https://mariachristinagabriel.com/
Nicholas, Chani (2020): You Were Born For This. Astrology for Radical Self-Acceptance, Yellow Kite Hodder & Stoughton Ltd

Yaghoobifarah, Hengameh (2018): »Mein Horoskop ist wichtiger als Deutschland«. Missy Magazine
https://missy-magazine.de/blog/2018/02/16/mein-horoskop-ist-wichtiger-als-deutschland/

Fußnoten:

1 Venus, Erfolgssong der Band Shocking Blue
2 Vgl. Nicholas, Chani: You Were Born For This. Astrology for Radical Self-Acceptance
3 Yaghoobifarah, Hengameh: »Mein Horoskop ist wichtiger als Deutschland«, Missy Magazine
4 Vgl. Hanser, Kirsten: Kosmos und Körper. Astromedizin – Das Praxisbuch, S. 12
5 Streng genommen sind Sonne und Mond keine Planeten, in der Astrologie werden sie jedoch als solche behandelt.

Weiterführende Quellen & Tipps:

Montgomery, Vanessa (2018): Star Power. A Simple Guide to Astrology for the Modern Mystic, Quadrille – Hardie Grant Publishing
Hanser, Kirsten (2018): Kosmos und Körper. Astromedizin – Das Praxisbuch, Irisana Verlag
Faulkner, Carolyne (2017): The Signs. Decode the Stars, Reframe Your Life, Penguin Life
Herstik, Gabriela (2018): Craft. How to Be a Modern Witch, Penguin Random House–UK
Carevic, Julia (2020): »Guilty Pleasure: Barnum-Effekt, ja logo – trotzdem stehe ich mächtig auf Horoskope & Astrokram.« This is Jane Wayne.
https://www.thisisjanewayne.com/news/2020/05/18/guilty-pleasures-ich-habe-ein-faible-fuer-horoskope-astrokram/?fbclid=IwARofX

2J3wAmg2ngS_6uOhpWueRNsQpL3VZtfRIoFCEaIekkbnOxm-rDtvD4w
Krutmann, Hannah (2020): Bookspiration. Die besten Astrologie-Bücher
https://www.fuckluckygohappy.de/bookspiration-die-besten-astrologie-buecher/

Podcasts:

The Witch Wave (2021). Folge 63. »Jeanna Kadlec, Cosmic Creator«
https://open.spotify.com/episode/66cw1koHQlCodv6ud4U62a?si=4AzeX7Y4QIupO5mziMaIXw
Expanded x Ep. 128: Jill Wintersteen (Spirit Daughter) on The Astrology of 2021
https://tobemagnetic.com/expanded-podcast/2021/128

Für Birth Chart Readings & kostenlose astrologische Wetterberichte:

Chani Nicholas (@chaninicholas), Astrologin
Luisa Carla Hartmann (@luisacarla.hartmann), Diplom-Psychologin, Astrologin
Jill Wintersteen (@spiritdaughter), Astrologin, Neurowissenschaftlerin
Lori Haberkorn (@lorihaberkorn), Astrologin, Autorin
Maria Christina Gabriel (@mariachristinagabriel), Soul Readings, Doula

Websites:

www.astro.com
www.costarastrology.com
https://mariachristinagabriel.com/

Kapitel 5: Sonne, Mond und Menstruation. Wie du im Einklang mit deinem Zyklus wahre Superkräfte entfaltest

Zitate:

Haberkorn, Lori (2021): Die goldene Magie der Mondin – Wie du mit ihrer Kraft all deine Ziele erreichst, Allegria

Lister, Lisa (2016): Love Your Lady Landscape. Trust Your Gut, Care for ›Down There‹ and Reclaim Your Fierce and Feminine SHE Power, Hay House

Lister, Lisa (2017): Witch. Unleashed. Untamed. Unapologetic, Hay House

Lister, Lisa (2020): Code Red. Know Your Flow, Unlock Your Monthly Superpowers, and Create a Bloody Amazing Life. Period, Hay House

Grossman, Pam (2019): Waking the Witch. Die Kraft der Neuen Weiblichkeit, Allegria

Endler, Rebekka (2021): Das Patriarchat der Dinge. Warum die Welt Frauen nicht passt, Dumont

Vitti, Alisa (2020): In the FLO. Unlock Your Hormonal Advantage and Revolutionize Your Life, HarperOne

Hofmeister, Rita (2020): Endometriose. Ein Selbsthilfebuch, Maudrich

Gray, Miranda (2017): Roter Mond. Von der Kraft des weiblichen Zyklus, Stadelmann

Franz, Anna (2019): »GESCHLECHT: WEIBLICH. ALTER: 37. KINDER: 0.«, Almost Magazine

Fußnoten:

1 Haberkorn, Lori: Die goldene Magie der Mondin, S. 70

2 Im April 2021 erhielten zwei Gründer in der Fernsehshow *Die Höhle der Löwen* einen Deal für ihre Erfindung »Pinky Gloves«,

pinke Einweghandschuhe, mit denen Menstruationsprodukte entsorgt werden sollen. Das Produkt erntete große Kritik und wurde schließlich vom Markt genommen.

3 Lister, Lisa (2017): Witch. Unleashed. Untamed. Unapologetic, Hay House, S. 37

4 Lister, Lisa: Love your Lady Landscape, S. 11

5 Lister, Lisa: Love your Lady Landscape, S. 165

6 Vgl. Endler, Rebekka: Das Patriarchat der Dinge. Warum die Welt Frauen nicht passt, S. 255 f.

7 Vgl. Endler, Rebekka: Das Patriarchat der Dinge. Warum die Welt Frauen nicht passt, S. 257

8 Vitti, Alisa: In the FLO, S. 27

9 Vitti, Alisa: In the FLO, S. 25

10 Hofmeister, Rita: Endometriose, ein Selbsthilfebuch, S. 19

11 Vgl. Endler, Rebekka: Das Patriarchat der Dinge, S. 252

12 Gray, Miranda: Roter Mond, S. 39

13 Vgl. Haberkorn, Lori: Die goldene Magie der Mondin, S. 72

14 Franz, Anna: »GESCHLECHT: WEIBLICH. ALTER: 37. KINDER: 0«, *Almost Magazine*, S. 18–21

15 *Blue Moon* (»Blauer Mond«) ist im englischen Sprachraum landläufig die Bezeichnung für einen zweiten Vollmond innerhalb eines Monats im gregorianischen Kalender. In der Umgangssprache meint man mit dem Spruch *Once in a blue moon* entsprechend etwas sehr Seltenes. In astronomischer Definition wird damit der dritte Vollmond innerhalb einer Jahreszeit mit vier Vollmonden bezeichnet.

16 Gray, Miranda: Roter Mond, S. 39

17 Gray, Miranda: Roter Mond, S. 39

18 Vgl. Haberkorn, Lori: Die goldene Magie der Mondin, S. 72

19 Franz, Anna: »GESCHLECHT: WEIBLICH. ALTER: 37. KINDER: 0«, Almost Magazine, S. 18–21

20 Grossman, Pam: Waking the Witch, S. 149

21 Aktiv männlicher, kontrollierender Blick.

22 Vgl. Vitti, Alisa: In the FLO S. 180

Weiterführende Quellen & Tipps:

Bücher zum Mond:

Boland, Yasmin (2016): Moonology. Working with the Magic of Lunar Cycles, Hay House

Sitron, Sandy (2017): Moon Journal. Astrological guidance, affirmations, rituals and journal exercises to help you reconnect with your own internal universe, Penguin Random House

Gottesdiener, Sarah Faith (2020): The Moon Book. Lunar Magic to Change Your Life, St. Martin's Publishing Group

Bücher zu weiblicher Kraft/Frauengesundheit:

Pinkola Estés, Clarissa (1993): Die Wolfsfrau. Die Kraft der weiblichen Urinstinkte, Wilhelm Heyne Verlag GmbH

Rainbow, Sonia Emilia (2019): Frauen Heilkraft. Das vergessene Wissen um die Urkraft der Gebärmutter, Ansata Verlag

Kent, Tami Lynn (2011): Wild Feminine. Finding Power, Spirit & Joy in the Female Body, Atria Books

Vitti, Alisa (2014): WomanCode. Perfect your Cycle, Amplify your Fertility, Supercharge Your Sex Drive, and Become a Power Source, HarperOne

Northrup, Christiane (2017): Frauenkörper – Frauenweisheit. Wie Frauen ihre ursprüngliche Fähigkeit zur Selbstheilung wiederentdecken können, ZS Verlag

Blösch, Stefanie (2020): Schlechte Tage gibt es nicht. Entdecke deinen Zyklus neu mit Yoga und Ayurveda, tredition GmbH

Artikel:

Krutmann, Hannah (2020): »Wie Mond- und Menstruationszyklus verbunden sind«
https://www.fuckluckygohappy.de/wie-mond-und-menstruations-zyklus-verbunden-sind/
Krutmann, Hannah (2020): »Das Jahr mit dem Mond«
https://www.fuckluckygohappy.de/das-jahr-mit-dem-mond/

Podcast:

Expanded x Ep. 80: In The Flo with Alisa Vitti, Female Hormone and Functional Nutrition Expert
https://tobemagnetic.com/expanded-podcast/2020/80

Workshops & Inspiration:

Iva Samina (@ivasamina) ivasamina.com
Katja Vogt (@feel.your.flow)
Inga Laumannn (@ingalaumann)
Gabriele Herstik (@gabyherstik)

Kapitel 6: *Smoking hot.* Wie wir uns mit Räucherritualen in den Rauhnächten von bösen Geistern verabschieden

Zitate:

West, Katie/Elliott, Jasmine (2018): Becoming Dangerous – Witchy Femmes, Queer Conjurers, and Magical Rebels, Weiser Books
Christoph, Noemi (2021): Tarot für Dich. Selfcare und Empowerment mit den »magischen« Karten, Königsfurt Urania

Fußnoten:

1 West, Katie: Becoming Dangerous, S. XVI
2 Vgl. Christoph, Noemi: Tarot für Dich, S. 16
3 Pythia (altgriechisch Πυθία, vergleiche Python) war die Bezeichnung für die amtierende weissagende Priesterin im Orakel von Delphi, die in veränderten Bewusstseinszuständen ihre Prophezeiungen verkündete.
4 Christoph, Noemi: Tarot für Dich, S. 19

Weiterführende Quellen & Tipps:

Bücher:

Grossman, Pam (2019): Waking the Witch. Die Kraft der Neuen Weiblichkeit, Allegria

Courtenay, Elfie (2013): Rauhnächte. Die geheimnisvolle Zeit zwischen den Jahren. Alte Bräuche und magische Rituale für sich entdecken, Heyne Verlag

Waldermann-Scherhak, Sandra (2018): Rauhnacht-Rituale für Frauen. Eine spirituelle Bewusstseinsreise durch die zwölf Nächte, Schirner Verlag.

Pahlow, Mannfried (2013): Das große Buch der Heilpflanzen. Gesund durch die Heilkräfte der Natur, Weltbild Verlag

Artikel:

Kruut (2020): »Räucherwerk«
https://www.kruut.de/post/r%C3%A4uchern-tradition-wie-man-r%C3%A4uchert

Kruut (2020): »Sammelleidenschaft und Wilde Wanderung«
https://www.kruut.de/post/sammelleidenschaft-und-wilde-wanderung

Kruut (2020): »Salbei«
https://www.kruut.de/post/salbei
Krutmann, Hannah (2020): »Rituale für die Rauhnächte: der ultimative Guide«
https://www.fuckluckygohappy.de/rauhnaechte-zeit-zum-wuensche-wahr-werden-lassen/
Danetzky, Christina (2020): »Räucherrituale in den Rauhnächten. Welche Kräuter räuchern in den Rau(c)hnächten?«
https://matchamornings.de/wellnessjournal/raeuchern-rauhnaechte-kraeuter?rq=Kr%C3%A4uter
Danetzky, Christina (2020): »Beifuss. Kraut der Göttinnen«
https://matchamornings.de/wellnessjournal/beifuss?rq=Kraut

Kartendecks:

Mandybur, Jerico/Ruiz, Daiana (2019): Neo Tarot: A fresh approach to Selfcare, healing & empowerment, Hardie Grant
Krans, Kim (2018): The Wild Unknown Animal Spirit Deck and Guidebook, HarperOne
Krans, Kim (2019): The Wild Unknown Archetypes Deck and Guidebook, Harper One
Krans, Kim (2016): The Wild Unknown Tarot Deck and Guidebook, Harper One
Kitaiskaia, Taisia/Horan, Katy (2017): The Literary Witches Oracle, Clarkson Potter

Kapitel 7: Kräuter to go. Mit ätherischen Ölen für jede Gefühlslage gewappnet

Bücher:

Lembo, Margaret Ann (2016): The Essential Guide to Aromatherapy and Vibrational Healing, Llewellyn Worldwide

Moldenauer, Leslie (2019): Emotional Healing with Essential Oils. Relieve Anxiety, Stress, Depression, and Mood Imbalances Naturally, Rockridge Press

Goddard, Andy/Goddard, Natalie (Hrsg.) (2017): Emotions & Essential Oils. A Reference Guide for Emotional Healing, Enlighten Alternative Healing, LLC.

Artikel:

Krutmann, Hannah: »Essential Oils. Beginner's Guide. Was du zu ätherischen Ölen wissen solltest«, Matcha Mornings

https://matchamornings.de/wellnessjournal/essential-oils-beginners-guide-was-aetherische-oele?rq=hannah

Kapitel 8: *Better together*. Wie du dir Hilfe suchst und andere starke Frauen triffst

Zitate:

Hannah & Marie Krutmann im muxmäuschenwild-Interview (2021): *https://www.muxmaeuschenwild-magazin.de/hannah-marie-krutmann/*

Möhn, Julia/Harms, Wiebke/Jaax, Liske (2021): Team F. Feminismus einfach leben, Knaur

Brizendine, Louann (2006): Das weibliche Gehirn. Warum Frauen anders sind als Männer, Hoffmann und Campe

Thomashauer, Regena (2018): Pussy. Hol dir deine weibliche Kraft zurück, Arkana

Yaghoobifarah, Hengameh: »Euer Feminismus ist nicht mein Feminismus«

https://www.www-mag.de/debatten/beitrag/euer-feminismus-ist-nicht-mein-feminismus

Gevinson, Tavi (2011): »Getting Over Girl Hate«

https://www.rookiemag.com/2011/09/getting-over-girl-hate/
Hooks, Bell (1984): Feminist Theory. From Margin to Center, South End Press
Michelberger, Melodie (2021): Body Politics, Rowohlt
Pollitt, Katha: »Hers; The Smurfette Principle«. The New York Times. 7. April 1991: https://www.nytimes.com/1991/04/07/magazine/hers-the-smurfette-principle.html
Sex and the City – Staffel 2, Episode 1 (»Take me out to the Ballgame«)
Grossman, Pam (2019): Waking the Witch. Die Kraft der Neuen Weiblichkeit, Allegria

Fußnoten:

1 Hannah & Marie Krutmann im muxmäuschenwild-Interview
2 Möhn, Julia/Harms, Wiebke/Jaax, Liske: Team F. Feminismus einfach leben, S. 49
3 Vgl. Brizendine, Louann: Das weibliche Gehirn
4 Thomashauer, Regena: Pussy. Hol dir deine weibliche Kraft zurück, Klappentext
5 Thomashauer, Regena: Pussy. Hol dir deine weibliche Kraft zurück, S. 28
6 Thomashauer, Regena: Pussy. Hol dir deine weibliche Kraft zurück, S. 206
7 Yaghoobifarah, Hengameh: Euer Feminismus ist nicht mein Feminismus
8 Gevinson, Tavi: Getting Over Girl Hate, Rookie Mag
9 Bell Hooks: Feminist Theory. From Margin to Center, S. 43
10 Michelberger, Melodie: Body Politics, S. 84
11 Pollitt, Katha: Hers; The Smurfette Principle. The New York Times. 7. April 1991: https://www.nytimes.com/1991/04/07/magazine/hers-the-smurfette-principle.html
12 Vgl. Langsdorf, Antonia: Lilith. Die Weisheit der ungezähmten Frau, S. 21

13 Sex and the City, Staffel 2, Episode 1
14 Vgl. Grossman, Pam: Waking the Witch, S. 280

Weiterführende Quellen & Tipps:

Bücher:

Langsdorf, Antonia (2013): Lilith. Die Weisheit der ungezähmten Frau, Trinity Verlag
Chapman, Gary (1994): Die Fünf Sprachen der Liebe – Wie Kommunikation in der Partnerschaft gelingt, Verlag der Francke-Buchhandlung

Websites:

Peace of Mind Yoga Collective
https://www.peaceofmindyogacollective.com/

Ein paar Gedanken zum Abschluss

Zitate:

Lister, Lisa (2016): Love Your Lady Landscape. Trust Your Gut, Care for »Down There« and Reclaim Your Fierce and Feminine SHE Power, Hay House

Fußnoten:

1 Lister, Lisa: Love your Lady Landscape, S. 24